おとな旅プレミアム
PREMIUM

河口湖・山中湖
富士山

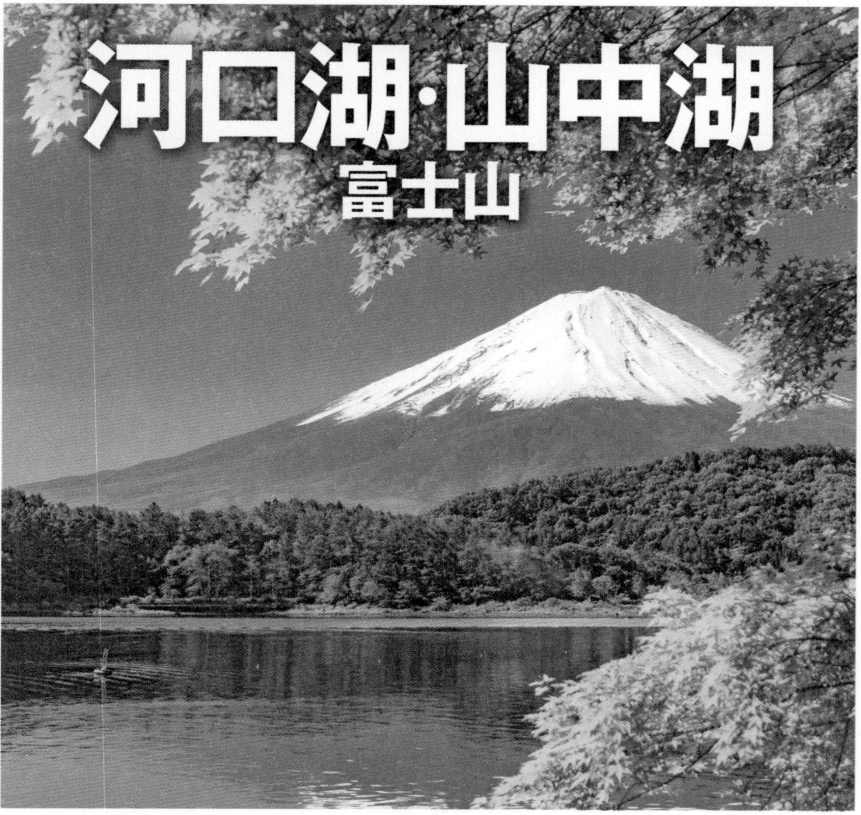

MAP

付録 街歩き地図

河口湖・山中湖
富士山

甲斐市
甲府市
P.139 ほったらかし温泉
山梨市
笛吹川フルーツ公園
やまなしフルーツ温泉ぷくぷく P.139
岡谷JCT
中央自動車道
双葉JCT
双葉SIC
双葉SA
韮崎市
千代田湖
和田峠
積翠寺
武田氏館跡
武田神社
塩澤寺
愛宕山子供の国
善光寺
中央本線
甲府駅
金手駅
竜王駅
山梨県立美術館
善光寺駅
酒折駅
大蔵経寺
石和温泉駅
春日居町駅
山梨市駅
万力公園
八幡南
万力
上岩下
下岩下
鎮目
桜井
西関東連絡道路
向嶽寺
東山梨駅
清白寺
浅間神社
慈眼寺
釈迦堂PA
一宮御坂IC
見晴し園 P.138
中部横断自動車道
長谷寺
白根IC
甲府昭和IC
南甲府駅
身延線
P.38 山梨県立博物館
南アルプス市
釜無川
昭和町
国母駅
甲斐住吉駅
佐久神社
美和神社
笛吹八代SIC
笛吹川
南アルプスIC
常永駅
諏訪神社
福光園寺
新山梨環状道路
小井川駅
甲府南IC
境川PA
法善護国寺
中央市
東花輪駅
県立考古博物館
笛吹市
とよとみ
山梨県
甲斐上野駅
市川大門駅
市川本町駅
芦川駅
増穂IC
富士川
釈迦ヶ岳
富士五湖P.6-7
鳥坂峠
滝戸山
右左口峠
鰍沢口駅
市川三郷町
大畠山
四尾連湖
節刀ヶ岳
十二ヶ岳
蛾ヶ岳
割石峠
王岳
富士河口湖町
落居駅
P.36/P.52/P.76 西湖
甲斐岩間駅
精進湖 P.36/P.52
足和田山
六郷IC
久那土駅
照坂峠
本栖みち
道の駅 なるさわ P.126
しもべ
本栖湖 P.36/P.52
青木ヶ原樹海 P.79
市ノ瀬駅
身延線
鳴沢村
竜ヶ岳
大室山
甲斐常葉駅
ふじてん
天神峠
身延町
朝霧高原P.18
静岡県
樹海台駐車場 P.55
二合
精進口登山道
下部温泉駅
毛無山
P.127 道の駅 朝霧高原
P.4
富士宮市
富士駅
小淵沢駅
塩崎駅
A
B
C
1
2
3
4

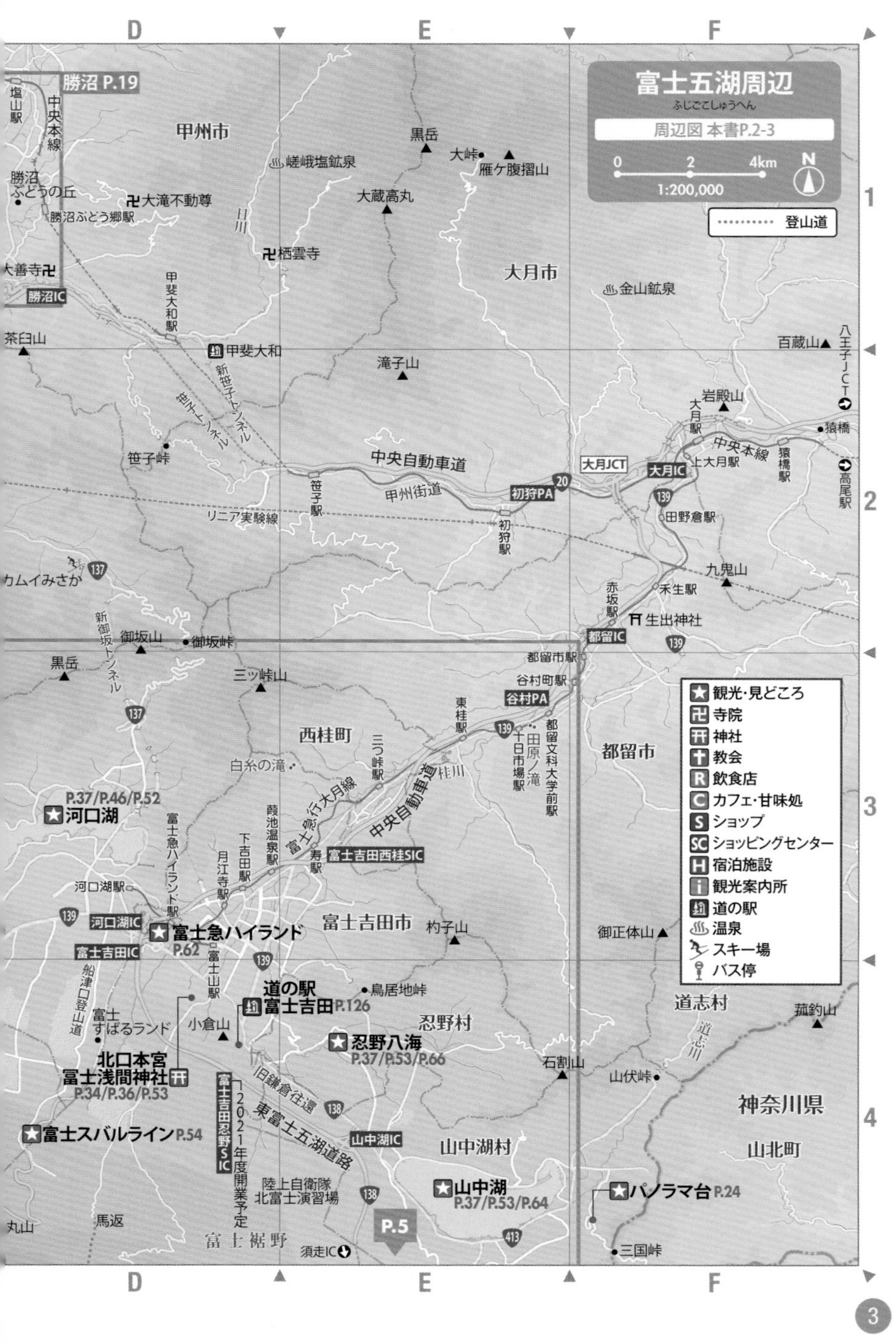
富士五湖周辺
ふじごこしゅうへん
周辺図 本書P.2-3
1:200,000
登山道
勝沼 P.19
甲州市
大月市
都留市
西桂町
富士吉田市
忍野村
山中湖村
道志村
山北町
神奈川県
黒岳
大峠
雁ケ腹摺山
嵯峨塩鉱泉
大蔵高丸
大滝不動尊
栖雲寺
金山鉱泉
甲斐大和
滝子山
百蔵山
岩殿山
中央自動車道
甲州街道
リニア実験線
大月JCT
大月IC
初狩PA
九鬼山
生出神社
都留IC
谷村PA
御坂山
御坂峠
三ツ峠山
白糸の滝
河口湖
P.37/P.46/P.52
富士急ハイランド
P.62
河口湖IC
富士吉田IC
富士吉田西桂SIC
杓子山
鳥居地峠
道の駅
富士吉田 P.126
忍野八海
P.37/P.53/P.66
北口本宮
冨士浅間神社
P.34/P.36/P.53
富士スバルライン P.54
小倉山
石割山
山伏峠
菰釣山
御正体山
東富士五湖道路
旧鎌倉往還
山中湖IC
山中湖
P.37/P.53/P.64
パノラマ台 P.24
三国峠
陸上自衛隊
北富士演習場
富士裾野
須走IC
P.5
観光・見どころ
寺院
神社
教会
飲食店
カフェ・甘味処
ショップ
ショッピングセンター
宿泊施設
観光案内所
道の駅
温泉
スキー場
バス停

富士山麓
ふじさんろく
周辺図 本書P.2-3
1:200,000
登山道
富士河口湖町
P.2
道の駅 朝霧高原
P.127
P.55 樹海台駐車場
鳴沢村
富士スバルライン
P.54
丸山
P.123 富士急雲上閣
P.54/P.123 五合園レストハウス
P.123 富士山五合目簡易郵便局
小御嶽神社
P.55 奥庭駐車場
富士スバルライン五合目
P.36 吉田口登山道
P.55 大沢駐車場
山頂の信仰遺跡群
P.36
P.26 富士山
朝霧高原
朝霧ジャンボリーGC
富士宮市
南部町
田貫湖
長者ヶ岳
天子ヶ岳
P.36 大宮・村山口登山道
(現富士宮口登山道)
富士宮口五合目レストハウス
宝永山
富士山スカイライン
水ヶ塚公園
P.37/P.93 白糸ノ滝
朝霧高原 P.18
表口登山道
富士宮道路
千居遺跡
いでぼく P.91
北山出張所
大石寺
くぬぎ養鱒場
P.95
本門寺
天母山
北山
牧野酒造合資会社 P.121
山宮浅間神社 P.36
村山浅間神社 P.36
潤井川
桜峠
佐野川温泉
富士山こどもの国
富士宮西高
十島駅
本門寺
富士宮 P.15下図
稲子駅
身延駅
身延線
百姓のパン工房
P.125
西富士宮駅
富士宮駅
久遠寺
Restaurant Mitsu P.94
静岡県
富士市
小泉
源道寺駅
富士根駅
白鳥山
本成寺
沼久保駅
新富士IC
芝川駅
西富士道路
ナチュラルアクションアウトドアツアーズ
P.92
入山瀬駅
広見
須津川渓
瓜島温泉
富士IC
実相寺
東名高速道路
竪堀駅
新東名高速道路
富士川楽座
富士川トンネル
富士川SIC
富士川SA
柚木駅
本吉原駅
吉原本町駅
ジヤトコ前駅
岳南電車
岳南原田駅
比奈駅
岳南富士岡駅
須津駅
神谷駅
岳南江尾駅
新清水JCT
新清水IC
富士駅
吉原駅
沼川
富士川駅
新富士駅
清水PA
静岡市
清水区
富士
田子の浦
東田子の浦駅
東海道新幹線
新蒲原駅
東海道本線
新富士川橋
富士川
浜石岳
清水JCT
蒲原駅
駿河湾
静岡駅
清水駅

D
E
F
1
2
3
4
富士吉田市
陸上自衛隊
北富士演習場
富士裾野
山梨県
山中湖IC
山中湖村
山中湖
P.37/P.53/P.64
P.3
パノラマ台 P.24
山北町
神奈川県
丹沢湖
三国峠
三国山
明神峠
不老山
東富士五湖道路
篭坂トンネル
篭坂峠
小山町
※新東名高速道路
新御殿場IC～新秦野IC間
2027年開通予定
国府津駅
駿河小山駅
松井田IC
富士スピードウェイ
すばしり
須走口五合目
須走IC
富士五湖 P.6-7
鮎沢PA
須山口登山道
(現御殿場口登山道) P.36
御殿場 P.16-17
御殿場バイパス
新御殿場IC
足柄駅
滝ヶ原
足柄SIC
足柄SA
御殿場線
小山町
御殿場市
御殿場プレミアム・アウトレット
P.100
スノーリゾートYeti
PICA富士ぐりんぱ P.102
ぐりんぱ
御殿場駅
御殿場IC
南足柄市
新東名高速道路
東名高速道路
金時山
陸上自衛隊
東富士演習場
御殿場温泉
乙女峠
南御殿場駅
十里木高原
御殿場JCT
富士サファリパーク P.99
大野原
長尾峠
黒岳
富士岡駅
駒門PA
駒門SIC
姥子駅
姥子温泉
越前岳
神山
桃源台駅
位牌岳
駒ヶ岳
芦ノ湖スカイライン
裾野IC
岩波駅
箱根町
愛鷹山
箱根園
箱根神社
芦ノ湖
大棚の滝
五竜の滝 P.99
箱根関跡
新東名高速道路
東名高速道路
黄瀬川
御殿場線
箱根峠
長泉町
裾野市
沼津市
ベルナール・ビュフェ美術館
裾野駅
リカーワインズショップ
みしまや P.121
駿河湾沼津SIC
駿河湾沼津SA
長泉沼津IC
長泉
三島萩
伊豆縦貫自動車道
三島市
沼津IC
長泉なめり駅
龍澤寺
愛鷹PA
愛鷹SIC
妙泉寺
沼津岡宮
三島加茂
東海道
函南町
東海道本線
三島駅
三島塚原
原駅
片浜駅
東海道新幹線
下土狩駅
三嶋大社
三島玉沢
妙法華寺
沼津駅
大岡駅
熱海駅

富士五湖
ふじごこ
周辺図 P.2-3/P.4-5
0
1.5
3km
N
1:130,000
登山道
A
B
C
1
2
3
4
滝戸山
鳥坂峠
芦川渓谷
笛吹市
若彦トンネル
河口湖 P.8-
甲府市
節刀ヶ岳
市川三郷町
十二ヶ岳
毛無山
王岳
358
精進ブルーライン
精進湖トンネル
西湖 P.12下図
身延町
西湖 P.36/P.52/P.76
足和田山
P.79
青木ヶ原樹海
精進の大杉
諏訪神社
精進湖 P.36/P.52
富士パノラマライン
紅葉台
P.126
道の駅
なるさわ
139
烏帽子岳
P.80
富岳風穴
青木ヶ原
千円札の富士山
鳴沢氷穴 P.81
300
139
本栖湖 P.36/P.52
山梨県
鳴沢村
竜ヶ岳
本栖湖 P.12上図
富士本栖湖リゾート
P.22
大室山
ふじてん
天神峠
朝霧高原 P.18
P.55
樹海台駐車場
精進口登山道
二合
P.127
道の駅 朝霧高原
丸山
朝霧CC
P.54/P.123 五合園レストハウス
139
P.123 富士山五合目簡易郵便局
朝霧高原
P.55 富士スバルライン五合目
奥庭駐車場
P.55
静岡県
朝霧ジャンボリーGC
大沢駐車場 P.55
富士宮市
P.36 山頂の信仰遺跡群
猪之頭公園
P.26 富士山

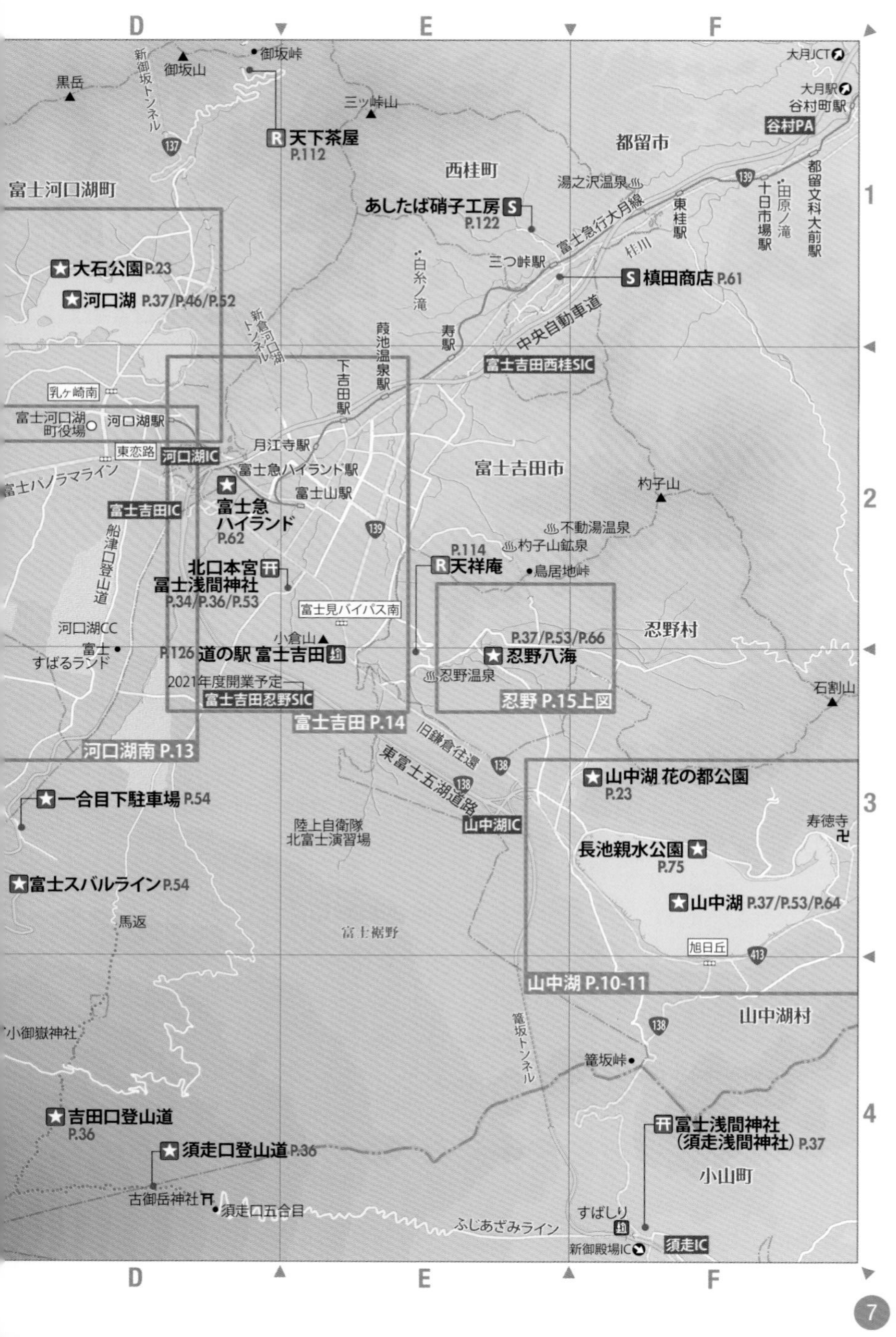
天下茶屋
P.112
あしたば硝子工房
P.122
槙田商店 P.61
大石公園 P.23
河口湖 P.37/P.46/P.52
富士急ハイランド
P.62
北口本宮冨士浅間神社
P.34/P.36/P.53
天祥庵
P.114
忍野八海
P.37/P.53/P.66
P.126 道の駅 富士吉田
富士吉田 P.14
河口湖南 P.13
忍野 P.15上図
山中湖 花の都公園
P.23
一合目下駐車場 P.54
長池親水公園
P.75
山中湖 P.37/P.53/P.64
富士スバルライン P.54
山中湖 P.10-11
吉田口登山道
P.36
須走口登山道 P.36
冨士浅間神社
(須走浅間神社) P.37
富士河口湖町
都留市
西桂町
富士吉田市
忍野村
山中湖村
小山町
中央自動車道
東富士五湖道路
富士急行大月線
河口湖IC
富士吉田IC
富士吉田西桂SIC
富士吉田忍野SIC
山中湖IC
須走IC
谷村PA
大月JCT
新御殿場IC
2021年度開業予定

A
B
C
1
2
3
4
河口湖
かわぐちこ
周辺図 P.6-7
0
250
500m
N
1:25,000
中藤川
日月神社
馬場川
海蔵寺
星のや富士
P.132
大石浅間神社
大石小
P.60 大石紬伝統工芸館
河口湖自然生活館
P.110 Auberge Mermaid
奥川
P.127 葡萄屋kofu ハナテラスcafé
真如苑
淵坂峠
P.127 大石農産物直売所 おおいし屋
P.48 河口湖自然生活館
天神峠
湖北ビューライン
麗
うの島
留守ヶ岩
鸕鷀嶋神社
金比羅神社
P.37/P.51 冨士御室浅間神社
足和田
さくらの里公園
P.51 シッココゴ公園
冨士御室浅間神社
さくや愛の鐘
敷島の松
P.129
富士ビューホテル
室沢川
長浜
西湖
Cafe & Dining さくら
P.94
妙本寺
勝山小 中学校入口
勝山ふれあい センター入口
八王子神社
P.51 小海公園
かつやま
道の駅 かつやま
勝山小
勝山
勝山中
小海
勝山局
天神下
クースクース
河口湖レイクサイドコテージ
平浜川
hotel norm. air fuji
P.21
天神社
富士河口湖町
P.12下図
蓮華寺
大嵐小
鳴沢村

D
E
F
1
2
3
4
P.37 河口浅間神社
河口小
河口浅間神社前
湖北ビューライン
河口湖郵便局前
富士河口湖温泉郷
P.56 久保田一竹美術館
P.56 茶房 一竹庵
河口湖猿まわし劇場
広瀬
久保田一竹美術館
P.124
湖畔のパン工房Lake Bake
オルソンさんのいちご P.117
河口湖木ノ花美術館
秀峰閣
湖月 P.130
大石公園 P.23
サニーデ
リゾート
troisième
marché P.117
P.106 森のレストラン
河口湖
音楽と森の
美術館
ほうとう不動
河口湖北本店
神徳寺
P.57 河口湖音楽と森の美術館
長崎
河口湖北中
河口湖美術館前
河口湖美術館
御坂みち
御坂みち
P.57 河口湖美術館
河口湖美術館前
河口湖 P.37/P.46/P.52
THE KUKUNA
P.129
P.129
河口湖大橋北
うぶや
富士吟景
湖のホテル
河口湖ミューズ館ー与 勇輝 館ー P.57
富ノ湖
六角堂
産屋ヶ崎神社
ニューセンチュリー
勝山歴史民俗資料館
八木崎公園 P.49/P.51
産屋ヶ崎
風のテラス
KUKUNA前
ルートイン
河口湖
湖山亭
うぶや前
若草の宿 丸栄
CISCO COFFEE P.116
河口湖大橋 P.50
山神社
河口湖ミューズ館入口
八木崎公園
レイクランドホテル
みづのさと
妙法寺
河口湖・ウォーキングトレイル
常在寺
レイクサイド
湖龍
おおはし
河口湖大橋南
河口湖ハーブ館 P.49
大池公園
白山神社
元金山神社
泰平館
河口湖ハーブ館
小曲岬
P.50 天上山公園
P.108 フレンチ ロマラン
山梨宝石博物館 P.57
P.121
三魂交通神社
山梨宝石博物館・
河口湖
乳ヶ崎北
フジヤマクッキー
湖翠苑
小立小
大池
ロイヤル
河口湖交番前
ブリーズベイ
レイクリゾート河口湖
富士
レーク
キュイジーヌR
P.111
筒口神社
湖南荘
河口湖畔駅
遊覧船・ロープウェイ入口
富士山
パノラマ
ロープウェイ
富士見台駅
乳ヶ崎南
三本杉
船津三差路
河口湖南中
遊覧船乗り場「天晴」
P.51
船津小
農協前
河口湖駅
町役場前
七軒町
上の段
P.21 FUJISAN
SHOKUPAN
役場入口
河口湖局
河口湖駅
富士河口湖町役場
P.112 きじ亭
富士河口湖
観光総合案内所
P.14
富士急行河口湖線
甲州ほうとう小作河口湖店 P.113
P.13
富士山駅

A
B
C
1
2
3
4
忍野村
山中湖 花の都公園 P.23
花の都公園
清流の里
山中湖忍野富士吉田線
VISON GLAMPING Resort & Spa 山中湖 P.21
富士吉田IC
山中湖IC
P.113 大豊
ザ・メインダイニング P.105
ホテルマウント富士 P.130
山中湖村
花の都公園入口
山中出口稲荷神社
P.75 山中湖温泉 紅富士の湯
レイク山中荘
樹美緑
ニュースターリゾート富士色
山中湖西
紅富士の湯
大出山入口
エーブル山中湖
旧鎌倉往還
芳野
山中諏訪神社 P.75
マリモ通り
山中浅間神社
長池親水公園 P.75
富士山 山中湖 (ホテルマウント富士入口)
明神前
山中小
郷土料理 海馬 P.115
観光船のりば
東富士五湖道路
山中湖局
富士松園
ヴィラ季節風
パノラマイン山中湖
山乃家
乗馬クラブ馬車道 P.70
関本屋
湖雲荘
湖明荘マリーナ P.74
須走IC
岩魚茶舎
山中湖村役場前
山中湖村役場
ドッグリゾートWoof
富士見荘キャンプ場
山中湖中
山中湖 文学の森公園
清渓
山中湖 観光案内所
P.74 山中湖文学の森公園
富士吉田市

D
E
F
1
2
3
4
山中湖
やまなかこ
周辺図 P.6-7
0
250
500m
N
1:25,000
東海自然歩道
大平山
ニュースターホテル山中湖
平野西口
ハートイン山中湖
至誠荘
平和荘
寿徳寺
道志みち
P.71
ウォータークラブ
平野
レークピア岳麓
平野
富月荘
長池親水公園前
729
オステリア イゾラーナ
プレンティ エフ
カフェ&オーベルジュ
里休 P.74/P.110
甲斐路荘
富士山ガーデンホテル本館
湖北
オーベルジュ秋桜
P.110
東小
みさき
フォレストリゾート山中湖
秀山荘
ままの森
長池天神社
Parco del Cielo
P.106
山中湖交流プラザ
「きらら」
山中湖交流プラザ
山中湖 P.37/P.53/P.64
スペランザ丸石
三国山ハイキングコース入口
413
PICA山中湖 P.72/P.74
PAPER MOON
P.117
FUJIYAMA KITCHEN P.73/P.107
撫岳荘前
撫岳荘
Hammock Cafe P.73
湖山荘前
FUJIYAMA BAZAAR P.72
リゾートイン ピークラブ
旭日丘観光 P.71
夕焼けの渚展望台
マリモ通り
山中湖のカバ P.70
燻製工房 古志路
P.127
テディベア
ワールドミュージアム
クリスマスの森入口
フジヤマ
山中湖
ドライブセンター
旭日丘湖畔緑地公園 P.24/P.75
413
旭日丘
山中湖旭日丘
クリスマスの森
サンタクロースミュージアム
山中湖ガーデンヴィラ
庭園茶寮山中湖
山水荘
138
山中湖村
須走IC

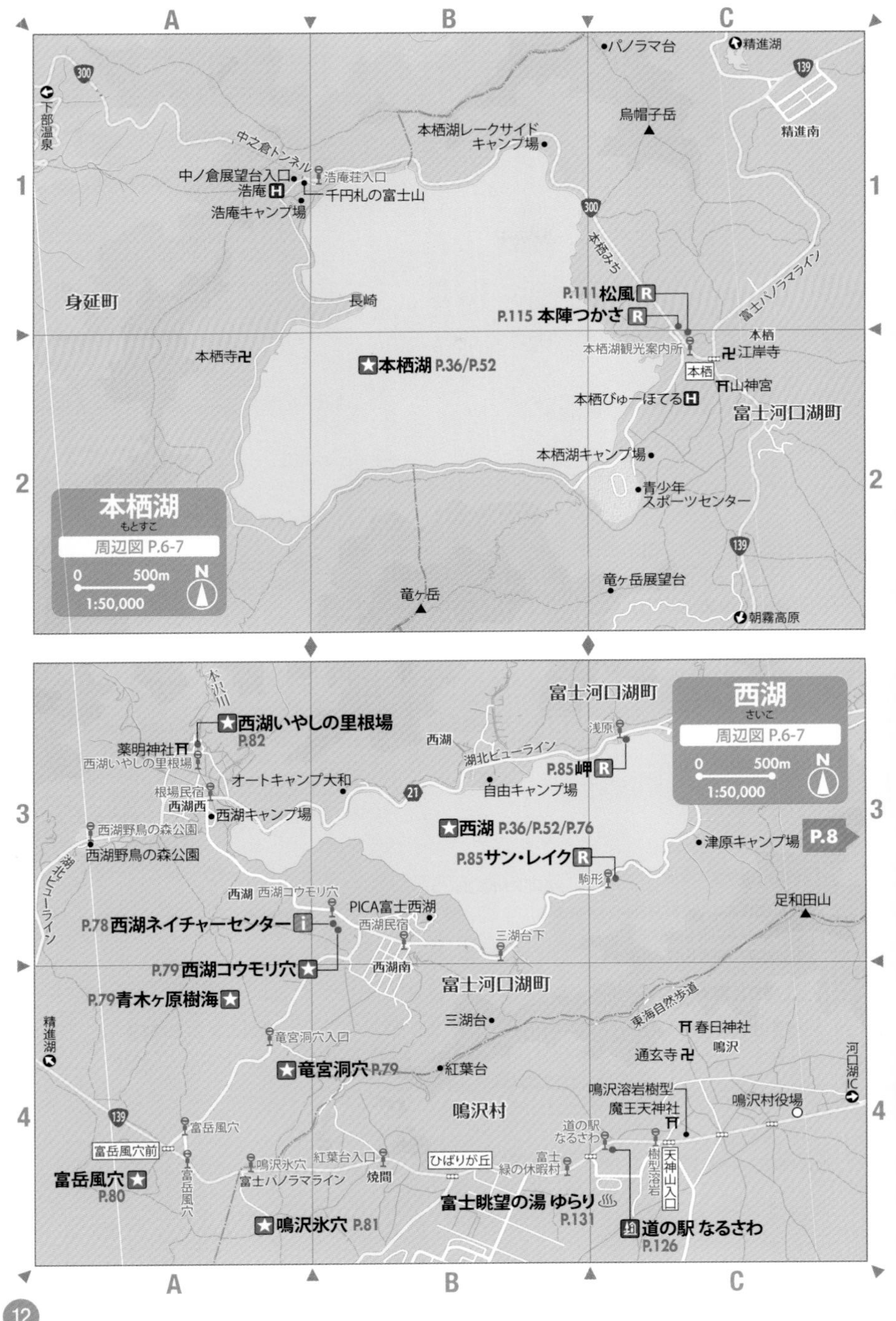
本栖湖
もとすこ
周辺図 P.6-7
0 500m
1:50,000
N
★本栖湖 P.36/P.52
P.111 松風 R
P.115 本陣つかさ R
本栖湖観光案内所
江岸寺
本栖
山神宮
本栖びゅーほてる H
富士河口湖町
本栖湖キャンプ場
青少年スポーツセンター
竜ヶ岳展望台
朝霧高原
竜ヶ岳
本栖寺
長崎
身延町
中ノ倉展望台入口
浩庵 H
浩庵キャンプ場
浩庵荘入口
千円札の富士山
中之倉トンネル
下部温泉
本栖湖レークサイドキャンプ場
烏帽子岳
パノラマ台
精進湖
精進南
本栖みち
富士パノラマライン
西湖
さいこ
周辺図 P.6-7
0 500m
1:50,000
N
富士河口湖町
★西湖いやしの里根場 P.82
薬明神社
西湖いやしの里根場
本沢川
根場民宿
西湖西
西湖キャンプ場
オートキャンプ大和
西湖
湖北ビューライン
浅原
P.85 岬 R
自由キャンプ場
★西湖 P.36/P.52/P.76
P.85 サン・レイク R
駒形
津原キャンプ場
P.8
西湖野鳥の森公園
西湖 西湖コウモリ穴
PICA富士西湖
西湖民宿
P.78 西湖ネイチャーセンター i
P.79 西湖コウモリ穴 ★
P.79 青木ヶ原樹海 ★
三湖台下
西湖南
富士河口湖町
足和田山
東海自然歩道
三湖台
春日神社
鳴沢
通玄寺
精進湖
竜宮洞穴入口
★竜宮洞穴 P.79
紅葉台
河口湖IC
鳴沢溶岩樹型
魔王天神社
鳴沢村役場
鳴沢村
富岳風穴
富岳風穴前
富岳風穴 ★ P.80
鳴沢氷穴
紅葉台入口
焼間
富士パノラマライン
ひばりが丘
富士緑の休暇村
道の駅なるさわ
樹型溶岩
天神山入口
富士眺望の湯 ゆらり P.131
★鳴沢氷穴 P.81
道の駅 なるさわ P.126
A B C
1 2 3 4

河口湖南
かわぐちこみなみ
周辺図 P.6-7
1:38,000
富士河口湖町役場
河口湖
P.9
P.113
甲州ほうとう小作河口湖店
P.14 山梨県立
富士山世界遺産センター
河口湖駅
富士急行河口湖線
大嵐小
P.121 ラ・ヴェルデュール木村屋
フォレストモール富士河口湖
東恋路西
東恋路
ほうとう不動
東恋路店 P.113
富士パノラマライン
小立南
船津登山道入口
P.120
金多゛留満 本店
富士河口湖高
スバルライン入口
勝山
鳴沢村
RICETTA
P.107
精進湖
P.114 信水堂
山梨赤十字病院
ふじざくら支援学校
富士吉田I.C.
富士吉田IC
Miura料理店
P.109
河口湖ステラシアター
河口湖
総合公園
素和美小
キャフェ・ドゥ・ブローニュ
ラ・ブーランジュリー
P.125
東富士五湖道路
富士スバルライン
富士河口湖町
河口湖CC
山中湖IC
フジプレミアムリゾート
富士桜CC
フォレストヴィレッジ
P.133
P.133
レジーナリゾート富士
Suites & Spa
P.14
くぬぎ平
スポーツ公園
健康科学大
船津口登山道
P.54
富士山
メロディーポイント
P.118 FUJI GATEWAY
富士桜高原麦酒
富士すばるランド
P.37
船津胎内樹型
環境省
生物多様性センター
河口湖フィールドセンター
自動車博物館
胎内洞窟入口
富士北麓公園
富士レイクサイドCC
鳴沢村
吉田胎内樹型 P.37
富士スバルライン料金所
富士吉田市
富士スバルライン P.54
富士山五合目

富士吉田
ふじよしだ
周辺図 P.6-7
0 400 800m
1:38,000
富士吉田市
新倉山浅間公園
P.22
富士見孝徳公園
新倉富士浅間神社
塩釜神社
忠霊塔入口（新倉山浅間公園入口）
正福寺
プレステージGG
琴平社
切風天神社
下吉田駅
下吉田中
下吉田東小
下吉田第一小
金比羅神社
中央自動車道
富士急行大月線
葭池温泉前駅
大月JCT
大月駅
富士河口湖町
河口湖駅
富士急河口湖線
下吉田第二小
月江寺
月江寺駅
中央通り
新倉
市民会館
月江寺駅入口
富士急ハイランド前
富士急ハイランド駅
富士吉田市役所
月江寺 左下図
富士急ハイランド P.62
P.62/P.130
ハイランドリゾートホテル&スパ
美也樹 P.63
松尾神社
河口湖IC
ハイランドターミナル
御坂みち
間堀川
吉田高
P.62
フジヤマミュージアム
ふじやま温泉 P.53
Q-STA
金鳥居
世界遺産インフォメーションセンター
コニファーフォレスト
富士北稜高
富士山駅
吉田中
お茶屋町東
富士吉田IC
富士スバルライン
P.122 Gateway Fujiyama 富士山駅店
P.61 ヤマナシハタオリトラベルMILL SHOP
御師住宅（旧外川家住宅）
P.35/P.37/P.40
旧外川家
P.120 シフォン富士
山梨県立富士山世界遺産センター P.14
吉田小
ひばりが丘高
富士みち
御師住宅（小佐野家住宅） P.37
吉祥寺
上宿
西念寺
山神社
昭和大
浅間神社前
富士吉田市
北口本宮冨士浅間神社
P.34/P.36/P.53
富士見バイパス
月江寺
げっこうじ
0 200m
1:18,000
下吉田第一小
小室浅間神社
富士学苑中
月江寺
富士学苑高
富士急行大月線
月江寺駅
大津屋酒店 P.58
P.59
手打ちそば而今庵
月の江書店 P.58
LONGTEMPS P.59
中央通り
月江寺駅入口
桜井うどん P.63
富士みち
天神社
P.61 テンジン
間堀川
市役所前
下吉田(5)
富士吉田市役所
新屋山神社
ホテル鐘山苑
富士山温泉 別墅然然
P.128
富士吉田市立病院
体育館
桂川
富士見バイパス南
P.118
ふじやまビール Harvesterrace
ふじさんミュージアム
P.39/P.123
小倉山
P.126
道の駅 富士吉田
忍野村
富士山レーダードーム前
富士山レーダードーム館
サンパークふじ
富士見公園前
富士散策公園
旧鎌倉往還
忍野入口
富士吉田忍野スマートIC
東富士五湖道路
山中湖
山中湖IC
山中湖村
河口湖
P.9
P.13
宮川

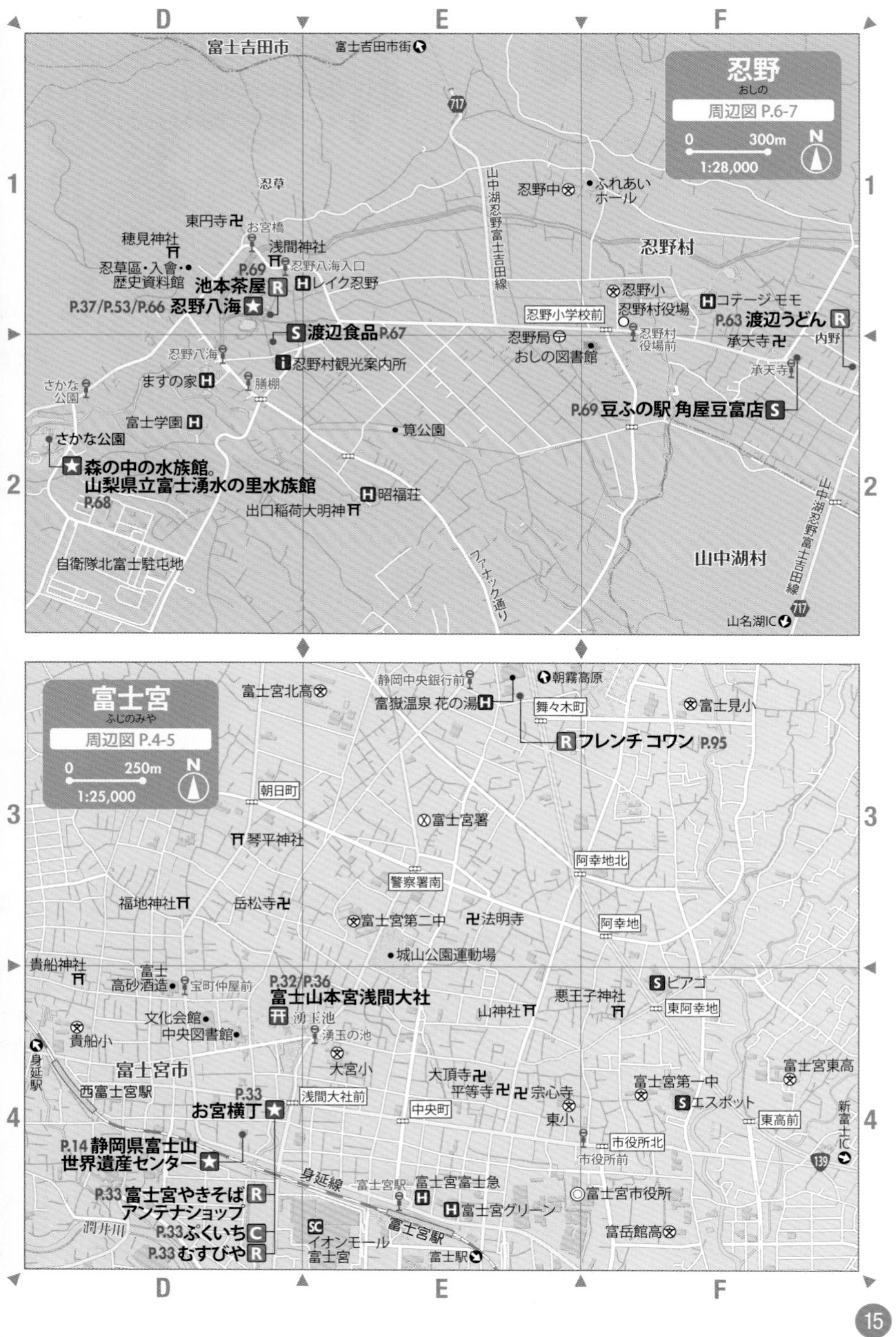

忍野
おしの
周辺図 P.6-7
1:28,000
富士吉田市
富士吉田市街
忍草
東円寺
お宮橋
穂見神社
浅間神社
忍野八海入口
忍草區・入會・歴史資料館
P.69 池本茶屋
レイク忍野
P.37/P.53/P.66 忍野八海
渡辺食品 P.67
忍野八海
忍野村観光案内所
さかな公園
ますの家
膳棚
富士学園
さかな公園
森の中の水族館。山梨県立富士湧水の里水族館 P.68
覚公園
昭福荘
出口稲荷大明神
自衛隊北富士駐屯地
ファナック通り
山中湖忍野富士吉田線
忍野中
ふれあいホール
忍野村
忍野小
忍野村役場
忍野小学校前
忍野村役場前
忍野局
おしの図書館
コテージ モモ
P.63 渡辺うどん
内野
承天寺
承天寺
P.69 豆ふの駅 角屋豆富店
山中湖村
山名湖IC
富士宮
ふじのみや
周辺図 P.4-5
1:25,000
富士宮北高
静岡中央銀行前
富嶽温泉 花の湯
朝霧高原
舞々木町
フレンチ コワン P.95
富士見小
朝日町
富士宮署
琴平神社
警察署南
阿幸地北
福地神社
岳松寺
富士宮第二中
法明寺
阿幸地
城山公園運動場
貴船神社
富士高砂酒造
宝町仲屋前
P.32/P.36 富士山本宮浅間大社
湧玉池
湧玉の池
文化会館
中央図書館
貴船小
身延駅
富士宮市
大宮小
西富士宮駅
P.33 お宮横丁
浅間大社前
山神社
悪王子神社
ピアゴ
東阿幸地
大頂寺
平等寺
宗心寺
東小
中央町
富士宮第一中
エスポット
東高前
富士宮東高
新富士IC
P.14 静岡県富士山世界遺産センター
市役所北
市役所前
身延線
富士宮駅
富士宮富士急
富士宮グリーン
富士宮市役所
P.33 富士宮やきそばアンテナショップ
P.33 ぷくいち
P.33 むすびや
潤井川
イオンモール富士宮
富士宮駅
富士駅
富岳館高

御殿場
ごてんば
周辺図 P.4-5
0 0.75 1.5km
1:75,000
N
A
B
C
1
2
3
4
上高塚
須走IC
小山町
富士平原GC
P.99 キリンディスティラリー富士御殿場蒸溜所
瑞穂神社
前川
陸上自衛隊東富士演習場
水土野IC
一木塚
馬頭塚
御殿場バイパス
仁杉JCT
滝ヶ原
富士山スカイライン
御殿場市
陸上自衛隊滝ヶ原駐屯地
前川
宮塚
南宮塚
六郎塚
浅間神社
玉穂小
西中
中畑
御殿場西高
麹ヶ塚
玉穂支所入口
富士山スカイライン
御殿場市
山神社
陸上自衛隊東富士演習場
P.131
疫神社
御胎内温泉健康センター
富士裾野
印野小
原里小
胎内神社
富士山御胎内清宏園
富士山樹空の森
原里中
P.99 たくみの郷
高塚
陸上自衛隊板妻駐屯地
光真寺
西川
大平洋クラブ御殿場C
太平洋クラブ御殿場ウエストC
猪見塚
岡野山
佐沢川
西御殿場GC
神場東
大野原
富士御殿場GC
大野原
P.99
大野風穴
御殿場JCT
富士サファリパーク
陸上自衛隊東富士演習場
駒門工業団地
用沢川
須山浅間神社 P.37
駒門SIC
駒門PA
鎮霊神社
すその美人の湯ヘルシーパーク裾野
須山小
須山中
富士裾野工業団地
駒門風穴
P.131
陸上自衛隊駒門駐屯地
山之神神社
陸上自衛隊東富士演習場
新東名高速道路
佐野川
ヤクルト富士裾野工場
東名高速道路
裾野市
久保川
裾野市運動公園
専修院
用沢川
富岡第二小
時之栖スポーツセンター
下和田川
トヨタ自動車研究所
長泉沼津IC
沼津IC

D
E
F
1
2
3
4
※新東名高速道路
新御殿場IC～新秦野IC間
2027年開通予定
大井松田IC
国府津駅
御殿場線
小山佐野川
興雲寺
一幣司浅間神社
鮎沢川
青龍寺
馬伏川
東名高速道路
足柄駅
足柄小
高根小
高根中
小山高
小山町
新御殿場IC
林昌寺
鎌足神社
久成寺
山郷神社
深沢城跡
清郷神社
足柄街道
円通寺
ギャツビイGC
抜川
七社神社
御殿場高
東小
大雲院
足柄SIC
足柄SA
新東名高速道路
荻原北
宝持院
御殿場中
御殿場小
足柄森林CC
御殿場線
御殿場市役所
市役所北
御殿場プレミアム・アウトレット P.100
東部病院
浅間神社
御殿場バイパス
ぐみ沢丸田
田子の月 富士山御殿場本店 P.120
御殿場駅
鈴廣かまぼこ 御殿場店 P.120
とらや工房 P.98
東山旧岸邸 P.98
御殿場南小
御殿場IC
御殿場南高
湖水前
富士CC
南足柄市
御殿場IC
東山湖
南中
P.99 秩父宮記念公園
朝日小
厳島神社
金時山
乙女道路
御殿場温泉
平和公園
南箱道路
リストランテ桜鏡 P.105
乙女トンネル
KuKKA P.125
二の岡神社
乙女峠
藤乃煌 富士御殿場 P.102
公時神社
東名高速道路
南御殿場駅
箱根湯本
静岡県
丸岳
富士屋ホテル
仙石GC
箱根山
箱根ラリック美術館
黄瀬川
神奈川県
箱根湿生花園
諏訪神社
富士岡小
早川
大箱根CC
ベルビュー長尾GC
長尾峠
台ヶ岳
富士岡駅
御殿場GC
箱根CC
箱根町
御殿場線
富士岡中
強羅駅
姥子駅
箱根スカイライン
大坂
仙石原高原
御殿場市
箱根湖畔ゴルフコース
P.118
御殿場高原ビール GRAND TABLE
箱根ロープウェイ
姥子温泉
小田原GC
桃源台駅
御殿場高原 時之栖
天然温泉 気楽坊
時之栖
レンブランドGC
芦ノ湖
湖尻峠
裾野市
箱根峠

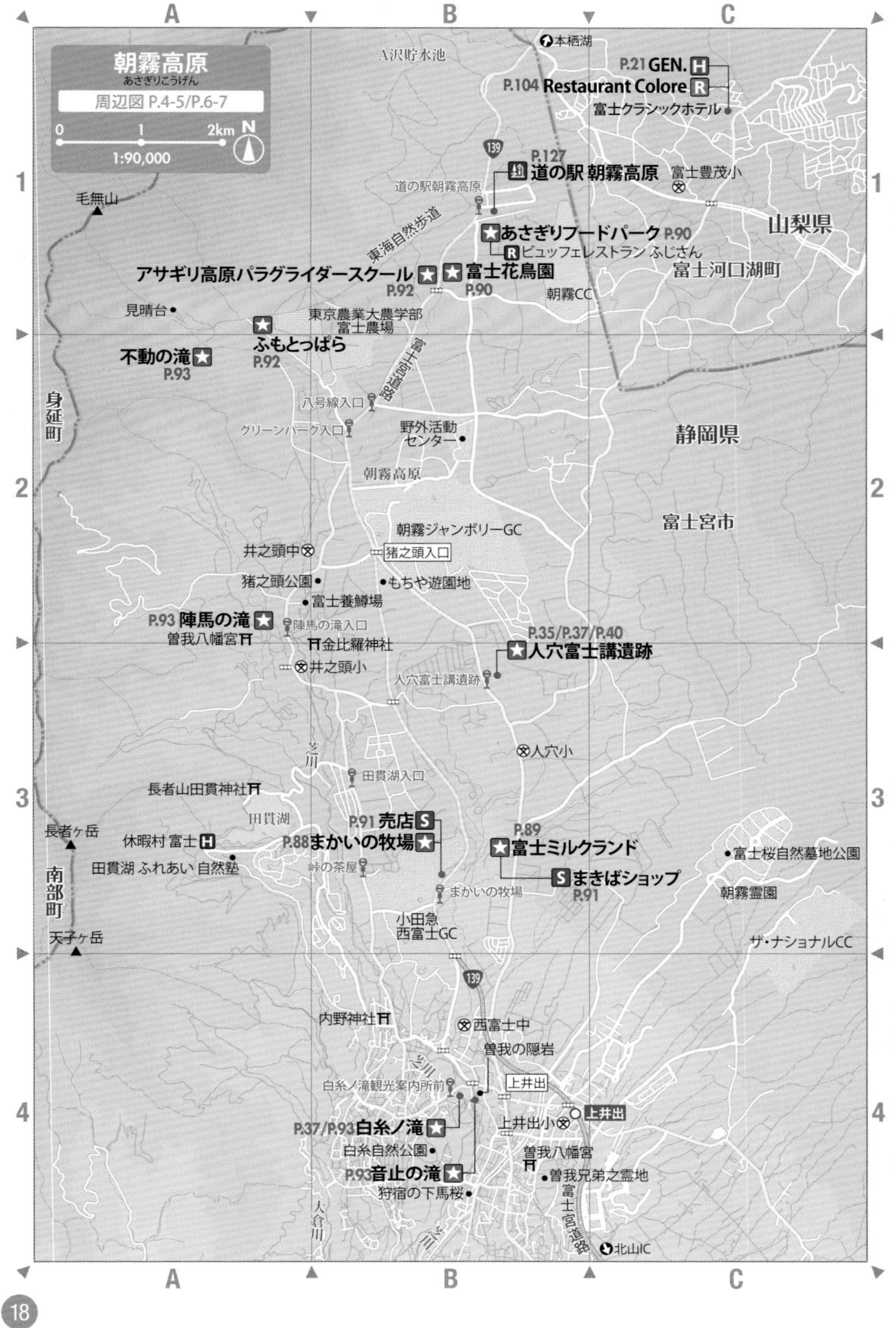

朝霧高原
あさぎりこうげん
周辺図 P.4-5/P.6-7
0 1 2km N
1:90,000
本栖湖
A沢貯水池
P.21 GEN.
P.104 Restaurant Colore
富士クラシックホテル
P.127
道の駅 朝霧高原
道の駅朝霧高原
富士豊茂小
山梨県
毛無山
東海自然歩道
あさぎりフードパーク P.90
ビュッフェレストラン ふじさん
富士河口湖町
アサギリ高原パラグライダースクール
P.92
富士花鳥園
P.90
朝霧CC
見晴台
東京農業大農学部
富士農場
ふもとっぱら
P.92
不動の滝
P.93
富士宮道路
八号線入口
グリーンパーク入口
野外活動
センター
身延町
静岡県
朝霧高原
朝霧ジャンボリーGC
富士宮市
井之頭中
猪之頭入口
猪之頭公園
もちや遊園地
富士養鱒場
P.93 陣馬の滝
陣馬の滝入口
曽我八幡宮
金比羅神社
P.35/P.37/P.40
人穴富士講遺跡
井之頭小
人穴富士講遺跡
芝川
人穴小
田貫湖入口
長者山田貫神社
田貫湖
P.91 売店
P.88 まかいの牧場
長者ヶ岳
休暇村 富士
田貫湖 ふれあい 自然塾
峠の茶屋
P.89
富士ミルクランド
まきばショップ
P.91
まかいの牧場
富士桜自然墓地公園
朝霧霊園
南部町
小田急
西富士GC
天子ヶ岳
ザ・ナショナルCC
139
内野神社
西富士中
曽我の隠岩
芝川
上井出
白糸ノ滝観光案内所前
上井出
P.37/P.93 白糸ノ滝
上井出小
白糸自然公園
曽我八幡宮
P.93 音止の滝
曽我兄弟之霊地
狩宿の下馬桜
大倉川
富士宮道路
北山IC

勝沼
かつぬま
周辺図 P.2-3
0 400 800m
1:38,000
塩山駅
甲州市役所
文化会館
塩山南小
塩山中
若宮八幡大神社
甲州市民文化会館前
柏原神社
東林寺
中央本線
東山梨駅
清白寺
ケーズデンキ
塩山市民病院
ケーヨーデイツー
山梨市
諏訪神社
奥野田小
勝沼ワイナリーマーケット P.137
ぶどうの丘天空の湯 P.139
ぶどうの丘
勝沼ぶどう郷駅
甲州市立勝沼病院
万福寺
一久園 P.138
久保田園 P.138
ぶどう狩りの自由園
ハーブ庭園旅日記
勝沼中
勝沼小
唐土神社
笛吹市青楓美術館
シャトー・メルシャン勝沼ワイナリー P.137
ワイナリーレストランゼルコバ P.135
シャトー・メルシャンワイン資料館
笛吹市
甲州市
祝小
ダイヤモンド酒造
勝沼醸造
ルミエールワイナリー
大宮神社
レストランテ風アルガ葡萄園直営 P.135
岩崎氏館跡
丸藤葡萄酒工業 P.136
まるき葡萄酒 P.137
勝沼IC
中央自動車道
一宮御坂IC
甲府市街
大月JCT
大月駅

とりはずして使える

MAP

付録 街歩き地図

河口湖・山中湖 富士山

切り取り線

TAC出版
TAC PUBLISHING Group

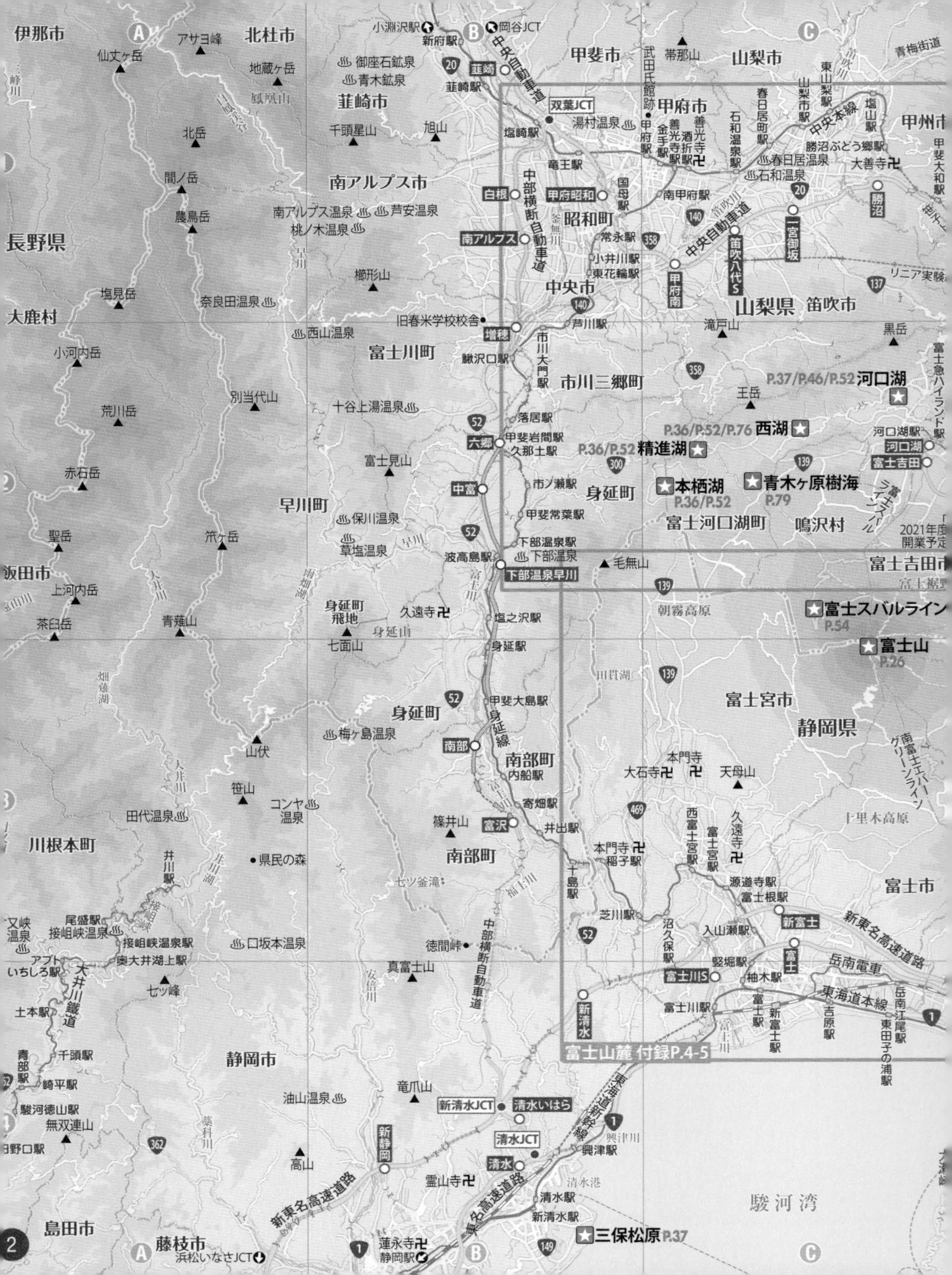

伊那市
北杜市
甲斐市
山梨市
韮崎市
甲府市
甲州市
南アルプス市
昭和町
長野県
中央市
山梨県
笛吹市
大鹿村
富士川町
市川三郷町
河口湖
西湖
精進湖
本栖湖
青木ヶ原樹海
身延町
富士河口湖町
鳴沢村
早川町
飯田市
富士吉田市
富士スバルライン
富士山
富士宮市
静岡県
南部町
川根本町
富士市
静岡市
島田市
藤枝市
三保松原
駿河湾
中央自動車道
中部横断自動車道
新東名高速道路
東名高速道路
東海道本線
東海道新幹線
中央本線
身延線
岳南電車
大井川鐵道
富士山麓 付録P.4-5

富士山周辺図
ふじさんしゅうへんず
0
5
10km
1:450,000
N
富士五湖周辺 付録P.2-3
山中湖 P.37/P.53/P.64
※新東名高速道路
新御殿場IC～新秦野IC間
2027年開通予定
東京都
神奈川県
相模湾
相模灘
大月市
都留市
上野原市
八王子市
相模原市
厚木市
秦野市
伊勢原市
平塚市
小田原市
箱根町
湯河原町
真鶴町
熱海市
伊東市
伊豆市
伊豆の国市
沼津市
三島市
函南町
裾野市
長泉町
御殿場市
小山町
南足柄市
開成町
大井町
中井町
松田町
山北町
山中湖村
忍野村
道志村
檜原村
小菅村
清川村
愛川町
海老名市
座間市
綾瀬市
大和市
藤沢市
茅ヶ崎市
寒川町
二宮町
大磯町
町田市
多摩市
日野市
府中市
立川市
あきる野市
日の出町
横浜市
鎌倉市
江の島
初島
丹沢山
塔ノ岳
大山
大室山
焼山
高尾山
金時山
明神ヶ岳
高松山
権現山
三頭山
奈良倉山
刈寄山
生藤山
丸山
倉岳山
黒岳
滝子山
御正体山
鳶尾山
中央自動車道
東名高速道路
新東名高速道路
圏央道
東海道新幹線
東海道本線
御殿場線
小田急小田原線
小田急江ノ島線
小田急多摩線
相模線
西武拝島線
伊東線
伊豆箱根鉄道
伊豆スカイライン
西湘バイパス
富士急行大月線
箱根山
芦ノ湖
箱根神社
箱根峠
仙石原
仙石原温泉
姥子温泉
箱根湯本温泉
湯河原温泉
熱海温泉
伊豆山温泉
中川温泉
七沢温泉
飯山温泉
別所温泉
日向薬師
妙法華寺
真鶴岬
相模湖
津久井湖
宮ヶ瀬湖
丹沢湖
大月JCT
八王子JCT
伊勢原JCT
海老名JCT
海老名南JCT
茅ヶ崎JCT
御殿場JCT
鶴ヶ島JCT

あなただけの
プレミアムな
おとな旅へ！
ようこそ！

LAKE KAWAGUCHI LAKE YAMANAKA MT. FUJI

河口湖・山中湖・富士山への旅

天空にそびえる絶対美景 霊峰がくれた至福のとき

富士山を北斎や広重が描き、赤人や西行や芭蕉が詠んだ。漱石や太宰や谷崎が書いた。漱石は「西行も笠ぬいで見る」と句を詠み、その西行の歌には「富士の煙」とある。平安時代にはよく噴火したらしい。
谷崎が『細雪』を河畔で書いた河口湖も山中湖も、その噴火でできた。誰もがこの霊峰を見たいと思うが、運悪く見えないこともある。
芭蕉は霧の中で、しかし「富士を見ぬ日ぞ面白き」と詠んだ。見えずとも、憧れの富士は端然とそこにある。

SIGHTSEEING

霊峰の恵みを受けて暮らした原風景の名残もあちこちに

忍野八海 ➡P.66

雄々しくも優しく微笑む
富士が育む豊饒の大地
遠く関西からも見えるという
標高3776mの頂
SIGHTSEEING
自然の力と
火山の力を
間近に感じる
樹海や洞窟
鳴沢氷穴
➡P.81
SIGHTSEEING
多くの人々が
祈りを捧げ
修行の場とした
美しい滝
白糸ノ滝
➡P.93

どの季節も「絵」になる
重厚かつ優美なたたずまい

富士山の頭上を彩る
河口湖の花火大会

SHOPPING

澄んだ空気と
澄んだ湧水で
今なお紡がれる
織物の歴史

槙田商店 ➡P.61

信仰の対象と芸術の源泉
世界遺産・富士山を知る

SHOPPING

シルエットも
実に愛らしい
富士モチーフを
手みやげに

ラ・ヴェルデュール木村屋 ➡P.121

静岡県富士山世界遺産センター前の
水盤に写り込む逆さ富士

山麓の爽やかな風の中
とびっきりの贅沢を
GOURMET
キャンプや
グランピングで
焚き火にあたり
豪快に肉料理
藤乃煌 富士御殿場
➡P.102
GOURMET
富士山の
伏流水が生んだ
地ビールも
豊富です
御殿場高原ビールGRAND TABLE
➡P.118
GOURMET
大自然のなか
最高の眺望で
フルコースも
よりおいしい
ザ・メインダイニング
➡P.105
本物の富士を背景に
癒やしのひとときを

河口湖・山中湖 富士山

CONTENTS

歩く・観る

食べる

買う

泊まる

足を延ばして

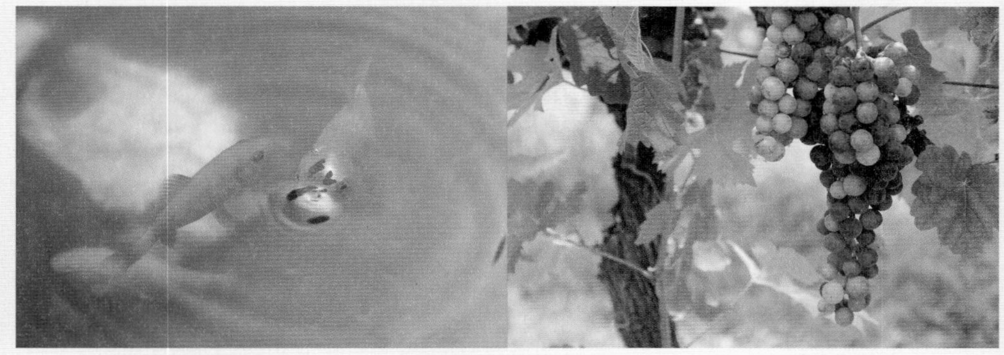

本書のご利用にあたって

● 本書中のデータは2024年1～2月現在のものです。料金、営業時間、休業日、メニューや商品の内容などが、諸事情により変更される場合がありますので、事前にご確認ください。

● 本書に紹介したショップ、レストランなどとの個人的なトラブルに関しましては、当社では一切の責任を負いかねますので、あらかじめご了承ください。

● 営業時間、開館時間は実際に利用できる時間を示しています。ラストオーダー(LO)や最終入館の時間が決められている場合は別途表示してあります。

● 休業日に関しては、基本的に定休日のみを記載しており、特に記載のない場合でも年末年始、ゴールデンウィーク、夏季、旧盆、保安点検日などに休業することがあります。

● 料金は消費税込みの料金を示していますが、変更する場合がありますのでご注意ください。また、入館料などについて特記のない場合は大人料金を示しています。

● レストランの予算は利用の際の目安の料金としてご利用ください。Bが朝食、Lがランチ、Dがディナーを示しています。

● 宿泊料金に関しては、「1泊2食付」「1泊朝食付」「素泊まり」は特記のない場合1室2名で宿泊したときの1名分の料金です。曜日や季節によって異なることがありますので、ご注意ください。

● 交通表記における所要時間、最寄り駅からの所要時間は目安としてご利用ください。

● 駐車場は当該施設の専用駐車場の有無を表示しています。

● 掲載写真は取材時のもので、料理、商品などのなかにはすでに取り扱っていない場合があります。

● 予約については「要予約」(必ず予約が必要)、「望ましい」(予約をしたほうがよい)、「可」(予約ができる)、「不可」(予約ができない)と表記していますが、曜日や時間帯によって異なる場合がありますので直接ご確認ください。

● 掲載している資料および史料は、許可なく複製することを禁じます。

■ データの見方

- ☎ 電話番号
- 所 所在地
- 開 開館／開園／開門時間
- 営 営業時間
- 休 定休日
- 料 料金
- 交 アクセス
- P 駐車場
- 室 宿泊施設の客室数
- in チェックインの時間
- out チェックアウトの時間

■ 地図のマーク

- ★ 観光・見どころ
- 卍 寺院
- ⛩ 神社
- ✝ 教会
- R 飲食店
- C カフェ・甘味処
- S ショップ
- SC ショッピングセンター
- H 宿泊施設
- 道の駅
- ♨ 温泉
- バス停
- i 観光案内所

エリアと観光のポイント

河口湖・山中湖・富士山はこんなところです

富士山を取り囲むように観光スポットが点在する。湖畔、高原、大型施設の多いエリアと、各所に特色があるので、まずは全体像を把握したい。

遊びも食も、思う存分ワイルドに体験

西湖周辺
さいこ

➡P.76

山麓に広がる青木ヶ原樹海や、今でも全貌が解明されていない溶岩洞窟など、ワクワクするようなネイチャー探検が楽しめるエリア。鹿肉カレーなどジビエが気軽に味わえるお店もある。

観光のポイント 樹海や洞窟の探検は、スニーカーなどの歩きやすい靴を用意したい

富岳風穴は歩きやすく、子どもにもおすすめ

家族みんなで楽しめる

朝霧高原・富士宮
あさぎりこうげん・ふじのみや

➡P.86

自然の眺望が美しいスポットや、スポーツ、アクティビティが楽しめるフィールド、動物とふれあえる牧場など多彩な魅力が満載。食材やお酒の生産も盛んな美食エリアでもある。

国の天然記念物でもある白糸ノ滝

観光のポイント 高原の景色や牧場グルメが楽しめる。花鳥園で鳥や花とのふれあいも

笛吹市
黒岳
市川三郷町
358
節刀ヶ岳
河口湖周辺
甲府市
河口湖
王岳
十二ヶ岳
西湖いやしの里根場
西湖
天上山公園
西湖周辺
精進湖
富士河口湖町
足和田山
河口湖駅
139
河口湖
富士吉田
本栖湖
富岳風穴
鳴沢氷穴
富士急ハイランド
300
139
青木ヶ原樹海
船津登山道口
身延町
竜ヶ岳
大室山
鳴沢村
山梨県
吉田口登山道
雨ヶ岳
天神峠
精進口登山道
富士スバルライン
毛無山
静岡県
道の駅朝霧高原
丸山
ふもとっぱら
富士山小御嶽神社
139
朝霧高原
富士山
富士宮道路
宝永山
田貫湖
まかいの牧場
富士宮口登山道
御殿場口登山道
長者ヶ岳
天子ヶ岳
139
朝霧高原・富士宮
白糸ノ滝
表口登山道
富士宮市
南富士エバーグリーンライン
天母山
北山
山宮浅間神社
469
村山浅間神社
469
富士山こどもの国
富士宮道路
西富士宮駅
469
十島駅
469
139
稲子駅
富士宮
富士山本宮浅間大社
富士宮駅
新富士
富士市
身延線
源道寺駅
富士根駅
52
芝川駅
沼久保駅
新東名高速道路
139

本栖湖から見た富士山。現1000円札の富士山のモデル

高級ホテルも多い、歴史の長い湖畔のリゾート

河口湖周辺
かわぐちこ

➡P.46

リゾートとしての歴史が古い河口湖。レストランやスイーツが評判のカフェが多く、一面にハーブの咲く公園や大人も楽しめるテーマパークが点在するなど、おしゃれな休日が過ごせるエリアだ。

観光のポイント 湖畔に点在する博物館・美術館を巡りたい。世界遺産の構成資産もこのエリアに多い

天上山公園の展望台からは富士山と河口湖を一望できる

アクティブなアウトドア好き垂涎のエリア

山中湖周辺
やまなかこ

➡P.64

春や秋はハイキング、夏は水上スポーツやキャンプ、冬はドーム船でのワカサギ釣りと、四季を通じてアウトドアが楽しめる。富士山が生んだ美しい池を持つ忍野も必訪。

観光のポイント 忍野八海を巡り、湖周辺でアクティビティを楽しむ

山中湖では一年を通じ白鳥に出会える

時間をかけて楽しみたい施設が充実

御殿場・裾野
ごてんば・すその

➡P.96

アウトレットをはじめ人気の施設が多い。また、他都県からのアクセスが良く、県内各地への移動がしやすいので旅の拠点にも便利。

観光のポイント 大型施設を中心にプランを組み立てるとスムーズ

日本庭園を眺めつつ甘味を食せる「とらや工房」。ここだけの和菓子も販売

移動はバスか車が基本

河口湖・山中湖を移動する

山麓の拠点は山梨県側と静岡県側で異なる。行きたいエリアを明確にしてプランを立てたい。

富士急行が運行する周遊バスは、富士五湖の主要エリアをほぼ網羅しており、時間を合わせれば大抵の観光地へ行ける。複数の施設を巡る場合は、乗り放題のフリー乗車券も活用したい。

河口湖(かわぐちこ)や西湖(さいこ)周辺へは河口湖駅を起点に、青木ヶ原樹海や溶岩洞窟、精進湖(しょうじこ)や本栖湖(もとすこ)へも河口湖駅から発着する周遊バスを使ってアクセスできる。山中湖の起点は富士山駅で、忍野八海(おしのはっかい)や山中湖周辺を巡る「ふじっ湖号」を運行。富士山五合目へ行くには富士山駅、河口湖駅、富士宮駅、御殿場駅などから運行している季節運行バスを利用する。

山梨県側から静岡県側に移動する際は、バスか車を利用。河口湖駅からは御殿場行きや富士宮行きの路線バスが運行しているので、時刻を確認して活用したい。

世界遺産・富士山を知る

世界遺産としての富士山の情報発信を担う施設。それぞれ富士山の自然・文化について学べ、疑似登山体験もできる。

山梨県立富士山世界遺産センター

やまなしけんりつふじさんせかいいさんセンター

河口湖 MAP 付録P.13 F-1

南館は富士山の和紙製巨大オブジェを中心にした円形構造。照明演出で富士山の歴史や季節変化を学べる。北館は総合案内所。

☎0555-72-0259 所山梨県富士河口湖町船津6663-1 開9:00～17:00（季節により変動あり） 休無休（南館は第4火曜） 料入館無料 交富士急行・河口湖駅から周遊バスで5分、富士山世界遺産センター下車、徒歩1分 P78台

巨大な「富嶽三六〇」を中心に、自然環境と人の関わりを学べる

静岡県富士山世界遺産センター

しずおかけんふじさんせかいいさんセンター

富士宮 MAP 付録P.15 D-4

らせんスロープを上って疑似登山を体験しながら、富士山への信仰や、芸術と富士山の関わりなどについて学べる。

☎0544-21-3776 所静岡県富士宮市宮町5-12 開9:00～17:00（7・8月は18:00、入館は閉館の30分前まで） 休第3火曜（祝日の場合は開館）、施設点検日 料一般300円 交JR富士宮駅から徒歩8分 Pなし

木格子で覆われた逆さ富士イメージの展示棟

壁面の映像を見ながら、登山者になった気分で富士登山の道中の雰囲気を楽しめる。頂上は展望ホール

河口湖 → 朝霧高原
バス●約1時間
富士急行路線バス・富士山駅発の新富士駅行きを利用

河口湖 → 富士宮
バス●約1時間30分
富士急行路線バス・富士山駅発の新富士駅行きを利用

岡谷JCT
松本駅
双葉JCT
甲府駅
中央本線
中央自動車道
白根IC
甲府昭和IC
甲府南IC
一宮御坂IC
南アルプスIC
中部横断自動車道
増穂IC
身延線
西湖
精進湖
六郷IC
本栖湖
富岳風穴
鳴沢氷穴
朝霧高原
下部温泉早川IC
白糸ノ滝
南部IC
富沢IC
富士山本宮浅間大社
富士宮駅
新富士IC
富士宮
富士IC
富士駅
新富士駅
新清水IC
新東名高速道路
東海道新幹線
東海道本線
新清水JCT
清水いはらIC
東名高速道路
清水JCT
新静岡IC
清水IC
清水駅
三保松原
駿河湾
浜松いなさJCT
静岡IC

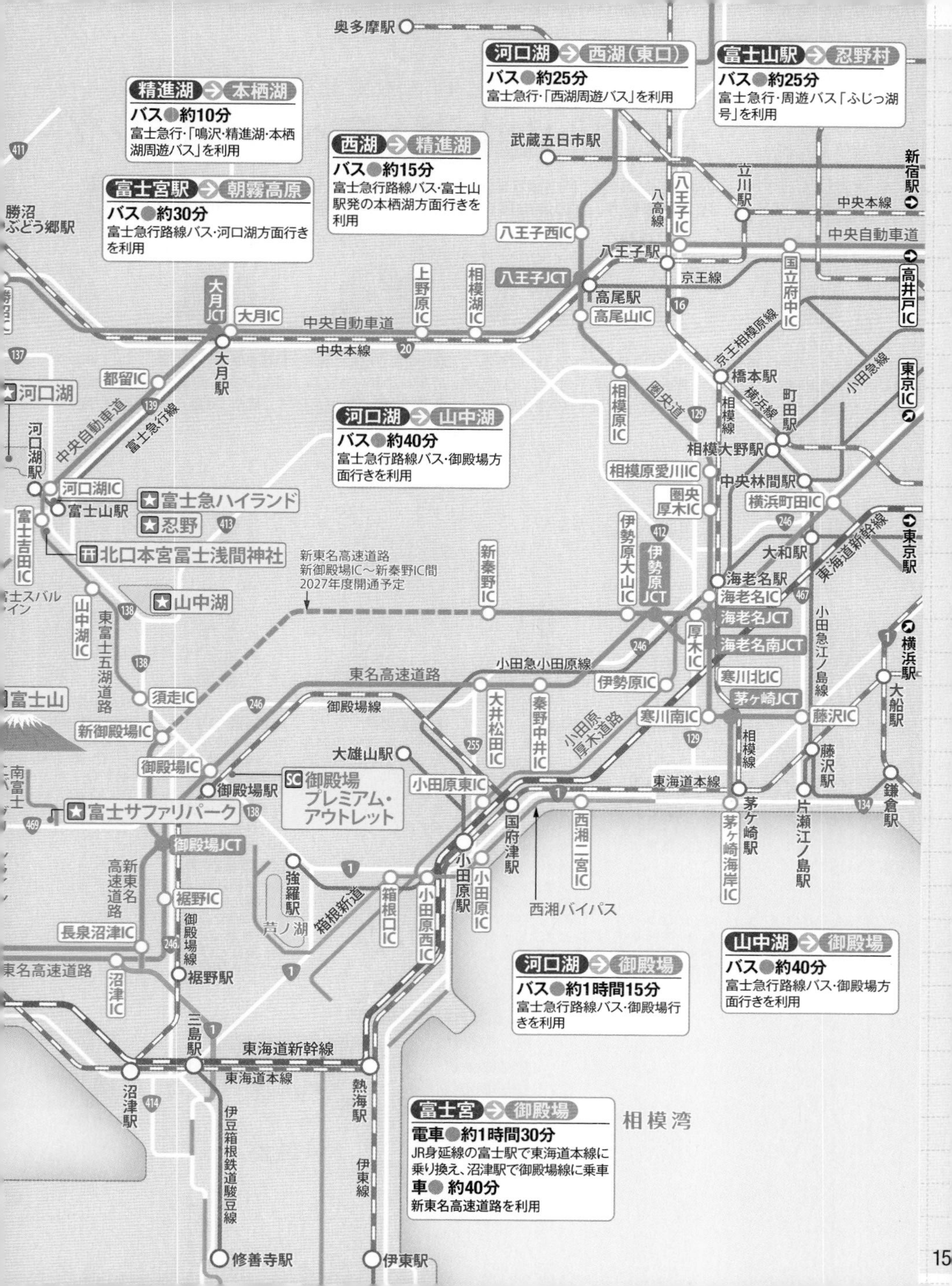

河口湖 → 西湖(東口)
バス●約25分
富士急行・「西湖周遊バス」を利用
富士山駅 → 忍野村
バス●約25分
富士急行・周遊バス「ふじっ湖号」を利用
精進湖 → 本栖湖
バス●約10分
富士急行・「鳴沢・精進湖・本栖湖周遊バス」を利用
西湖 → 精進湖
バス●約15分
富士急行路線バス・富士山駅発の本栖湖方面行きを利用
富士宮駅 → 朝霧高原
バス●約30分
富士急行路線バス・河口湖方面行きを利用
河口湖 → 山中湖
バス●約40分
富士急行路線バス・御殿場方面行きを利用
山中湖 → 御殿場
バス●約40分
富士急行路線バス・御殿場方面行きを利用
河口湖 → 御殿場
バス●約1時間15分
富士急行路線バス・御殿場行きを利用
富士宮 → 御殿場
電車●約1時間30分
JR身延線の富士駅で東海道本線に乗り換え、沼津駅で御殿場線に乗車
車● 約40分
新東名高速道路を利用
新東名高速道路
新御殿場IC～新秦野IC間
2027年度開通予定
奥多摩駅
武蔵五日市駅
新宿駅
中央本線
立川駅
八高線
八王子IC
八王子西IC
八王子駅
八王子JCT
中央自動車道
高井戸IC
国立府中IC
京王線
高尾駅
高尾山IC
勝沼ぶどう郷駅
大月JCT
大月IC
大月駅
上野原IC
相模湖IC
中央本線
都留IC
富士急行線
河口湖
河口湖駅
河口湖IC
富士山駅
富士急ハイランド
忍野
北口本宮冨士浅間神社
富士吉田IC
富士スバルライン
山中湖
山中湖IC
東富士五湖道路
須走IC
富士山
新御殿場IC
御殿場IC
御殿場駅
富士サファリパーク
御殿場JCT
御殿場プレミアム・アウトレット
大雄山駅
新東名高速道路
裾野IC
御殿場線
長泉沼津IC
裾野駅
東名高速道路
沼津IC
三島駅
沼津駅
東海道新幹線
東海道本線
伊豆箱根鉄道駿豆線
修善寺駅
熱海駅
伊東線
伊東駅
強羅駅
芦ノ湖
箱根新道
箱根口IC
小田原西IC
小田原駅
小田原IC
小田原東IC
国府津駅
西湘二宮IC
西湘バイパス
相模湾
東名高速道路
御殿場線
大井松田IC
秦野中井IC
小田原厚木道路
小田急小田原線
伊勢原IC
新秦野IC
伊勢原大山IC
伊勢原JCT
厚木IC
海老名IC
海老名JCT
海老名南JCT
海老名駅
寒川北IC
寒川南IC
茅ケ崎JCT
相模線
茅ケ崎駅
茅ケ崎海岸IC
藤沢IC
藤沢駅
小田急江ノ島線
片瀬江ノ島駅
東海道本線
東海道新幹線
大和駅
大船駅
鎌倉駅
横浜駅
東京駅
相模原IC
圏央道
相模原愛川IC
圏央厚木IC
京王相模原線
橋本駅
相模線
横浜線
町田駅
相模大野駅
中央林間駅
横浜町田IC
小田急線
東京IC

富士山を中心に、四季・伝統を楽しむ旅

河口湖・山中湖トラベルカレンダー

四季折々の自然が山麓を彩る富士五湖周辺。雪化粧の美しい富士を拝むなら秋から春だが、夏の湖畔周辺の緑や澄み切った空もすがすがしい。

1月	2月	3月	4月	5月	6月
元旦は、ダイヤモンド富士の初日の出を見に訪れる人々で賑わう。	富士山が最も美しく見える時期。寒さが厳しいので防寒対策を。	冬の寒さが和らぎ、3月下旬には少しずつ新緑が芽吹き始める。	暖かい日が増え、湖畔の花々が春を告げる。各所で花見の催しも。	新緑がまぶしい季節。過ごしやすい陽気が続き、観光に最適。	河口湖畔のラベンダ が最盛期。さわやか 初夏の香りに包まれ

● 河口湖の月平均気温（℃）
■ 河口湖の月平均降水量（mm）

	1月	2月	3月	4月	5月	6月
河口湖の月平均気温（℃）	-0.4	0.6	4.2	9.5	14.3	17.8
河口湖の月平均降水量（mm）	60.9	55.4	107.6	106.1	123.2	157.1

マフラーや手袋など、完全な防寒対策が必須。車は冬用タイヤで

6～8月は雲が出や く、美しい富士山が える日は少なくなる

1月

1月下旬～2月23日
河口湖・冬花火
冬の夜空を彩る花火大会。大池公園をはじめ、河口湖畔の3カ所で打ち上げられる。夏の花火とは違った風情を楽しみたい。

1月下旬～2月上旬
西湖こおりまつり
西湖野鳥の森公園で行われる氷の祭典。さまざまな形をした氷像が並び、迫力たっぷり。夜はライトアップされて幻想的に。

2月

上旬～中旬
山中湖 DIAMOND FUJI WEEKS
ダイヤモンド富士がよく見られる2月上旬～中旬に開催。第2土・日曜には、湖畔に灯るアイスキャンドルとともに冬花火が楽しめる。

23日
富士山の日
富士山の日フェスタなど、山梨県・静岡県の両県でさまざまなイベントが開催される。

3月

2月下旬～4月上旬
いやしの里 里の冬～春
西湖いやしの里根場では、ひな祭りを開催。茅葺き屋根の古民家に雛人形が飾られる。

3月下旬～4月上旬
桃源郷春まつり
桃の栽培で有名な笛吹市で開催。メイン会場は景勝地の八代ふるさと公園で、会期中は桜、桃などさまざまな花が愛でられる。

4月

29日
吉田胎内祭
古くから信仰の対象だった吉田胎内樹型。年に一度、祈りを捧げる胎内祭が行われ、この日だけ内部が一般公開される。

5月

4～6日
流鏑馬まつり
富士山本宮浅間大社の流鏑馬祭。本祭日には、鎌倉時代の装束で市内を練り歩いたあと、境内で勇壮な流鏑馬が奉納される。

4月中旬～5月下旬
富士芝桜まつり
富士本栖湖リゾートでは、富士山麓の広大な敷地に約52万株の芝桜が咲き誇る。ピンク、白、紫などの色のコントラストが鮮やか。

6月

6月中旬～7月中旬
河口湖ハーブ フェスティバル
ラベンダーが咲き誇 初夏の一大イベン 河口湖畔の大石公園 八木崎公園の2会場 開催される。

桜 3月下旬～4月中旬
芝桜 4月中旬～5月中旬
富士桜 4月下旬～5月上旬
花菖蒲

↑芝桜

↑富士桜

↑花菖蒲

西湖樹氷まつり

吉田の火祭り

富士河口湖紅葉まつり

時之栖イルミネーション

7月	8月	9月	10月	11月	12月
士山の登山シーズン到来。日焼けや熱中対策を忘れずに。	標高が高いため夏も涼しく爽快。盛大な花火大会が夜空を彩る。	夏の暑さがやわらぐ快適な季節だが、台風が多いので注意が必要。	気温がぐっと下がり、標高の高いエリアから木々が色づき始める。	紅葉のベストシーズン。鮮やかな秋景色を求めて観光客が訪れる。	湖畔は一気に冬の装い。空気が澄み、富士山がくっきり見渡せる。
21.9 / 178.4	22.5 / 176.8	18.7 / 264.7	13.0 / 230.0	7.5 / 76.0	2.3 / 49.8

夏でも朝晩は肌寒いときがあるので、羽織るものがあると便利

夜は冷えるので、紅葉のライトアップを見る際はしっかり厚着を

7月

士山開山祭
士山の山開きを告げ祭り。北口本宮冨士間神社で、人々の安を祈願する神事が挙される。6月30日の夜祭は一般参加がでる。

日・8月3・4日、17日
るさわ収穫祭
村の特産品である原野菜の収穫祭。道なるさわで開催さ新鮮な野菜が購入きるほか、無料で試可能。

8月

1～5日
富士五湖の花火大会
富士五湖の各所で5日間にわたり開催。山中湖の「報湖祭」から始まり、河口湖の「湖上祭」で盛大なフィナーレを迎える。

26・27日
吉田の火祭り
北口本宮冨士浅間神社と諏訪神社の秋祭り。街中で大松明に火が灯され、迫力ある光景が目を奪う。日本三奇祭のひとつ。

9月

4～6日
山中明神例大祭 安産祭り
子授け・安産の神を祀る山中諏訪神社の例祭。神輿を担ぐとご利益があるといわれ、多くの妊婦や子宝を願う女性が訪れる。

9月中旬～10月中旬
花の都「秋の彩り」
山中湖花の都公園で開催される秋のイベント。前半では約570万本のピンクや白のほか黄花コスモスが、後半には紅葉が楽しめる。

10月

10月下旬～11月中旬
夕焼けの渚・紅葉まつり
山中湖畔の旭日丘湖畔緑地公園は紅葉の名所として有名。夜は色づいた木々がライトアップされ、あでやかな光景が見られる。

下旬
富士吉田農業祭り
富士山周辺で生産された農林産物や、その加工品が購入できる。

11月

3日
かつぬま新酒ワインまつり
山梨県産のブドウで造られた新酒ワインが楽しめるイベント。毎年新種ワインの解禁日に、ぶどうの丘噴水広場で開かれる。

10月下旬～11月下旬
富士河口湖紅葉まつり
鮮やかな紅葉に染まった河口湖北岸で開催。約100本のモミジの巨木が並ぶ「もみじ回廊」は必見。夜のライトアップも美しい。

12月

9月下旬～3月中旬
時之栖イルミネーション
華やかな光のトンネルやアクアリウムなど、趣向を凝らしたイルミネーションやアクティビティが人気。迫力ある噴水ショーも。

11月中旬～1月上旬
山中湖アートイルミネーション「FANTASEUM」
広大な山中湖花の都公園にアートイルミネーションを展示。期間中は同園付近でダイヤモンド富士も楽しめる。

6月中旬～7月上旬

コスモス 9月中旬～10月中旬

アジサイ 7月中旬～8月中旬

ラベンダー

アジサイ

ヒマワリ

コスモス

紅葉

ヒマワリ 8月中旬～下旬

紅葉 10月中旬～11月中旬

ラベンダー 6月下旬～7月中旬

※開催日程は変動することがありますので、事前にHPなどでご確認ください。

プレミアム滞在 モデルプラン

河口湖・山中湖 おとなの1日プラン

湖畔や高原の自然、世界遺産の神社や溶岩洞窟、四季の移ろいを感じながら巡る。周遊バスが走っているが、便数が少ない区間もあるのでレンタカーなど車で移動するとまわりやすい。

河口湖から富士山を望む風景。富士山はエリアごとに見える角度が異なる

自然がつくり上げた神秘と里山の風景

風光明媚な名所に、伝統工芸、独特の地形や茅葺き集落をまわる。

9:00	富士急行・河口湖駅発
	約5分 国道137号を経由
9:15	天上山公園
	約15分 国道137号、県道21号を経由
10:30	大石公園

天上山公園 から望む 標高1075mの絶景

天上山公園 ➡P.50
てんじょうやまこうえん

太宰治の『お伽草紙』の一編にもなっている、昔話「カチカチ山」の舞台となった場所。ロープウェイで山頂まで上がること3分、展望台からは富士山と河口湖の全景が楽しめる。

河口湖随一の景勝地、大石公園 で富士を仰ぐ

大石公園 ➡P.23
おおいしこうえん

湖畔に面した公園。湖畔の遊歩道に沿って季節ごとにさまざまな花が咲く。園内にはブルーベリーをテーマにした河口湖自然生活館(P.48)を併設。フルーツ狩りなどができる。

散策がてら おいしい スイーツも!

10:30 大石公園

徒歩3分
大石公園に隣接している

11:30 大石紬伝統工芸館

約20分
県道21号・710号、
国道139号を経由

14:10 鳴沢氷穴・富岳風穴

約10分
鳴沢氷穴から富岳風穴までは徒歩10分。富岳風穴から国道139号、県道21号を経由

15:10 西湖いやしの里根場

約25分
県道21号・710号・714号を経由

17:15 富士急行・河口湖駅発

大石紬伝統工芸館で大石紬の作品にふれる

大石紬伝統工芸館 ➡P.60

おおいしつむぎでんとうこうげいかん

養蚕や桑の栽培が盛んだった大石地区で作られた紬。ここでは草木染めの体験や大石紬の販売などを行っている。大石紬の工程について学べるほか、機織り機の見学もできる。

溶岩洞窟の鳴沢氷穴・富岳風穴へ

鳴沢氷穴 ➡P.81

なるさわひょうけつ

世界でも希少な環状型の竪穴洞窟で内部が一周できる。氷柱は4月にいちばん大きくなり、高さ3mになるものもある。

富岳風穴 ➡P.80

ふがくふうけつ

総延長201mの横穴の溶岩洞窟。夏でも溶けないつららもあり、昭和初期までは天然の冷蔵庫として繭や種子の貯蔵に使われていた。

西湖いやしの里根場に蘇った日本のふるさとの風景

西湖いやしの里根場 ➡P.82

さいこいやしのさとねんば

水車が回り、懐かしい田舎の風景が広がる施設。工芸体験や茅葺き屋根の食事処で食べるほうとうやそばなど、ふるさとの味わいも堪能できる。

素朴な甘味でほっこりひと休み

プランニングのアドバイス

河口湖・西湖の観光拠点は河口湖駅。公共交通機関は、富士急行が河口湖・西湖両方を巡る周遊バスをそれぞれ運行している。鳴沢方面へは鳴沢・精進湖・本栖湖周遊バスを利用。ただし本数が少ないので注意したい。

食事のプラン

ランチは河口湖周辺に点在する郷土料理のほうとうや吉田のうどんを食したい。西湖では西湖いやしの里根場に食事処があり、昔ながらの雰囲気のなかで甘味や食事が楽しめる。ディナーは地元で獲れる珍しいジビエを使った料理がおすすめだ。

美しい湧水池、季節の花々との出会い

古社参拝から始まり、湖畔の花畑や山中湖の景色を楽しむ。バスでも周遊できる。

+1日 忍野村・山中湖への旅

- 9:05 富士急行・富士山駅発
  - 約10分 御殿場駅方面行きバスで6分、浅間神社前下車すぐ
- 9:15 北口本宮冨士浅間神社
  - 約10分 御殿場駅行きバスで9分、忍野八海下車すぐ
- 10:30 忍野八海
  - 約15分 御殿場駅行きバスで15分、山中湖旭日丘下車すぐ
- 13:40 山中湖のカバ
  - 約40分 周遊バス・路線バスで約40分、富士山駅下車
- 17:00 富士急行・富士山駅着

北口本宮冨士浅間神社で厳かななか静かに祈る

北口本宮冨士浅間神社 ➡P.34
きたぐちほんぐうふじせんげんじんじゃ

鬱蒼とした杉林を過ぎると、大鳥居の先に約300年前に建てられた拝殿が待つ。浅間大神が鎮座する古社。

プランニングのアドバイス
山中湖への拠点は富士山駅。周遊バス「ふじっ湖号」を使うと便利。運行本数は少ないものの、山中湖周辺の観光名所を網羅している。時刻表をあらかじめ確認して計画的なプランを。

清冽(せいれつ)な水が湧き出る忍野八海へ

忍野八海 ➡P.66
おしのはっかい

富士山の火山活動を経て残った湧泉群。澄んだ水がとても美しく、池に映る四季折々の富士はさまざまな表情を見せる。

水陸両用バス山中湖のカバに乗る

山中湖のカバ ➡P.70
やまなかこのカバ

陸上で楽しいガイドを聞いたあと、湖にそのまま突入する水陸両用バス。富士山を眺めながら、絶景クルーズを。

信仰の歴史と高原の自然を巡る

富士南麓の世界遺産を観光し、高原の豊かな恵みを味わう。

+1日 富士宮・朝霧への旅

- 9:00 JR 富士宮駅発
  - 約10分 県道414号を経由
- 9:10 富士山本宮浅間大社
  - 約25分 県道414号を経由
- 10:30 白糸ノ滝
  - 約5分 国道139号を経由
- 13:00 まかいの牧場
  - 約25分 国道139号、県道53号を経由
- 15:45 JR 富士宮駅着

浅間大社の総本宮富士山本宮浅間大社へ

富士山本宮浅間大社 ➡P.32
ふじさんほんぐうせんげんたいしゃ

紀元前27年創建と伝わる古社。山の神の怒り(噴火)を鎮めるため、この地に木花之佐久夜毘売命(このはなのさくやひめのみこと)(別称:浅間大神(あさまのおおかみ))を祀る。境内の湧玉池(わくたまいけ)から湧き出る水は、神聖なものとしてあがめられている。

プランニングのアドバイス
それぞれの名所が離れているので車移動が基本。富士宮発・河口湖駅方面行きのバスは2時間に1本。観光バス「強力くん」が土・日曜限定で運行する。

壮麗な修行場白糸ノ滝を訪れる

白糸ノ滝 ➡P.93
しらいとのたき

岩肌から流れ出る繊細で白い絹糸のような美しい白糸ノ滝。隣接する、轟音とともに勢いよく流れ落ちる豪快な音止(おとどめ)の滝もあわせて訪ねたい。

まかいの牧場で動物と会う

まかいの牧場 ➡P.88
まかいのぼくじょう

動物とのふれあい体験をはじめ、新鮮な乳製品の販売や日帰りのグランピングもできる多彩な施設。

ニュース&トピックス

湖畔の大自然のなかでゆったりとした大人時間を過ごせる施設が続々誕生している。プライベートサウナ付きなど、従来の河口湖・山中湖の楽しみ方とは少し違う優雅なステイをしてみませんか。

大自然のパノラマを独り占めできる 非日常の贅沢宿でリフレッシュ

hotel norm. air fuji

ホテル ノーム. エアーフジ

2022年7月オープン

1日1組限定の貸切ホテル。大人の上質な宿泊を演出する眺めの良いサウナやアートが飾られたスタイリッシュな空間など特別感にあふれている。

河口湖 MAP 付録P.8 A-4

☎080-4592-7052 所山梨県富士河口湖町長浜2021 交中央自動車道富士吉田ICから車で15分 Pあり
in14:30 out11:00 室1棟
予算1泊朝食付12万1000円～

森の中に浮かぶようなホテルで仲間や家族と贅沢に過ごせる

➲河口湖を望むバルコニーがメイン

GEN.

ゲン.

2023年8月オープン

富士山を間近に望みながら大自然に癒やされるハイクラスの施設。ガラス張りの開放的なベッドルームやダイニング、サウナの窓からも富士山が見える。

河口湖 MAP 付録P.18 C-1

☎0555-89-3606 所山梨県富士河口湖町富士ヶ嶺1306 交中央自動車道富士吉田ICから車で30分 Pあり
in15:00 out11:00 室1棟
予算1泊2食付3万円～

➲富士山を眺めながらサウナを満喫できる

露天風呂で、富士山の景色が刻々と変化する様子を楽しめる

アウトドアらしい開放感とホテルの快適さを同時に叶える

VISION GLAMPING Resort & Spa 山中湖

ビジョン グランピング リゾート&スパ やまなかこ

2022年12月オープン

ラグジュアリーな山中湖時間を過ごすのに最適な全天候型のグランピング。ゆったりとした快適な施設と雄大な自然の調和でリゾートの醍醐味を満喫できる。

山中湖 MAP 付録P.10 A-1

☎0120-522-085 所山梨県山中湖村山中粟木林1385-43 交東富士五湖道路山中湖ICから車で5分 Pあり
in17:00 out10:00 室15棟
予算1棟7万3000円～

➲快適な室内からも自然を感じる

春
あでやかな花が裾野を彩る

春夏秋冬、無限の表情を見せる

富士山麓を彩る四季の美

四季折々の山麓の自然と富士山が奏でる景色は古くから歌に、絵画に、小説にと描かれ続けてきた。今も昔も日本を代表する景勝地を巡る。

春の湖畔を華やかに彩る色とりどりの芝桜

首都圏最大級の規模。ピンクのグラデーションが広がる

富士本栖湖リゾート

ふじもとすこリゾート

本栖湖 MAP 付録P.6 A-3

4月中旬～5月下旬に「富士芝桜まつり」を開催。1.5haの広大な土地に8種類の芝桜が咲き、花の絨毯を敷きつめたような光景が広がる。

☎0555-89-3031(富士本栖湖リゾート) 所山梨県富士河口湖町本栖212 交河口湖ICから車で25分 Ⓟあり

桜と富士山が日本を象徴する

「日本らしい景色」として、外国人観光客にも人気の絶景

新倉山浅間公園

あらくらやませんげんこうえん

富士吉田 MAP 付録P.14 C-1

関東の富士見百景のひとつ。雄大な富士山と満開の桜、忠霊塔の組み合わせは、美しい日本のイメージそのもの。

☎0555-21-1000(ふじよしだ観光振興サービス) 所山梨県富士吉田市浅間2-4-1 交富士急行・下吉田駅から徒歩10分 Ⓟあり

夏
空と山と花のまばゆい色彩

爽快な高原の稜線いっぱいの夏景色

山中湖 花の都公園

やまなかこ はなのみやここうえん

山中湖 MAP 付録P.10 B-1

標高1000mの高原にあり、夏は約15万本のヒマワリが咲き誇る。青空と黄色い花のコントラストが素晴らしい。

☎0555-62-5587 所山梨県山中湖村山中1650 開8:30～17:30(冬季9:00～16:30) 休無休(冬季は火曜) 料600円(季節により異なる) 交富士急行・富士山駅から周遊バスで30分、花の都公園下車すぐ Pあり

見頃は8月中旬～下旬。春はチューリップ、初夏はネモフィラが咲く

大石公園

おおいしこうえん

河口湖 MAP 付録P.9 D-1

一年を通して多彩な花々が咲く河口湖畔の公園。夏はラベンダーが有名だが、バラも美しい。

☎0555-76-8230(河口湖自然生活館)
所山梨県富士河口湖町大石2585
交富士急行・河口湖駅から周遊バスで27分、河口湖自然生活館下車すぐ
Pあり

富士の雄姿によく似合う涼やかに咲く夏の花々

開花時期に河口湖ハーブフェスティバルが催される

幻想的な光に照らされた
情緒あふれる夜の紅葉

秋
山々を染め上げる
錦繍の世界

写真協力：一般財団法人ふじよしだ観光振興サービス

宵闇の富士山と紅葉のコラボレーションが幻想的

旭日丘湖畔緑地公園
あさひがおかこはんりょくちこうえん

山中湖 MAP 付録P.11 D-4

色づいた木々をライトアップする「夕焼けの渚・紅葉まつり」が人気。なかでも、あでやかな600mの紅葉回廊は見逃せない。

➡P.75

視界いっぱいに広がる
裾野のグラデーション

山中湖畔から三国山に至る山道の途中に位置する

パノラマ台
パノラマだい

山中湖 MAP 付録P.3 F-4

富士山と山中湖を一望できる絶好のビューポイント。赤や黄色に染まったダイナミックな秋景色に目を奪われる。

☎0555-62-3100（山中湖観光協会） 所山梨県山中湖村平野 交山中湖ICから車で20分 Pあり

冬
奇跡的な
自然の共演

富士山頂で太陽が輝く
奇跡の瞬間に出会う

ダイヤモンド富士
ダイヤモンドふじ

山中湖・本栖湖周辺

ダイヤモンド富士とは、富士山頂に太陽が重なる光景のこと。12月下旬～1月上旬の朝は本栖湖の南にある竜ヶ岳(りゅうがたけ)展望台、10月中旬～2月下旬の夕方は山中湖畔などで見られる。

☎0555-62-3100(山中湖観光協会)
0555-75-0043(本栖湖観光協会)

日によって見られる場所や時間が異なる。事前に確認したい

白い山肌が紅色に染まる
神秘的な真冬の朝と夕べ

紅富士
べにふじ

山中湖周辺

紅富士は、冠雪した富士山が早朝の光で赤く染まること。山中湖畔平野北岸では、紅色の逆さ富士が現れることも。

☎0555-62-3100(山中湖観光協会)

厳しい寒さが演出する美しい姿に、感動もひとしお

人々の心に息づき、畏敬の念を抱かせる山 歴史や文化の深遠さを知る

富士山

ふじさん

MAP 付録P.6 C-4

堂々とそびえ立つ霊峰富士。連綿と続く富士山の歴史を紐解き、文化遺産として世界遺産に登録された「信仰の対象」や「芸術の源泉」にふれながら、その美しい姿を仰ぎ見る。

神が宿る霊峰と崇められる山岳信仰の象徴

日本一の高さを誇り、秀麗な姿で鎮座する富士山。幾度も噴火を繰り返すことから、古代の人々は畏怖の念を抱き、霊峰として崇めてきた。遠く仰ぎ見る遥拝から、やがて登拝へと信仰形態が変化。江戸時代には富士講(ふじこう)が組織され、大勢の信者が山頂を目指した。また、富士山を題材とした芸術作品も多く、その分野は絵画から文学まで実に多彩。なかでも、葛飾北斎(かつしかほくさい)や歌川広重(うたがわひろしげ)の浮世絵は、西洋の画家に大きな影響を与えた。そうした文化的価値が認められ、2013年、世界文化遺産に登録。今も日本の象徴として、その存在感を放っている。

西湖いやしの里根場(P.82)の北西にある王岳から見た富士山

葛飾北斎『冨嶽三十六景　凱風快晴』1830〜32年頃
通称「赤富士」。凱風とは南風のこと。鱗雲が浮かぶ夏空を背景に山肌が赤みを帯びた一瞬を捉えた作品。富士川の河口付近からの構図を描いたものといわれている〈山梨県立博物館蔵〉

➔富士川越しに見る富士山。早朝に赤く染まる富士山が見られる

日本一標高の高い剣ヶ峰を目指して

富士山に登る

雲海の彼方からご来光が現れると、神々しい光に包まれる

「富士山に 登らない馬鹿 二度登る馬鹿」という有名な句があるが、7～8月の登山シーズンを迎えると、毎年20万人を超える登山者が頂上を目指して訪れる。

自分の体力や経験を考慮しながら最もふさわしい登山ルートを選択

富士山頂に至る登山ルートは4つあり、それぞれに距離や難易度、眺望などが異なる。いずれも五合目がスタート地点で、登山道と下山道が別の場合もある。各ルートの標識は色分けされているので、事前に自分のルートカラーを覚えておき、分岐点で迷わないよう注意したい。

体力に自信がない人は、吉田ルートなら五合目から六合目区間まで馬に乗って上れる

吉田(河口湖)ルート
設備充実で初心者も安心

山小屋や救護所などの設備が充実しており、初心者にも最適。富士登山者の過半数が利用する人気ルートで、週末などは混雑して渋滞が発生することもある。

須走ルート
緑あふれる樹林の中を歩く

本六合目付近まで樹林帯が広がり、緑豊かな景色が楽しめる。本八合目以上は吉田ルートと合流。下山の際は、砂の斜面を一直線に下る砂走りができる。

富士宮ルート
道幅が狭く傾斜のきついルート

4つのルートのうち、最も標高の高い位置から出発するため、山頂までの距離は最短。全体的に傾斜が急で、やや岩場が多い。眼下に駿河湾が見晴らせる。

御殿場ルート
難易度が高く上級者向け

4ルートのなかで最も距離が長く、標高差が大きい上級者向けルート。山小屋が少ないため、水や食料など万全の準備が必要だ。下山道の大砂走りが人気。

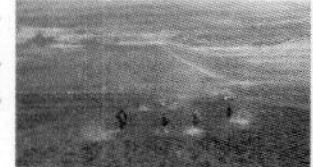

富士宮ルート
剣ヶ峰
お鉢巡り
吉田(河口湖)ルート
本栖湖
小御岳神社
富士スバルライン五合目
須走ルート
富士宮口五合目
富士宮市
宝永山
士市
古御岳神社
小富士
須走口五合目
御殿場ルート
山梨県
御殿場市
裾野市
御殿場口新五合目
静岡県

↑富士講の登拝風景を描いた作品。二代歌川国輝『冨士山諸人参詣之図』〈山梨県立博物館蔵〉

霊峰に登り、俗世の汚れを祓う

信仰としての登山

古くは平安時代から、修験者による登山の記録が残る。神聖な山の土を踏みしめ、人々は頂の聖地を目指した。

江戸時代に起こった富士講ブーム 多くの登拝者が吉田口から山頂へ

富士登拝が広く普及したのは江戸時代半ばのこと。富士講と呼ばれる信仰集団が数多く形成され、爆発的な流行となった。登山道はいくつかあったが、特に吉田口登山道は、富士講信者の登山本道として大いに発展した。山頂の火口周辺に残る信仰遺跡群は、世界遺産の構成資産でもある。

↑激しい噴火の痕跡を示す頂上の火口。近くで見ると、自然の力強さが伝わってくる

冨士山諸人参詣之圖

登山前に知っておきたい富士山のこと

登山シーズンは7～8月
登山期間は、7月上旬の山開きから約2カ月間。山小屋や救護所もこの時期に開く。天候が安定する梅雨明け後がベストシーズン。

山小屋を利用した1泊2日が基本
日帰り登山は体力を消耗し、高山病のリスクも高い。山小屋で1泊し、余裕ある日程で登るのが最適だ。山小屋の予約を忘れずに。

登山装備をしっかりと準備
標高が高い富士山は気温が低く、天気が急変しやすい。雨具や防寒着のほか、地図やヘッドライトも必携。登山装備一式が必要になる。

高山病にならないために
ゆっくりとしたペースで登り、少しずつ高度に体を順応させることが大切。こまめな水分補給や深呼吸を心がけ、定期的に休憩を。

公共交通機関を使って五合目へ
夏はマイカー規制があるため、河口湖駅などから登山バスで五合目へ。車の場合は、麓の駐車場でシャトルバスに乗り換えよう。

富士山頂

8つの峰をまわるお鉢巡り

頂上の火口を一周するお鉢巡りは、かつて富士山の8つの峰を巡った「お八巡り」に由来。迫力ある噴火口を間近に望むことができる。所要約1時間30分で、右回りが一般的。風が強い日は危険なので、天候には十分配慮を。

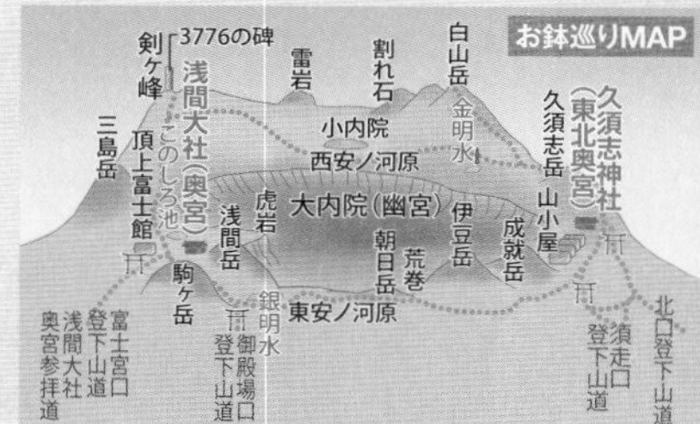

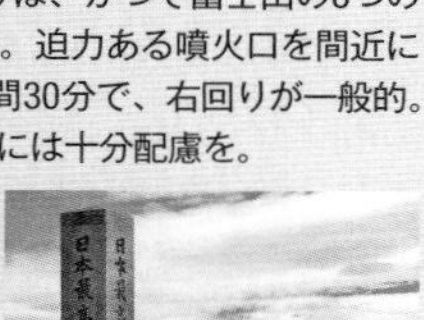

標高3776mの剣ヶ峰は日本最高地点。標柱の周辺は記念撮影の絶好ポイントに

2024年夏より、山小屋宿泊者を除き吉田口登山道入山規制あり。㊒通行料2000円　㊇1日4000人のみ、16:00～3:00通行不可
登山情報は富士登山オフィシャルサイト www.fujisan-climb.jp をチェック

桜と富士山、朱塗りの社殿が見事な景観を織りなす

神々のパワーを授かる聖地へ

信仰を支える浅間神社

富士山を神格化した浅間大神(あさまのおおかみ)を祀り、富士山信仰を起源とする浅間神社は山麓周辺に点在し、「信仰の対象」の構成資産として世界遺産に登録されている。

神聖な富士山信仰の中心地

富士山本宮浅間大社

ふじさんほんぐうせんげんたいしゃ

富士宮 MAP 付録P.15 D-4

家康が造営した壮麗な社殿 霊験あらたかな浅間神社の総本宮

全国に1300社余りある浅間神社の総本宮。富士山の噴火を鎮めるために浅間大神を祀ったのが始まりと伝えられ、古くから朝廷や武家の篤い崇敬を集めてきた。約5万6000㎡におよぶ境内には、徳川家康(とくがわいえやす)が寄進した社殿をはじめ、楼門、湧玉池(わくたまいけ)などが点在。桜が御神木とされ、春には約500本の桜が境内を彩る。

☎0544-27-2002 所静岡県富士宮市宮町1-1
開5:30～20:00 3・10月5:00～19:30 11～2月6:00～19:00
休無休 料無料 交JR富士宮駅から徒歩10分 Pあり

←参道に立つ流鏑馬の像。毎年5月に勇壮な流鏑馬祭が催される

注目ポイント

富士山頂上にある奥宮

富士山八合目以上は浅間大社の境内地で、富士宮口から登りつめた山頂に奥宮が鎮座。開山期は神職が常駐し、登拝者の安全や国家安泰を祈念している。

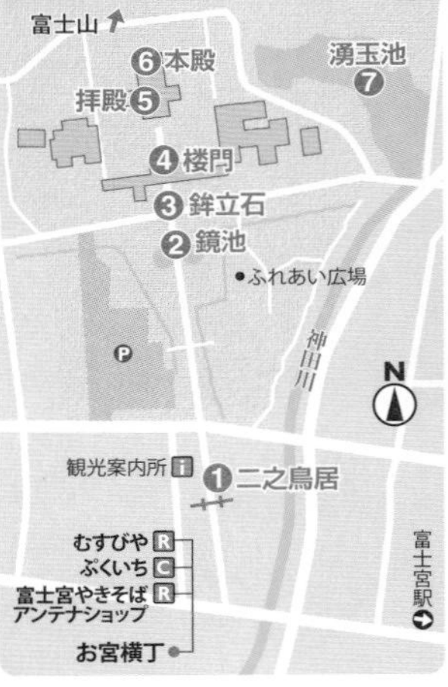

1 二之鳥居

にのとりい

堂々たる姿で参拝者を迎える

まっすぐに延びる参道の入口にある巨大な鳥居。付近に立つと、右手に富士山の神々しい姿が見渡せる。

↑青空を背景に色鮮やかな大鳥居が映える

2 鏡池
かがみいけ

澄んだ水をたたえた池

➡周囲の緑が水面に映り込んで美しい

一名眼鏡池とも呼ばれる楼門前の池。中央の輪橋は、大正4年(1915)に大正天皇御即位記念として石造りに改められた。

3 鉾立石
ほこたていし

神鉾を立てて休めた自然石

楼門前の石段に置かれた自然石。明治初年まで行われていた山宮御神幸の際、神が宿る鉾を立てて休むために使用されていた。

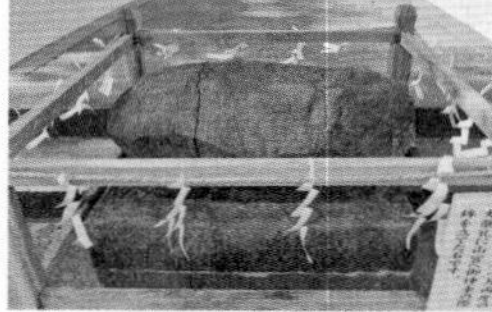
⬆厳かな神事の名残を今に伝える

⬆高さ約12mの立派な楼門がそびえる

4 楼門
ろうもん

江戸初期の貴重な楼門建築

慶長9年(1604)に建てられたとされる楼門。左右に随身像が安置されている。扁額は聖護院入道盈仁親王の筆と伝わる。

5 拝殿
はいでん

家康が寄進した風格ある社殿

本殿や幣殿などと同様に、徳川家康が造営したもの。正面が入母屋造り、背面が切妻造りで、正面に1間の向拝が設けられている。

⬆美しい檜皮葺きの屋根が目を引く

⬆国の重要文化財に指定されている

6 本殿
ほんでん

珍しい二重の楼閣構造を持つ

浅間造りと呼ばれる二重の楼閣造りは、ほかに例のない特殊な構造。1階は宝殿造り、2階は流造りで、屋根はともに檜皮葺き。

7 湧玉池
わくたまいけ

道者が心身を清めた聖池

富士山の雪解け水が、幾層にも重なった溶岩の間を通って湧出した池。かつて道者たちはこの水で身を清めてから登山したという。

➡水源の岩上には優雅な水屋神社がある

富士山の恵みが堪能できるお宮横丁

参拝後は富士山本宮浅間大社の門前で地元の人気グルメを気楽に食べ歩き。

大鳥居の向かい側、参道の両脇に飲食店とみやげ店が軒を連ねる。テイクアウトして広場のテーブルと椅子で味わえる。

お宮横丁
おみやよこちょう　MAP 付録P.15 D-4

☎0544-25-2061(ぷくいち)　所静岡県富士宮市宮町4-23　営10:00〜16:00　休店舗により異なる　交JR富士宮駅から徒歩8分　Pなし

日本のソウルフード
だんごやおむすび

むすびや

北川製餡所の餡を使用した数種類のだんごを中心に販売。おむすびやいなり寿司、富士宮やきそばも。

☎0544-25-2144　休無休

⬅毎朝早朝から作るだんご250円(2本入り)

⬇甘辛いご飯の天むす400円(2個入り)

地元製餡所の直営店
餡が自慢の甘味処

ぷくいち

富士山の湧き水でじっくり炊いた自慢のあんこ。夏はかき氷、冬はぜんざいなどのほかおでんもある。

☎0544-25-2061　休無休

⬆フルーツもたっぷり入ったあんみつ600円

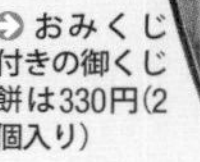
➡おみくじ付きの御くじ餅は330円(2個入り)

富士宮市を盛り上げる

富士宮やきそば アンテナショップ
ふじのみややきそばアンテナショップ

富士宮ご当地名物。油でコーティングする製麺法でシコシコした食感の麺と、肉かすやだし粉のコクや旨みが特徴的。

☎0544-22-5341　休無休

⬇キャベツしゃっきり富士宮やきそば550円(並)

⬇激辛やきそばも数種類ある

厳かな森が包む富士山鎮護の古社

北口本宮冨士浅間神社

きたぐちほんぐうふじせんげんじんじゃ

富士吉田 MAP 付録P.14 B-3

古くは富士山の遥拝地として信仰を集め江戸時代には富士講の拠点となり発展

創建は1900年以上前まで遡ると伝わる。古くから富士山の遥拝地として信仰を集め、江戸時代に富士講が庶民に広がるとともに、富士信仰の中心地として栄えてきた神社。樹齢1000年の御神木など巨樹がそびえ、森閑とした雰囲気が漂う境内は、当時の繁栄と技術の粋を今に伝えている。

☎0555-22-0221 所山梨県富士吉田市上吉田5558
開休料参拝自由(祈祷受付9:00〜16:30頃、夏季は延長あり。5000円より) 交富士急行・富士山駅から周遊バスで6分、浅間神社前下車すぐ/富士急行・富士山駅から徒歩20分
Pあり

拝殿

はいでん

精緻な装飾で彩られる

本殿・幣殿と連結した権現造りで、江戸中期に富士講の指導者・村上光清(むらかみこうせい)らの寄進により造営された。

富士講から奉納された巨大な天狗の面や、額などが掲げられている

お守りをチェック

美のお守り

心身ともに美しくなりたい女性におすすめ

太郎杉・夫婦檜

たろうすぎ・めおとひのき

拝殿前にそびえる御神木

樹高30mを誇る太郎杉と、2本の檜が寄り添うように立つ夫婦檜は樹齢1000年。社殿後ろには二郎杉もある。

県指定天然記念物の太郎杉(左)、2本の木が合着した夫婦檜(右)

富士山大鳥居

ふじさんおおとりい

日本最大の木造鳥居

富士山を拝むための鳥居。往古から60年ごとに建て替えや修復が行われている。

高さ約18m、横幅約8mの両部式鳥居

こちらも訪れたい

立行石

たちぎょういし

参道の中ほどにあり、富士講の開祖・長谷川角行(はせがわかくぎょう)が極寒の冬に、裸身でこの石の上に30日間爪先立ちの荒行を行ったという石。

東宮本殿・西宮本殿

ひがしのみやほんでん・にしのみやほんでん

武田信玄ゆかりの社

東宮は神社に現存する最古の建物で、永禄(えいろく)4年(1561)に武田信玄(たけだしんげん)が川中島の戦の際に、戦勝祈願をし再建した。西宮とともに重要文化財に指定。

美しい朱塗りの東宮本殿(左)。西宮本殿(右)

本殿

ほんでん

荘厳華麗な装飾

現在の本殿は元和(げんな)元年(1615)に当時の谷村城主により建立。桃山様式の代表的な建築で、国の重要文化財。

正面扉には松と鶴が描かれている

登山鳥居

とざんとりい

富士山吉田口(北口)の起点

かつて多くの富士講信者がここから富士山頂を目指し賑わった。現在は麓から山頂まで登ることができる唯一の登山道としても人気。

五合目でスバルラインからのルートと合流

溶岩洞窟と御師住宅を巡る

富士講が訪れた地

富士山を神と崇めた山岳信仰・富士講にゆかりのある名所をまわる。

江戸時代に隆盛を極めた庶民の富士山信仰

富士講とは富士山の信仰集団を指す。その開祖とされる長谷川角行は、富士山麓で苦行の末に悟りを開いたという。彼の教えは江戸中期以降に庶民へ広まり、数多くの富士講が形成されて富士登山が流行した。

薄暗い洞窟内に浅間大神が祀られている船津胎内樹型(P.37)

人穴で修行する角行の姿を描いた『角行肖像』〈川口市教育委員会提供〉

富士講の聖地

溶岩洞穴

人穴とは、富士山の噴火で生じた溶岩洞窟のひとつ。噴火に伴う溶岩流の表面が先に固まり、中のまだ固まらない溶岩がそのまま外へ流れ出し、空洞になったものと考えられる。

人穴富士講遺跡

ひとあなふじこういせき

朝霧高原 MAP 付録P.18 B-3

長谷川角行が修行をした富士講の聖地

人穴浅間神社の境内にある。角行が人穴にこもって修行した地で、入滅した地とも伝わる。人穴の周囲には富士講信者が建立した約230基の碑塔が林立。

☎0544-22-1187(富士宮市文化課、洞穴内の見学予約受付は平日のみ) 所静岡県富士宮市人穴206-1 開休料見学自由 交JR富士宮駅から車で40分 Pあり

洞穴内の見学は要予約(3〜11月の土・日曜、祝日のみ)

富士講信者が造立した多数の碑塔群がひっそりと立ち並ぶ

御師住宅

御師(おし)とは、登拝者の宿や食事の世話を取り仕切り、富士山信仰の布教や祈祷も行った人々のこと。自宅を宿坊として提供し、多くの富士講信者を迎え入れた。江戸時代の隆盛期には、上吉田地区に86軒の御師住宅があった。

旧外川家住宅

きゅうとがわけじゅうたく

富士吉田 MAP 付録P.14 B-2

築250年の現存最古の御師住宅

現存する御師住宅のなかで最も古く、主屋は明和(めいわ)5年(1768)建造。幕末に増築された裏座敷とともに、宿坊時代の面影をとどめている。内部では御節や行者の衣装など、貴重な資料を展示。

☎0555-22-1101
所山梨県富士吉田市上吉田3-14-8
開休料外観のみ見学自由 交富士急行・富士山駅から徒歩5分
※2024年2月現在、改修工事のため内部の見学は不可

北口本宮冨士浅間神社へと続く国道137号沿いに整然と建つ

御神前

富士山の神を祀る部屋。富士講信者たちは神前で祝詞や御神歌を唱和した。

食行身禄(じきぎょうみろく)の木像

神殿の横には、富士講の中興の祖とされる食行身禄の像が鎮座。

行者の衣装

富士講信者が身につけた白ずくめの装束を展示。行衣と呼ばれる上衣や股引、足袋などが並ぶ。

富士山麓に点在する構成資産

世界遺産・富士山

2013年、「信仰の対象と芸術の源泉」としての価値が認められ、世界文化遺産に登録された富士山。山域には、信仰の歴史を物語る施設や富士五湖などの景勝地が点在し、貴重な構成資産となっている。

1 富士山域

ふじさんいき

静岡県・山梨県

信仰や芸術にまつわる富士山の価値において、特に重要な地域（主に標高約1500m以上）を資産範囲としている。

1-1 山頂の信仰遺跡群

さんちょうのしんこういせきぐん

静岡県・山梨県 MAP 付録P.6 C-4

山頂の火口壁に沿って、神社や鳥居、石仏など、富士山信仰に関連する遺跡群が分布。

1-2 大宮・村山口登山道（現富士宮口登山道）

おおみや・むらやまぐちとざんどう（げんふじのみやぐちとざんどう）

静岡県 MAP 付録P.4 C-2

現富士宮口登山道の六合目以上が世界遺産「富士山」の構成要素として指定されている。

1-3 須山口登山道（現御殿場口登山道）

すやまぐちとざんどう（げんごてんばぐちとざんどう）

静岡県 MAP 付録P.5 D-2

須山浅間神社を起点に、山頂南東部へと続く登山道。宝永（ほうえい）噴火で壊滅後、復興を遂げた。

1-4 須走口登山道

すばしりぐちとざんどう

静岡県 MAP 付録P.7 D-4

冨士浅間神社を起点とし、八合目で吉田口登山道と合流し、山頂東部に至る登山道。

1-5 吉田口登山道

よしだぐちとざんどう

山梨県 MAP 付録P.7 D-4

北口本宮冨士浅間神社を起点に富士山頂へ達する登山道。多くの富士講信者が利用した。

1-6 北口本宮冨士浅間神社

きたぐちほんぐうふじせんげんじんじゃ

富士吉田市 MAP 付録P.14 B-3 ➡P.34

富士山信仰の聖地として1900年以上の歴史を誇る古社。吉田口登山道の起点でもある。

1-7 西湖

さいこ

➡P.76

富士河口湖町 MAP 付録P.12 B-3

自然に囲まれた神秘的な湖。西岸部には青木（あおき）ケ原樹海（はらじゅかい）が広がり、溶岩洞窟が点在する。

1-8 精進湖

しょうじこ

➡P.52

富士河口湖町 MAP 付録P.6 A-2

0.5㎢の面積は、富士五湖のなかで最小。湖岸には富士山の溶岩が流れ出た跡が残る。

1-9 本栖湖

もとすこ

➡P.52

富士河口湖町 MAP 付録P.12 B-2

121.6mの水深と透明度は富士五湖随一。美しい逆さ富士は千円札の図柄としても有名。

2 富士山本宮浅間大社

ふじさんほんぐうせんげんたいしゃ

富士宮市 MAP 付録P.15 D-4 ➡P.32

約1300社ある浅間神社の総本宮。富士山八合目以上を浅間大社の境内地とする。

3 山宮浅間神社

やまみやせんげんじんじゃ

富士宮市 MAP 付録P.4 B-2

富士山本宮浅間大社の前身。本殿がなく、古代の富士山祭祀の形を残しているとされる。

☎0544-22-1489（富士宮市役所富士山世界遺産課） 所静岡県富士宮市山宮740 開休料参拝自由 交JR富士宮駅から車で20分 Pあり

4 村山浅間神社

むらやませんげんじんじゃ

富士宮市 MAP 付録P.4 B-3

富士山村山修験の拠点となった富士山興法寺（こうぼうじ）。境内には浅間神社、大日堂（だいにちどう）があり、神仏習合の痕跡が残る。

☎0544-22-1489（富士宮市役所富士山世界遺産課） 所静岡県富士宮市村山1151 開休料参拝自由 交JR富士宮駅から車で20分 Pあり

5 須山浅間神社
すやませんげんじんじゃ

裾野市 MAP 付録P.16 A-4

須山口登山道の起点として繁栄。宝永噴火により登山道が大被害を受けたが、近年、須山口登山歩道として再建された。

☎080-1617-1865(神社携帯) 所静岡県裾野市須山722 開休料参拝自由 交JR御殿場駅から富士急行バス・ぐりんぱ方面行きで22分、津土井下車、徒歩3分 Pあり

6 富士浅間神社(須走浅間神社)
ふじせんげんじんじゃ(すばしりせんげんじんじゃ)

小山町 MAP 付録P.7 F-4

須走口登山道の起点となる神社。富士講の記念碑が数多く並ぶほか、縁起を担ぐ樹木や貫通石などが多く鎮まる。

☎0550-75-2038 所静岡県小山町須走126 開休料参拝自由 交JR御殿場駅から富士急行バス・河口湖行きで22分、須走浅間神社前下車すぐ Pあり

7 河口浅間神社
かわぐちあさまじんじゃ

富士河口湖町 MAP 付録P.9 F-1

平安時代初期に起こった貞観の大噴火後、鎮火を祈願して創祀。山梨県側に初めて建てられた浅間神社と伝わる。

☎0555-76-7186 所山梨県富士河口湖町河口1 開休料参拝自由 交富士急行・河口湖駅から富士急行バス・甲府駅行きで10分、河口局前下車、徒歩2分 Pあり 50台

8 富士御室浅間神社
ふじおむろせんげんじんじゃ

➡P.51

富士河口湖町 MAP 付録P.8 C-3

吉田口登山道二合目にあった本宮を、里宮境内に遷祀。富士山最古の神社ともいわれる。

9 御師住宅(旧外川家住宅)
おしじゅうたく(きゅうとがわけじゅうたく)

➡P.35

富士吉田市 MAP 付録P.14 B-2

明和5年(1768)築の主屋は、現存する最古の御師住宅。貴重な展示品も見どころ。

10 御師住宅(小佐野家住宅)
おしじゅうたく(おさのけじゅうたく)

富士吉田 MAP 付録P.14 B-3

文久元年(1861)頃に建造の御師住宅。戦国時代から続く御師の家系の人が暮らしていることでも有名。

☎0555-24-2411(ふじさんミュージアム) 所一般住宅のため非公開 ※詳細は要問合せ

11 山中湖
やまなかこ

➡P.64

山中湖村 MAP 付録P.11 D-3

6.57㎢の面積は富士五湖で最も大きく、最も標高が高い。夏は避暑地として賑わう。

12 河口湖
かわぐちこ

➡P.46

富士河口湖町 MAP 付録P.9 D-2

富士五湖で2番目に大きく、交通の便に恵まれているため古くから観光開発が盛ん。

13～20 忍野八海
おしのはっかい

➡P.66

忍野村 MAP 付録P.15 D-1

富士山の雨水と雪解け水が長い歳月を経て地下から湧き出した8つの池。道者たちは登拝前にこの水で穢れを祓った。

⑬出口池 ⑭お釜池 ⑮底抜池
⑯銚子池 ⑰湧池 ⑱濁池 ⑲鏡池
⑳菖蒲池

21 船津胎内樹型
ふなつたいないじゅけい

富士河口湖町 MAP 付録P.13 E-4

人間の胎内を思わせる複雑な形状をした溶岩樹型。内部に浅間大神が祀られている。

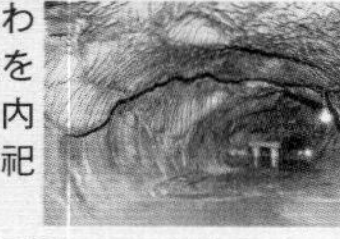

☎0555-72-4331(河口湖フィールドセンター) 所山梨県富士河口湖町船津6603 開9:00～17:00 休月曜(祝日の場合は開場、6～8月は無休) 料200円 交富士急行・河口湖駅から車で15分 Pあり

22 吉田胎内樹型
よしだたいないじゅけい

富士吉田市 MAP 付録P.13 F-4

船津胎内樹型と同様、信仰を集めた胎内樹型。年に一度の吉田胎内祭の日のみ内部を公開。

☎0555-24-2411(富士吉田市歴史文化課) 所山梨県富士吉田市上吉田剣丸尾5590 開休料内部非公開 交富士急行・河口湖駅から車で10分のち、徒歩30分 Pなし

23 人穴富士講遺跡
ひとあなふじこういせき

➡P.35

富士宮市 MAP 付録P.18 B-3

富士講の祖・長谷川角行が人穴にこもり、修行の末に悟りを開いた場所。

24 白糸ノ滝
しらいとのたき

➡P.93

富士宮市 MAP 付録P.18 B-4

富士山の湧水が約150mにわたって落下する滝。巡礼や修行の場でもある。

25 三保松原
みほのまつばら

静岡市 MAP 本書P.2 B-4

『万葉集』の歌にも詠まれた白砂青松の景勝地。三保松原を手前に配した構図が富士山画の典型となった。

☎054-340-2100(静岡市三保松原文化創造センター) 所静岡県静岡市清水区三保 開休料見学自由 交JR清水駅から静鉄バス・三保方面行きで23分、三保松原入口下車、徒歩15分 Pあり

(写真提供:静岡市)

歴史

遥拝から登拝、そして世界遺産へ変貌を遂げた

日本のシンボル・富士山の今昔

4層とされる霊峰・富士山は古代から畏れと信仰と憧れの神山だった。呪術者・役小角が飛行し、戦国の名将は戦勝を祈願。江戸期には富士講や富士塚が流行し、諸外国人もその美を愛でた。

数十万年前〜縄文期

富士の山は4階建ての成層火山

富士山の成り立ち

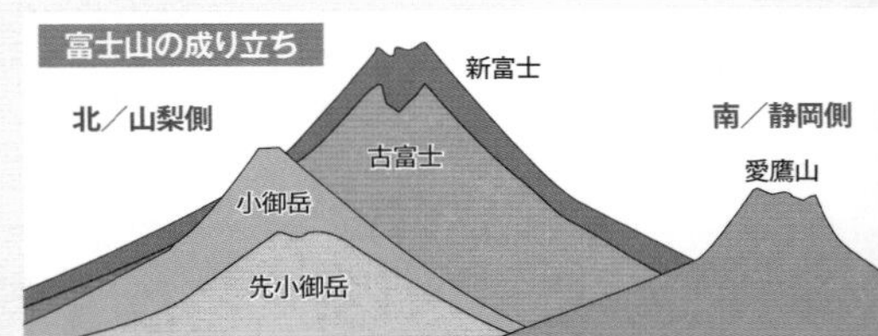

数十万年前の先小御岳から新富士へ 噴火を繰り返した日本最高峰への道のり

約40万〜10万年前、ユーラシアプレートと北米プレートにフィリピン海プレートがぶつかり、マグマが噴出して先小御岳が生まれ、この火山の噴火によって約10万年前に小御岳が誕生。約8万年前には小御岳の南斜面で溶岩が噴出し、小御岳を飲み込むようにして古富士ができ、さらに約1万年前の縄文期に古富士が爆発して現在の新富士＝富士山となった。この火山活動によって、溶岩洞窟や樹木が鋳型として残った溶岩樹型などの独特な溶岩地形が形成されたが、溶岩樹型にはその形が人間の胎内に似た胎内樹型と呼ばれるものがあり、信仰の対象にもなっている。

富士五湖の形成は、まず古富士の活動で東に宇津湖、北に古河口湖と古せの湖ができた。新富士の溶岩によって河口湖とせの湖と本栖湖となり、さらに貞観6年（864）の大噴火の青木ヶ原溶岩流によってせの湖が分断されて西湖と精進湖が、承平7年（937）の噴火による鷹丸尾溶岩流によって山中湖が誕生した。

古代〜平安初期

夜な夜な富士山へ飛んだ役小角

遥拝としての時代

縄文の時代から尊崇されていた霊峰には 聖徳太子も甲斐の黒駒に乗って登頂したという

縄文中期の千居遺跡（富士宮市）で発見された環状列石は富士山信仰に関連するという。紀元前27年には垂仁天皇が富士の女神・浅間大神を祀り、これが富士山本宮浅間大社の始まりとされ、のちに浅間大神は木花之佐久夜毘売命と同一視された。古代、富士山は遥拝のための神山だったが、推古天皇6年（598）に聖徳太子が、7世紀には修験道の祖・役小角が飛行したという伝承がある。現存の文献で富士山の初出は『常陸国風土記』とされる。

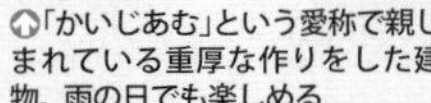

「かいじあむ」という愛称で親しまれている重厚な作りをした建物。雨の日でも楽しめる

鳥取の三佛寺にある役小角像。伊豆に流刑中、毎夜富士山へ飛来したという伝説的ないわれも

山梨の自然や文化を五感で体験できる展示が揃う

山梨県立博物館

やまなしけんりつはくぶつかん

笛吹 MAP 付録P.2 C-1

2005年に開館。「山梨の自然と人」を基本テーマに、山梨県の風土や歴史などを多くの資料で学ぶことができる。

☎055-261-2631 所山梨県笛吹市御坂町成田1501-1 開9:00〜17:00（入館は〜16:30） 休火曜（祝日の場合は翌日） 料520円
交富士急行・富士山駅から富士急バス・甲府駅方面行きで50分、山梨県立博物館下車、徒歩3分 Pあり

平安時代

富士山は神なので噴火は神の怒り
相次ぐ2度の噴火

**山岳信仰は修験僧・末代によって神仏習合の山へ
村山修験の流れをくむ富士行はやがて富士講へ**

平安初期の延暦19年(800)と貞観6年(864)に起きた富士山の大噴火は、浅間大神=富士山の怒りだとされ、謝罪の祈祷が朝廷から命ぜられたりした。この富士山を神山とする山岳信仰は、やがて密教や道教の影響を受けた修験者により、霊山とされた富士山を修行の場とする形態が見られるようになる。そのためには、12世紀の富士の火山活動が鎮まるまで待つ必要があった。

平安末期の修験僧・末代(富士上人)は富士山に数百回も登頂し、山頂に大日如来を祀る大日寺を建立して富士山修験道の基礎を構築した。富士山は神仏習合の山となり、浅間大神は浅間大菩薩と呼ばれた(本地垂迹)。末代は村山の地で即身成仏して入定し、富士の守護神になったという。こうして富士山は遥拝の山から登拝の山へと変貌していく。富士山修験道は鎌倉時代の文保年間に、末代と末代を師と仰ぐ修験者が村山に興法寺(村山浅間神社)を開き、村山を拠点にした村山修験を確立した。頼尊が開始した「富士行」という組織は、江戸時代の「富士講」のはしりとされる。

戦国時代

名将が戦勝を願って富士山信仰
戦国武将と富士山

**敵も味方も競って富士山に戦勝を願う戦国の世
家康は関ヶ原の勝利の御礼に大社の本殿を造営**

室町時代になると『富士曼茶羅図』(右図)に見られるように、多くの参詣者(道者)が先達と呼ばれた山伏によって富士に登ったが、その登山口は東側の須走口、南側の大宮・村山口、北側は吉田口・河口口などだった。富士山見物の流行は将軍にまでおよび、3代将軍・足利義満、6代将軍・義教が遊覧を果たしている。

戦国時代に突入すると、武将たちにとって富士山は戦勝や一族の繁栄を祈願する信仰の対象となる。今川氏は村山修験を保護し、北口本宮冨士浅間神社は武田氏に崇敬されていた。その武田氏を滅ぼした織田信長も、天正10年(1582)に富士の裾野で小姓衆と"狂ったように"馬を乗り回したという。豊臣秀吉は、戦場での威厳を示す陣羽織に富士山と噴煙が大胆奇抜にデザインされた『富士御神火文黒黄羅紗陣羽織』〈大阪城天守閣蔵〉を着用していた。

徳川家康は関ヶ原の戦いに際し富士山本宮浅間大社に戦勝を祈願し、勝利の御礼として慶長9年(1604)に本殿など多くの社殿を造築している。安永8年(1779)には富士山八合目以上は浅間大社の境内地とする決定が幕府によりなされた。

↑富士山興法寺大日堂(村山浅間神社)には、正嘉3年(1259)の銘が残る大日如来坐像が安置されている

←浅間大神とともに富士山の女神とされる木花開耶姫の像〈ふじさんミュージアム蔵〉

ふじさんミュージアム

➔P.123

富士吉田 MAP 付録P.14 C-4

富士山信仰や富士吉田市に関する資料などを展示。迫力のプロジェクションマッピングがおもしろい。

↑狩野元信『絹本著色富士曼茶羅図』村山口からの景観で、山頂には大日如来、阿弥陀如来、薬師如来が並ぶ〈富士山本宮浅間大社蔵〉

江戸時代

江戸で日常化する富士山と信仰

江戸文化の象徴として

富士山にこだわった家康の江戸に暮らす人々 その富士山への憧れと、「江戸八百八講」の隆盛

家康の富士山への思い入れはとりわけ強く、富士山が望める駿府(静岡)には生涯に3度も暮らし、江戸に幕府を開いたのも富士山が見えるから、という説もあるほどだ。宝永4年(1707)には富士山が大爆発し、噴き上げられた灰や砂は江戸の町にも大量に降り積もった。

江戸や関東では18世紀に「富士講」が大ブームとなるが、これは団体で旅費を積み立て、交代で富士登山をする民衆宗教のひとつで、その開祖は富士の人穴(人穴富士講遺跡)で修行した長谷川角行(1541～1646)だとされる。大流行の直接的要因は富士講者の食行身禄が富士山八合目の烏帽子岩で断食し、入定したことにある。これによって身禄の四民平等や相互扶助の教えが広く浸透する。富士講による登山や宿泊の世話をする御師の布教、さらに各講が競って造った模擬富士山や富士塚も富士山をいっそう身近なものにした。

天保3年(1832)には、当時女人禁制だった富士山に深川の町娘・高山たつが登頂している。富士山の日常化は旅人からの情報や、葛飾北斎の『富嶽三十六景』、歌川広重の『東海道五拾三次』『名所江戸百景』などの浮世絵、あるいは平賀源内の滑稽本『風流志道軒伝』などにふれることでさらに加速した。

初夢の縁起物 「一富士、二鷹、三茄子」

初夢に見ると縁起がいいものとされる江戸期からのことわざ。根拠には諸説あるが、そのひとつが家康が隠居した駿府の名産を順に並べたものという説だ。富士をはじめ、鷹も早生の茄子も駿河の名物。

↑鳩森八幡神社(東京都・渋谷区千駄ヶ谷)には、寛政元年(1789)に築造された都内で現存する最古の富士塚がある

←秋田県と山形県にまたがる鳥海山は「出羽富士」と呼ばれ、日本百名山のひとつ。標高2236mの活火山

人穴富士講遺跡

ひとあなふじこういせき

→P.35

朝霧高原 MAP 付録P.18 B-3

ここで角行は角材の上に1000日立ち続ける荒行を達成し、浅間大神の啓示を受けたという富士講の聖地。

御師住宅(旧外川家住宅)

おしじゅうたく(きゅうとがわけじゅうたく)

→P.35

富士吉田 MAP 付録P.14 B-2

富士山信仰を支えた御神前、御神府や白装束、木版の展示など当時の貴重な遺産が今も残る。

明治時代～

廃仏毀釈でリゾート地へ変貌

近代・現代の富士山

交通インフラの整備が進み、富士講はすたれ リゾートとしての富士山は世界"文化"遺産へ

明治元年(1868)の明治政府による神仏分離令により全国的に廃仏毀釈運動が展開し、富士山でも仏像や梵鐘、仏具などが徹底的に破壊され、噴火口に投げ捨てられたものもあったという。さらに交通機関の発達によって富士講の富士登山がすたれ、リゾートとしての富士山に変貌していく。2013年には「富士山-信仰の対象と芸術の源泉」という名称で世界文化遺産に登録された。

↑富士講の富士登拝時の集合写真〈ふじさんミュージアム蔵〉

欧米人も富士山の美しさを賞賛した
世界のFUJIYAMA

鎖国時代の出島三学者が見た富士山が、諸外国の多くの人々を魅了。ペリー提督も来日前に彼らの文献を資料として調査していたという。やがて世界的な景勝地として知られていく。

ケンペルが讃えた富士山が世界を魅惑

元禄3年(1690)に来日したオランダ商館付のドイツ人医師ケンペルは『日本誌』で富士山の形は世界で一番美しいと記し、同じドイツ人医師シーボルトも富士山の素晴らしさを『江戸参府紀行』に書いた。嘉永6年(1853)に黒船で浦賀沖に来港したペリー艦隊も、富士山を観察している。イギリスの初代駐日総領事オールコックは万延元年(1860)に富士山に登っているが、これが外国人による富士山初登頂だった。英国人ハリー・スチュワート・ホイットウォーズ(星野芳春)は、富士山が最も美しく見える土地を精進湖に見つけ、明治29年(1896)に日本初の外国人専用宿、精進ホテルを建設。精進湖畔の景観は「ジャパン・ショージ」として世界中に知られ、多くの観光客を集めた。

当時の精進ホテル。現在は閉鎖中(写真提供:株式会社精養軒)

富士登山についてオールコックは、自著『大君の都』に詳細に記した

星野芳春が眠る精進湖にある竜泉寺。墓碑には徳富蘇峰の筆跡で「英星院剛春芳胆誉声居士」とある

富士山年表

西暦	元号	事項
約1万年前		噴火により現在の富士山が形成される
BC27		浅間大神を山足の地に祀る
110		日本武尊、浅間大神を山宮(現・山宮浅間神社)に遷す
598	推古6	聖徳太子が富士山登頂したと伝わる
699	文武3	役小角、伊豆に流罪
781	天応元	富士山噴火(『続日本紀』)
800	延暦19	延暦の大噴火
802	21	富士山噴火
806	大同元	**富士山本宮浅間大社** ➲P.32の社殿造営
864	貞観6	貞観の大噴火。せの湖が分断され西湖と精進湖に
937	承平7	噴火によって山中湖が誕生
1149	久安5	末代が富士山に登頂し、山頂に大日寺を建立
1193	建久4	源頼朝、富士山麓で巻狩を行う
1203	建仁3	源頼家、富士山麓で巻狩の際、人穴探検を行う
1317～19	文保年間	末代と修験者が村山に興法寺(**村山浅間神社** ➲P.36)を開く。頼尊が「富士行」を開始
1432	永享4	足利義教が富士山見物
1435	7	富士山噴火
1511	永正8	富士山噴火
1568	永禄11	信玄、富士山本宮浅間大社に甲冑などを奉納
1582	天正10	織田信長、富士山見物を行う
1604	慶長9	徳川家康、**富士山本宮浅間大社**の社殿を造築

西暦	元号	事項
1615	元和元	**北口本宮富士浅間神社** ➲P.34の本殿が建立される
1702	元禄15	富士山の頂上にある久須志神社に**富士山本宮浅間大社**が薬師堂を造営
1707	宝永4	宝永の大地震。宝永の大噴火
1733	享保18	食行身禄、富士山七合目の烏帽子岩で入定
		北口本宮富士浅間神社の社殿群の大造営が行われる
1779	安永8	幕府により、富士山八合目の区域が**富士山本宮浅間大社**の境内地と決定
1780	9	江戸の高田水稲荷に初の富士塚ができる
1832	天保3	高山たつ、女性初の富士山登頂を果たす
1849	嘉永2	葛飾北斎没(享年88歳)
1853	嘉永6	ペリー艦隊が浦賀沖に来港
1860	万延元	オールコック、外国人で初の富士山登頂
1868	明治元	神仏分離令により廃仏毀釈が始まる
1874	7	山頂の大日堂に代わり、**富士山本宮浅間大社**の奥宮が祀られる
1895	28	野中到が剣ヶ峰で冬季気象観測を開始
1896	29	精進ホテル開業
1902	35	中央線開通(大月駅まで)
1929	昭和4	富士山麓電気鉄道(現富士急行線)が開通
1964	39	富士スバルラインが開通
2013	平成25	富士山が世界文化遺産に登録

美の源泉はいつの時代も作者の心を捉えて離さない

富士山と絵画

**富士山は平安時代から絵画に登場し、多彩な表情や姿を見せてきた。
揺るぎない姿は、時代を超えて仰ぎ見る者を魅了し続ける日本文化創造の源である。**

横山大観『群青富士』(右隻) 1917〜18年頃 六曲一双屏風
金地、白雲、群青の鮮烈な色彩とシンプルな構図で、初夏の富士を表した大正期らしい自由でおおらかな作品〈静岡県立美術館蔵〉

聖徳太子が飛翔する聖なる山を描く

古代、荒ぶる噴火により、富士山は霊峰として畏怖される神の山であり、人々が簡単に登ったり、絵にすることができる山ではなかった。富士山を描いた現存する最古の絵画は、秦致貞筆『聖徳太子絵伝』(平安時代後期)といわれる。聖徳太子の伝記を絵画化したもので、甲斐の国から贈られた黒駒に乗った27歳の聖徳太子が、天空を富士山頂へと駆け上がる様子が描かれている。この超人的なエピソードは、神格化された太子信仰や富士山信仰として広く語り伝えられ、宗教画として繰り返し描かれた。それらの富士山は想像上で描かれたものか、どこか中国の水墨画を思わせる須弥山のような姿で、以来、山頂を3つの峰に割って描く「三峰型」の定型を作った。

江戸時代に手本とされた伝雪舟の水墨画

室町時代から江戸時代にかけて、富士山は人気の画題となった。多くの画家が富士図の手本としたのが、室町時代、画聖と呼ばれた雪舟の作と伝えられてきた伝雪舟『富士三保清見寺図』である。富士山、三保松原、清見寺の3つの名所が盛り込まれた水墨画で、現在では雪舟の真筆ではないとされているが、雪舟の描いた富士図に近いとされ、「三峰型、万年雪」の富士山の姿を踏襲している。

日本ブームとなった葛飾北斎の『富嶽三十六景』

江戸時代、江戸の町を写生した絵に江戸城と富士山は必ず描かれるようになるのは19世紀から。歌川広重の『名所江戸百景』「する賀てふ」は、西欧的遠近法を採用して画面手前から奥へ続く町の真上に富士山がそびえる。これは正面に富士山が望めるように町づくりがなされたからという。町名も富士山のある駿河の国に由来し、富士塚や富士が見える地は富士見坂や富士見町と名付けられるなど、江戸庶民にとって富士山は身近な存在であった。富士山信仰が広まり、富士登山を目的とする富士講などの人気が高まると、葛飾北斎が『冨嶽三十六景』で、歌川広重が『東海道五拾三次』でさまざまな場所から望む富士山を浮世絵で活写した。これらの作品は海外にも広く知られ、ゴッホやモネなど印象派の画家たちに影響を与えた。一方、工芸でも尾形光琳の『扇面貼交手筥』や酒井抱一の『富士山図』などの琳派が隆盛となり、定型だった「三峰型」などにこだわらず、自由な発想で写実的に富士山の美しさを描写した。

➡『名所江戸百景』「する賀てふ」は、町家が並ぶ日本橋の通りの中央に富士山がそびえる〈国立国会図書館蔵〉

葛飾北斎『冨嶽三十六景　神奈川沖浪裏』1830〜32年頃
北斎の作品のなかでも世界的に有名。ゴッホが絶賛し、ドビュッシーが作曲した交響詩『海』の楽譜の表紙に使われた〈山梨県立博物館蔵〉

富士を愛してやまない画家たち

明治維新以降、富士山は日本の象徴として海外に広く発信された。日本が国家として初めて参加した明治6年(1873)のウィーン万国博覧会では、日本初の洋画家として知られる高橋由一の『富士大図』や、蒔絵に新境地を開いた柴田是真の『富士田子浦蒔絵額』など、格調高い富士山の作品が出品された。

近代では、「富士といえば大観、大観といえば富士」といわれるほど好んで題材とし、多彩な富士山を描いた横山大観は、琳派の研究をして完成させた『群青富士』『日出処日本』など、生涯で1500点以上の富士山の絵画を残している。

昭和から平成に活躍した片岡球子もさまざまな富士山の絵を制作した。麓に色彩豊かな花が咲き乱れるダイナミックな富士や生命力にあふれる赤富士など、103歳で亡くなる最晩年まで精力的に描き続けた。

片岡球子『富士』1980年
昭和から平成にかけて活躍した日本画家。大胆にデフォルメされた富士山の独創的な構図と鮮やかな色彩が特徴的だ〈横浜美術館蔵〉

歌川国芳1856年頃　斬新な画法で人気を博した国芳も、役者絵の背景に富士山を描いた。『七ツ伊呂波東都不二尽』の「ろ 本町丸綱五郎・日本橋富士」(左)。「む 夕きり・浅草おく山の富士」(右)。ともに〈国立国会図書館蔵〉

歌川広重『東海道五拾三次　由井・薩埵嶺』1833年
難所ながら富士を望む東海道随一の絶景とされた薩埵峠。断崖絶壁の上から富士を眺める旅人が描かれている〈国立国会図書館蔵〉

大正期発祥　銭湯にそびえる富士山

銭湯といえば壁一面に描かれた富士山の絵。ルーツは大正時代の東京・神田猿楽町にあったキカイ湯という銭湯。銭湯の主人が子どもが喜ぶようにと画家の川越広四郎に依頼。静岡県出身の彼が描いたのが、ペンキ絵の富士山だった。富士山風呂と評判を呼び、いつしか銭湯の代名詞になったという。

↑人気の背景は「西伊豆」「三保松原」「富士五湖」という

時代の潮流によって存在感は変われど、富士山は変わらずそびえ立つ

富士山と文学

日本人が憧れや畏敬の念を抱いてきた富士山。古代から現代まで、その存在感や美しさから富士をめぐる数多くの詩歌・物語・紀行文などの文学が生まれた。

神さびた富士山の原形を作った詩歌・物語

8世紀後半に編纂された『万葉集』には、富士山を詠んだものが11首あるという。なかでも有名なのが山部赤人の「田子の浦ゆ うち出でてみれば 真白にそ 富士の高嶺に 雪は降りける」であろう。白雪をいただく富士山の姿に尊崇や畏敬の念を抱いて讃美する歌は、『新古今和歌集』にもつながり、西行の「風になびく富士のけぶりの 空に消えて ゆくへも知らぬ わが思ひかな」と、噴火の煙に心象を重ねたり、恋心を象徴する歌なども多く詠まれた。

日本最古の物語『竹取物語』では、かぐや姫が月に戻る際に、帝に残した不老不死の薬を焼いた山として「不死(=富士)」の山名の語源を説き、『伊勢物語』や『更級日記』などの物語や紀行文では、いにしえの富士山の姿を伝えている。鎌倉期以降、街道が整備され人々の往来が頻繁になると、富士山に対する親しみもいっそう増し、実際にその姿に接した感動が表現される。江戸期には旅の途中、富士山を仰ぎ見た松尾芭蕉や与謝蕪村、小林一茶が秀句を残した。

創作意欲を駆りたてる日本一の富士山

近代では、近代化に狂奔する日本の風潮や変化する社会状況にあって、気高くそびえ立つ富士山の不変の美しさを対比させ、夏目漱石や正岡子規、若山牧水、戦後には太宰治らがさまざまな角度から富士山を作品に投影させた。いまや富士山は日本人の生活に密着した存在。草野心平は、詩集『富士山』の一連の詩で「日本の象徴は。昼も夜も眠らない」と詠じた。

映画の舞台 ミステリアスで神秘的な樹海

青木ヶ原の樹海(P.79)に入ると生きて帰れない、方位磁針が狂う…と数々の噂が流れるが、原生林が生い茂り、海のように木々が広がる樹海は自然の宝庫。渡辺謙出演の『追憶の森』は樹海を舞台として物語が展開する感動のミステリー作品で、ハリウッドでも注目を集める。

『追憶の森』DVD & Blu-ray好評発売中(1320円) 販売元:ハピネット・メディアマーケティング©2015 Grand Experiment, LLC.

富士山を題材にした近・現代文学

富士山は多くの作家や歌人たちがモチーフとして取り上げ、また重要なシーンにも登場している。

夏目漱石 慶応3年～大正5年(1867～1916)

江戸生まれ。『虞美人草』や『三四郎』で汽車の窓から主人公が富士山を見る場面が示唆的。富士の登山経験があった漱石には「西行も 笠ぬいで見る 富士の山」の句もある。

若山牧水 明治18年～昭和3年(1885～1928)

宮崎県生まれ。酒と旅を愛した歌人。生涯8600余の歌を詠んだ。晩年、静岡県沼津に魅せられて一家で移住。『山桜の詩』には多くの富士山を詠じた歌が収められている。

谷崎潤一郎 明治19年～昭和40年(1886～1965)

東京都生まれ。昭和17年(1942)、河口湖畔で富士山を望む山梨県初の洋風ホテルだった富士ビューホテルに、松子夫人とともに滞在し『細雪』を執筆。河口湖畔に文学碑が立つ。

昭和11年(1936)創業の富士ビューホテル(P.129)

太宰治 明治42年～昭和23年(1909～1948)

青森県生まれ。昭和13年(1938)、井伏鱒二の勧めで御坂峠の天下茶屋に3カ月滞留。そこでの体験を書いた『富嶽百景』の「富士には、月見草がよく似合ふ」の文句が有名。

「風呂屋のペンキ画だ」と太宰が皮肉った御坂峠から仰ぐ富士

松本清張 明治42年～平成4年(1909～1992)

福岡県生まれ。青木ヶ原樹海をミステリアスな舞台としてテレビドラマ化もされた『波の塔』が、1960年代以降「自殺の名所」として有名にしたという説がある。

新田次郎 明治45年～昭和55年(1912～1980)

長野県生まれ。中央気象台富士山観測所に勤務し、富士山気象レーダー建設の責任者。『強力伝』『富士山頂』『芙蓉の人』など専門知識と体験による山岳小説を生んだ。

歩く・観る

四季折々に
表情を変える
自然を愛でる

富士山の噴火により生まれた湖や
集落、日本屈指の降水量を誇る
富士山から湧き出る名水や滝、
山麓周辺に広がる
ダイナミックな自然を堪能しながら、
アートや産業、食べ物など、
土地に息づく文化にもふれてみたい。

レジャーと歴史が一体となった地域

河口湖周辺 かわぐちこ

テーマパークや温泉などプレイスポットが多い一方で、
信仰の町として江戸時代に隆盛を極めた街や名所が今も残る。

観光のポイント

- 北口本宮冨士浅間神社やふじさんミュージアム、御師住宅など、霊峰富士の信仰拠点を巡る
- 土地の野菜や肉がたっぷりで、値段は手ごろ。おいしい水で打つコシの強いうどんが名物
- 伝統的に多彩な職人技が育まれた山梨県。なかでも絹を使った織物は有名

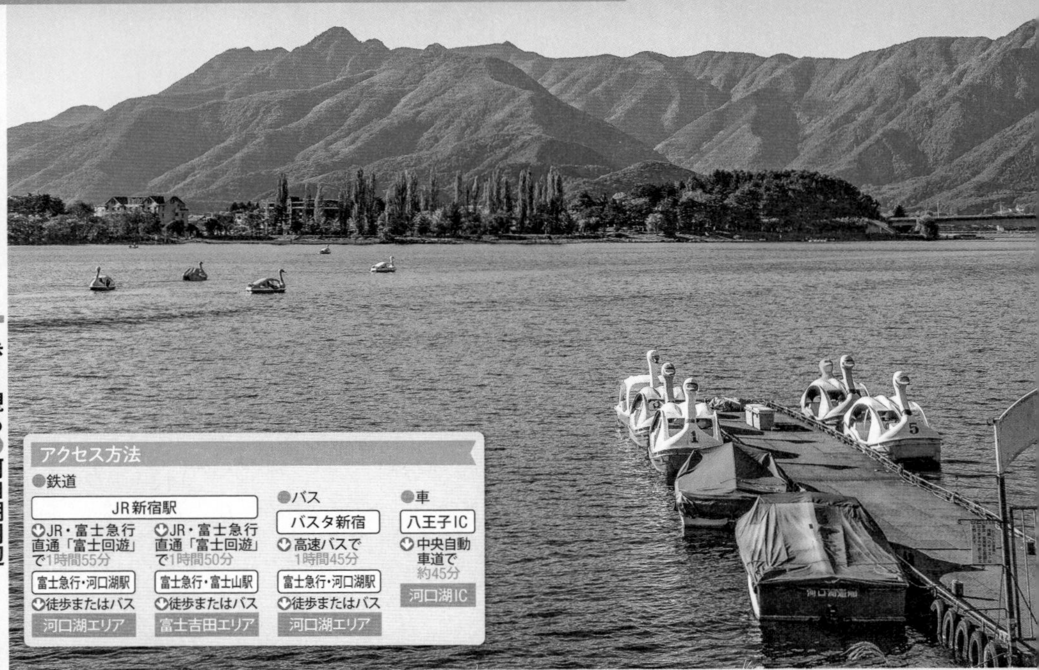

アクセス方法

●鉄道

JR新宿駅
- ↓JR・富士急行直通「富士回遊」で1時間55分 → 富士急行・河口湖駅 ↓徒歩またはバス → 河口湖エリア
- ↓JR・富士急行直通「富士回遊」で1時間50分 → 富士急行・富士山駅 ↓徒歩またはバス → 富士吉田エリア

●バス

バスタ新宿 ↓高速バスで1時間45分 → 富士急行・河口湖駅 ↓徒歩またはバス → 河口湖エリア

●車

八王子IC ↓中央自動車道で約45分 → 河口湖IC

↑河口湖北側から望む風景。向こう岸に大池公園のポプラ並木が見える

信仰の対象と芸術の源泉、富士山にふれる湖畔の旅

河口湖周辺、富士吉田エリアには、北口本宮冨士浅間神社を筆頭に、登拝の入口としての吉田口、河口浅間神社、冨士御室浅間神社、船津胎内樹型や御師住宅が残るおし街など、富士山信仰の拠点が点在し、富士講信者たちが歩んだ歴史の一端がうかがえる。さらに、全国でも屈指の絶叫マシンが揃う遊園地や、ハーブ園などのテーマパーク、この地の人々が育んだ織物・染物産業が体験できる施設や街並みなど、バラエティに富んだ観光施設が充実している。

お役立ちinformation

河口湖周辺をまわる周遊バス

河口湖周遊バスは便数も多く、観光に役立つ。大石プチペンション村行きの路線バスも運行。便数は変動の場合があるので、事前にバス会社のHPで確認を。

河口湖周遊バス

河口湖駅から河口湖ハーブ館、山梨宝石博物館、久保田一竹美術館など観光名所を通り、河口湖自然生活館で折り返し、河口湖の北岸・東側をまわる。

☎0555-72-6877(富士急バス) 運行時間 9:00〜18:54 料金 2日乗車券1700円(西湖周遊バス、鳴沢・精進湖・本栖湖周遊バスも乗車可能) 便数 1日36往復

西湖周遊バス

河口湖駅から西湖方面へ向かう途中、河口湖ミューズ館や八木崎公園、冨士御室浅間神社(ふじおむろせんげんじんじゃ)など河口湖の南側の名所を通っていく。

☎0555-72-6877(富士急バス) 運行時間 9:10〜17:45 料金 2日乗車券1700円(河口湖周遊バス、鳴沢・精進湖・本栖湖周遊バスも乗車可能) 便数 1日8往復

多彩な楽しみが揃う一大観光エリア

河口湖

かわぐちこ

観光地としての歴史が古く、テーマパークから絶景スポット、温泉と楽しみの尽きないエリア。遊覧船や貸しボートもある。世界文化遺産の構成資産も多数点在している。

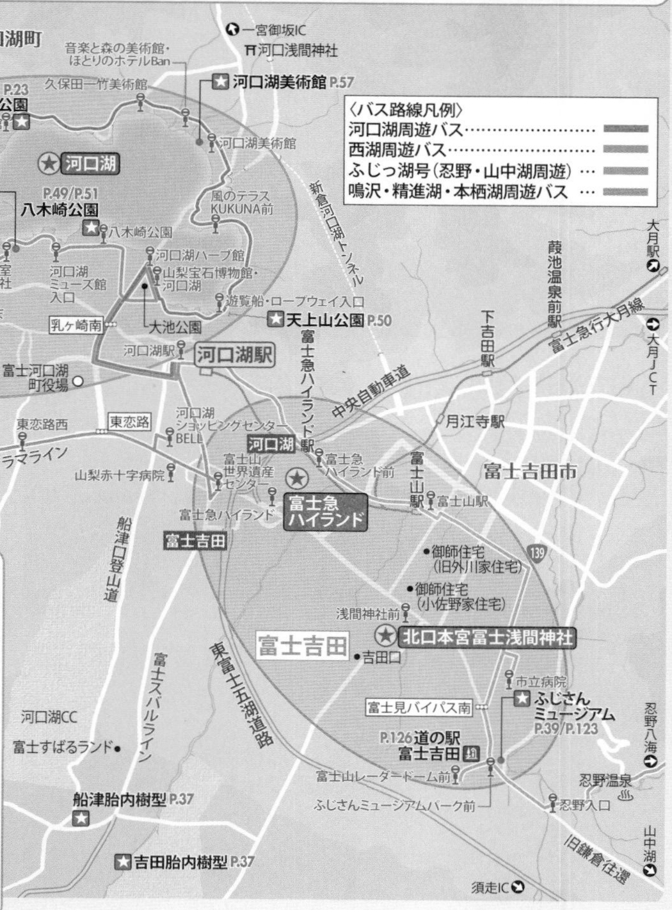

富士山信仰の拠点都市のひとつ

富士吉田

ふじよしだ

北口本宮冨士浅間神社を有するなど、富士山信仰の拠点ともいえる街。また、昭和レトロな雰囲気が残る街並みや絶叫マシンの聖地・富士急ハイランドなど見どころも多い。

河口湖は、面積5.48㎢、最大水深:14.6m、湖面標高:830.5m 周囲は富士五湖一(20.94km)

〈バス路線凡例〉
河口湖周遊バス
西湖周遊バス
ふじっ湖号(忍野・山中湖周遊)
鳴沢・精進湖・本栖湖周遊バス

富士河口湖町
一宮御坂IC
河口浅間神社
音楽と森の美術館・ほとりのホテルBan
河口湖美術館 P.57
久保田一竹美術館
大石公園 P.23
河口湖自然生活館
河口湖美術館
河口湖
富士御室浅間神社 P.37/P.51
八木崎公園 P.49/P.51
八木崎公園
風のテラスKUKUNA前
新倉河口湖トンネル
西湖
長浜
富士御室浅間神社
河口湖ミューズ館入口
河口湖ハーブ館
山梨宝石博物館・河口湖
遊覧船・ロープウェイ入口
天上山公園 P.50
道の駅かつやま
乳ヶ崎南
大池公園
河口湖駅
河口湖駅
富士河口湖町役場
河口湖
足和田山
大月駅
葭池温泉前駅
下吉田駅
富士急行大月線
大月JCT
中央自動車道
富士急ハイランド駅
月江寺駅
東恋路西
東恋路
河口湖ショッピングセンターBELL
河口湖
富士山世界遺産センター
富士急ハイランド前
富士吉田市
富士パノラマライン
山梨赤十字病院
富士山駅
富士山駅
鳴沢
富士急ハイランド
富士急ハイランド
富士吉田
船津口登山道
御師住宅(旧外川家住宅)
御師住宅(小佐野家住宅)
浅間神社前
北口本宮冨士浅間神社
富士吉田
吉田口
東富士五湖道路
富士スバルライン
市立病院
富士見バイパス南
ふじさんミュージアム P.39/P.123
河口湖CC
富士すばるランド
道の駅富士吉田 P.126
忍野八海
富士山レーダードーム前
忍野温泉
ふじさんミュージアムパーク前
忍野入口
船津胎内樹型 P.37
吉田胎内樹型 P.37
旧鎌倉往還
山中湖
須走IC

初夏に咲き誇るラベンダーは河口湖の風物詩

ハーブの香りに包まれて

湖畔には約10万本のラベンダーが馥郁とした香りとともに咲き乱れ、富士山との景観が楽しめる。周辺にはハーブにちなんだ施設があるので、併せて訪れてたい。

富士山を背景に咲き誇る大石公園のラベンダー。自然が織りなす光景に魅了される

河口湖自然生活館

かわぐちこしぜんせいかつかん

河口湖 MAP 付録P.8 C-2

雄大な風景と花々に囲まれてフルーツ狩り体験

ブルーベリーをテーマとした観光施設。河口湖畔の大石公園(P.23)内にあり、自然のなかでフルーツ狩りなどが体験できる。ショップにはブルーベリー関連の食品やグッズが並び、おみやげにもぴったり。四季折々の花が咲く公園を散策するのも楽しい。

☎0555-76-8230 所山梨県富士河口湖町大石2585 開9:00〜17:45(10〜2月は〜17:15)、カフェ9:30〜16:30(10〜2月は〜16:15) 料無料 交富士急行・河口湖駅から周遊バスで27分、河口湖自然生活館下車すぐ Pあり

大石公園

↑秋の大石公園は、燃えるようなコキアの紅葉が目に鮮やか。花で作られた「花小富士」も見どころ

→コキアの紅葉は10月中旬〜下旬。8〜9月には小さな森のように茂った新緑のコキアが見られる

フルーツ狩り

↑6月中旬〜下旬はサクランボ狩り、7月上旬〜8月上旬はブルーベリー狩りが楽しめる

併設のカフェ

富士山の見えるカフェ

ふじさんのみえるカフェ

絶景を望むテラス席で味わうコーヒーやブルーベリーソフトクリームは格別。テイクアウトもできる。

河口湖ハーブ館

かわぐちこハーブかん

河口湖 MAP 付録P.9 E-3

日々の暮らしを優雅に演出する香り豊かなハーブ製品が充実

本館では、ハーブやアロマに関する多彩な商品を販売するほか、押し花やリース作りなどの体験教室を開催。ガーデンや温室を巡りながら散策できる。また、香水の舎では香水のほかエッセンシャルオイルやキャンドルなどかわいらしい商品が揃っている。

☎0555-72-3082 所山梨県富士河口湖町船津6713-18 開9:00～18:00 休無休 料無料 交富士急行・河口湖駅から周遊バスで7分、河口湖ハーブ館下車すぐ Pあり

↑ラベンダーやローズなど、たくさんの種類のハーブやお花を観賞できるハーブガーデン

併設のカフェ

FOOD TRAILER

フード トレイラー

テラス席や中庭が完備された開放的なカフェ。併設の工房で焼いた手作りカステラもおすすめ。

↑専用のオイルを使用して花をボトルに保存する、ハーバリウムが手作りできる

↑売店2階は河口湖で唯一のハーブ専門店。かわいい花柄の布製品や手作りリースも

八木崎公園

やぎざきこうえん

河口湖 MAP 付録P.9 D-3

薄紫色の可憐なラベンダーが初夏の湖畔を涼やかに彩る

ラベンダーの名所として知られる美しい公園。ほかにも、さまざまなハーブや花々が栽培され、季節ごとに異なる風景が楽しめる。水辺には多様な生物が生息しており、野鳥も観察できる。

☎0555-72-3168(富士河口湖町観光課) 所山梨県富士河口湖町小立 開休料入園自由 交富士急行・河口湖駅から周遊バスで12分、八木崎公園下車すぐ Pあり

↑六角堂(川窪寺屋敷)は公園北東の浮島に建つお堂

↑→薄紫色の絨毯を敷きつめたようなラベンダー畑。風にのって上品な香りが運ばれてくる

↑しっとりと情緒を醸すアジサイも美しい

整備されたウォーキングトレイルを歩く

河口湖畔さんぽ

かわぐちこ

富士山を背に、湖畔に沿って続く遊歩道を歩く。周囲の観光施設を見学したり、公園で休んだり、美しい水面のきらめきも堪能したい。

木立の中、風を感じながら散策したい

緑に囲まれた河口湖畔の南岸コース
自然豊かな公園と文学碑を楽しむ

河口湖畔からロープウェイで天上山公園へ。富士山と河口湖の絶景を堪能したあとは、河口湖大橋から、八木崎公園、冨士御室浅間神社、シッコゴ公園を巡り、広々とした芝生の小海公園へ。途中、2つの文学碑も楽しめる。

さんぽの目安◆約6時間

さんぽコース

河口湖駅 → 徒歩15分 → 1 天上山公園 → 徒歩25分 → 2 河口湖大橋 → 徒歩25分 → 3 八木崎公園 → 徒歩20分 → 4 冨士御室浅間神社 → 徒歩5分 → 5 シッコゴ公園 → 徒歩20分 → 6 小海公園 → 徒歩5分 → 道の駅 かつやま

道の駅 かつやまから河口湖駅へは西湖周遊バス（P.46）で18分。便数が少ないので注意

1 標高1075mから富士山の雄姿を一望

天上山公園

てんじょうやまこうえん

MAP 付録P.9 F-4

船津浜（ふなつはま）からロープウェイで上がった天上山公園展望台は河口湖と富士山の絶景ポイント。初夏にはアジサイの花が咲き誇り、訪れる人の目を楽しませてくれる。

☎0555-72-0363 所山梨県富士河口湖町浅川1163-1 開9:00～17:00(季節により変動あり) 休無休(点検、悪天候時は運休) 料ロープウェイ往復900円、片道500円 ※4月より変更予定 交富士急行・河口湖駅から徒歩15分 P湖畔の駐車場利用

天上山は昔話「カチカチ山」の舞台といわれている

ロープウェイは3分で山頂駅のある天上山公園へ

2 橋上から富士山を眺める

河口湖大橋

かわぐちこおおはし

MAP 付録P.9 E-3

河口湖の北岸と南岸をつなぐ長さ約500mの大きな橋。北側の歩道からは河口湖越しの富士山が楽しめる。

☎0555-72-3168(富士河口湖町観光課) 所山梨県富士河口湖町船津 交富士急行・河口湖駅から徒歩15分

湖面のきらめきと富士山を撮影するならここ

大石紬伝統工芸館 P.60
大石公園 P.23
P.48 河口湖自然生活館
P.57 河口湖 音楽と森の美術館
河口湖美術館
河口湖美術館 P.57
御坂みち
N
0 500m
河口湖
奥川
うの島
弁天堂
P.57 河口湖ミューズ館－与 勇輝 館－
3 八木崎公園
富士御室浅間神社 4
シッコゴ公園 5
産屋ヶ崎
六角堂
2 河口湖大橋
田中冬二詩碑
妙法寺
常在寺
富士御室浅間神社
河口湖ハーブ館 P.49
天晴 P.51
さくや愛の鐘
谷崎潤一郎文学碑
小海公園 6
妙本寺
道の駅かつやま
大池公園
天上山公園 1
P.57 山梨宝石博物館
道の駅かつやま GOAL
富士博物館
河口湖駅
START
富士河口湖観光総合案内所

逆さ富士をモチーフにした田中冬二の石碑

遊覧船で優雅に湖を観賞

天晴

あっぱれ

MAP 付録P.9 F-3

戦国時代の水軍をモチーフにした和風の遊覧船で、武田軍の武田菱や赤備えがアクセント。産屋ヶ崎からの逆さ富士は必見だ。

☎0555-72-0029(富士五湖汽船)
所山梨県河口湖町船津4034
営9:30～16:00(季節により変動あり)
休悪天候・点検等による運休あり
料1000円 交富士急行・河口湖駅から徒歩10分 P県営無料パーキングあり

1階後方、2階デッキにも座席がある。毎時00分と30分に出航する

3 四季折々の花を楽しむ

八木崎公園

やぎざきこうえん

MAP 付録P.9 D-3

ラベンダーで有名な公園だが、初夏に咲く青色のアジサイも美しい。敷地は広々として開放感たっぷり。休憩スポットにもおすすめ。

➡P.49

花のほかに野鳥も楽しめるのも魅力

4 武田信玄も祈願に訪れた

富士御室浅間神社

ふじおむろせんげんじんじゃ

MAP 付録P.8 C-3

富士御室浅間神社の里宮がコースの中ほどにある。河口湖を背にして富士山を仰ぐ姿は神聖な雰囲気。境内には勝山歴史民俗資料館もある。

☎0555-83-2399 所山梨県富士河口湖町勝山3951 開休料参拝自由 交富士急行・河口湖駅から徒歩30分 Pあり

明治時代に再建された里宮の本殿

カップルに人気のスポット・さくや愛の鐘と谷崎純一郎の文学碑

湖畔越しに富士山が眺められる北岸にも遊歩道が

5 やぶさめ祭りの会場

シッコゴ公園

シッコゴこうえん

MAP 付録P.8 C-3

毎年4月に勝山地区の伝統的な行事「やぶさめ祭り」が行われる。湖畔沿いに広々とした芝生が広がり、遊歩道は石畳になっている。

☎0555-72-3168(富士河口湖町観光課) 所山梨県富士河口湖町勝山3867-4 交富士急行・河口湖駅から徒歩35分 Pあり

湖畔からの風に吹かれてリフレッシュ

6 道の駅前の芝生公園

小海公園

こうみこうえん

MAP 付録P.8 B-3

南岸コースの終点にある開放感あふれる公園。天気が良ければ芝生に座ってぼんやりするのもいい。

☎0555-72-3168(富士河口湖町観光課)
所山梨県富士河口湖町勝山3775-4 交富士急行・河口湖駅から徒歩45分 Pあり

遮るものがなく河口湖が一望できる

河口湖周辺ドライブ 1

雄大な湖と四季折々に色づく富士の美景
富士五湖をめぐる

富士山の噴火によって生まれた富士五湖をぐるりとまわるコース。それぞれの湖から望む富士山は、どれも表情が違って興味深い。

1 河口湖(大石公園)
かわぐちこ(おおいしこうえん)

河口湖 MAP 付録P.9 D-2

多彩な施設が集まる観光拠点

首都圏からの交通アクセスが良く、周辺には観光施設が充実。初夏はラベンダーが湖畔を彩る。

所山梨県富士河口湖町大石2585 交河口湖ICから約8.5km Pあり

北岸から眺める逆さ富士が美しい

2 西湖(西湖キャンプ場)
さいこ(さいこキャンプじょう)

西湖 MAP 付録P.12 B-3

樹海の森に抱かれた静かな湖

南西には青木ヶ原樹海が迫り、静けさに包まれた神秘的な雰囲気が漂う。湖畔にはキャンプ場があり、カヌーや釣りなども楽しめる。

所山梨県富士河口湖町西湖2522
交河口湖ICから約9km Pあり

青く澄んだ湖面が印象的。生い茂った樹木から顔を出す富士山が見られる

青木ヶ原樹海の先に「子抱き富士」が見える

3 精進湖(山田屋ホテル前)
しょうじこ(やまだやホテルまえ)

精進湖 MAP 付録P.6 A-2

「子抱き富士」が有名

富士五湖で一番小さな湖。富士山が手前の大室山(おおむろやま)を抱いているように見える「子抱き富士」が眺められる。秋は紅葉が色鮮やか。

所山梨県富士河口湖町精進 交河口湖ICから約18km Pあり

瑠璃色の湖水は透明度抜群。美しい富士山をお札の図柄と見比べたい

4 本栖湖(浩庵キャンプ場)
もとすこ(こうあんキャンプじょう)

本栖湖 MAP 付録P.12 B-2

千円札の富士山に出会う

富士五湖で最も水深が深い湖。北西岸から望む逆さ富士は、千円札裏側の図柄としても知られる。

所山梨県身延町中ノ倉2926
交河口湖ICから約24km Pあり

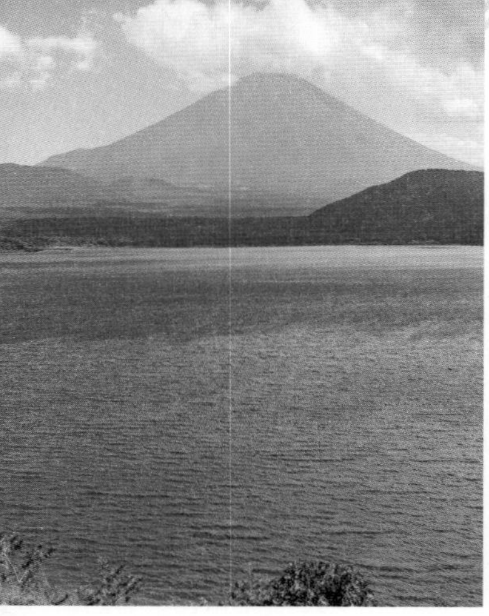

立ち寄りスポット

ふじやま温泉
ふじやまおんせん

富士吉田 MAP 付録P.14 A-2

良質な自家源泉の湯が評判の日帰り温泉。日本最大級の純木造浴室は趣があり、湯上がりには富士山を見ながらくつろげる。

☎0555-22-1126
所山梨県富士吉田市新西原4-17-1
営朝風呂6:30〜9:00(受付は〜8:30) 通常10:00〜23:00(受付は〜22:00) 休不定休
料平日1600円ほか 交河口湖ICから車で0.5km Pあり

美肌効果も期待できる泉質

5 北口本宮冨士浅間神社
きたぐちほんぐうふじせんげんじんじゃ

富士吉田 MAP 付録P.14 B-3

由緒ある富士山信仰の聖地

1900年以上の歴史を誇る富士山信仰の拠点。巨樹に囲まれた境内に荘厳な社殿群が並ぶ。

➡P.34

森閑とした境内の拝殿

6 山中湖(旭日丘)
やまなかこ(あさひがおか)

山中湖 MAP 付録P.11 D-3

富士五湖最大の大きさを誇る

山中湖の面積は富士五湖で最大。古くから避暑地として栄え、南側には文学館などの文化施設が点在する。

所山梨県山中湖村平野
交河口湖ICから約15km
Pあり

富士五湖のなかで富士山に最も近い

桂町 東桂駅 谷村PA 三つ峠駅 富士急行線 十日市場駅 都留文科大学前駅 中央自動車道 桂川 富士吉田市 杓子山 7 忍野八海 忍野村 石割山 P.24 パノラマ台 山中湖村 山中湖IC 山中湖 山中湖(旭日丘) 6 三国峠

7 忍野八海
おしのはっかい

忍野 MAP 付録P.15 D-1

富士山の雨水と雪解け水が湧く

富士山の伏流水を水源とする8つの池。水は澄みきっており、水底まではっきり見通せる。

➡P.66

のどかな里山の風景が広がる忍野村

所要◆約5時間30分

おすすめドライブルート

湖畔沿いを巡る王道のコース。道路が整備されているため運転しやすく、絶景を見ながら爽快なドライブが楽しめる。西湖周辺には青木ヶ原樹海が広がり、溶岩洞窟など自然に富んだスポットに立ち寄るのもおすすめ。富士山信仰ゆかりの場所も訪れたら、最後は富士急ハイランド併設のふじやま温泉で疲れを癒やしたい。

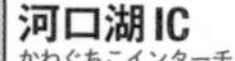
河口湖IC
かわぐちこインターチェンジ

⬇ 国道139号、県道707号・21号
約8.5km／20分

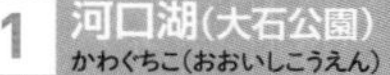
1 河口湖(大石公園)
かわぐちこ(おおいしこうえん)

⬇ 県道21号(湖北ビューライン)
約10.5km／20分

2 西湖(西湖キャンプ場)
さいこ(さいこキャンプじょう)

⬇ 県道21号、国道139号・358号、県道706号
約8km／12分

3 精進湖(山田屋ホテル前)
しょうじこ(やまだやホテルまえ)

⬇ 県道706号、国道139号・300号
約9.5km／15分

4 本栖湖(浩庵キャンプ場)
もとすこ(こうあんキャンプじょう)

⬇ 県道709号、国道300号・139号
約30km／45分

5 北口本宮冨士浅間神社
きたぐちほんぐうふじせんげんじんじゃ

⬇ 国道138号
約12km／20分

6 山中湖(旭日丘)
やまなかこ(あさひがおか)

⬇ 国道413号、県道729号
約14km／25分

7 忍野八海
おしのはっかい

⬇ 国道138号
約4km／8分

富士吉田IC
ふじよしだインターチェンジ

河口湖周辺ドライブ ②

標高2305mまでダイナミックな山岳ドライブ
富士スバルライン

輝く富士五湖を眼下に、八ヶ岳（やつがたけ）や駿河湾（するがわん）まで眺望できる、絶景続きのドライブウェイ。夏季はマイカー規制が行われるため、一般車は五合目まで行けないので確認を。

↑大部分が標高1000m超え。絶景ポイントが点在

1 富士山メロディーポイント
ふじさんメロディーポイント

河口湖 MAP 付録P.13 F-3

おなじみの旋律が流れる

溝が刻まれた道路を時速50kmで走ると、唱歌『ふじの山』が聞こえる。路面の音符とト音記号が目印。

所 山梨県富士河口湖町
交 河口湖ICから約4km　P なし

↑上下線で約20秒間メロディが流れる　©山梨県

↑料金所から約3km。山頂に向かって進んでいくと左側に見える

2 一合目下駐車場
いちごうめしたちゅうしゃじょう

富士吉田 MAP 付録P.7 D-3

少し遠目で富士山が望める

やや引いた位置から富士山を眺められる絶好のポイント。天気の良い日は写真撮影に立ち寄りたい。

所 山梨県富士吉田市　交 河口湖ICから約9km　P あり

富士河口湖町
P.23 大石公園
P.37/P.52 河口湖
乳ヶ崎南
河口湖駅
富士急ハイランド駅
新倉トンネル
西湖 P.36/P.52
足和田山
河口湖IC START&GOAL
東恋路
紅葉台
富士パノラマライン
P.126 道の駅 なるさわ
富士吉田IC
富士急ハイランド P.62
富士山メロディーポイント 1
船津口登山道
河口湖CC
富士すばるランド
鳴沢村
P.37 船津胎内樹型
富士スバルライン料金所
吉田胎内樹型 P.37
天神峠
2 一合目下駐車場
3 樹海台駐車場
精進口登山道
富士スバルライン
丸山
6 富士スバルライン五合目
冨士山小御嶽神社
S 五合園レストハウス P.123
S 富士山五合目簡易郵便局 P.123
5 奥庭駐車場
須走口登山道
4 大沢駐車場
山梨県
富士山
静岡県

立ち寄りスポット

五合園レストハウス ➡P.123
ごごうえんレストハウス

富士山五合目 MAP 付録P.6 C-4

原木丸太を使った山小屋風の観光施設。食事処では富士山にちなんだメニューや郷土料理などが楽しめる。売店や展望台も備わる。五合目簡易郵便局も店内にある。

↑富士火山なべや富士山カレー、富士講登山弁当など食事メニューも多彩

広大な青木ヶ原樹海と河口湖の大パノラマが目の前に

3 樹海台駐車場
じゅかいだいちゅうしゃじょう

鳴沢村 MAP 付録P.6 C-3

緑深い青木ヶ原樹海を一望

標高1663m地点にある駐車場。眼下には青木ヶ原樹海が広がり、河口湖との調和が美しい。

所山梨県鳴沢村 交河口湖ICから約16km Pあり

4 大沢駐車場
おおさわちゅうしゃじょう

鳴沢村 MAP 付録P.6 C-4

晴れた日は駿河湾が見える絶景スポット

ダイナミックな南アルプス連峰や八ヶ岳をはじめ、天候条件が揃えば駿河湾までが一望できる。トイレや展望台のほか売店も完備。

所山梨県鳴沢村 交河口湖ICから約23km Pあり

展望台からの眺望は必見。涼しい風が心地よい

標高2000mを過ぎ、周辺には高山植物が見られる

5 奥庭駐車場
おくにわちゅうしゃじょう

鳴沢村 MAP 付録P.6 C-4

周囲に散策コースを整備

五合目の約2.5km手前に位置。近くに遊歩道が整備され、御庭・奥庭の自然が楽しめる。

所山梨県鳴沢村
交河口湖ICから約27km Pあり

奥庭の景色の美しさに、天狗が遊んだという伝説が残る

間近に迫る富士山の姿は威厳に満ちている

6 富士スバルライン五合目
ふじスバルラインごごうめ

富士山五合目 MAP 付録P.6 C-4

多くの人で賑わう富士登山の起点

富士スバルラインの終点であり、吉田ルートの登山口。レストハウスや売店、郵便局などの施設が揃う。

所山梨県鳴沢村 交河口湖ICから約30km Pあり

所要◆約3時間

おすすめドライブルート

富士スバルラインは、河口湖から富士山五合目までを結ぶ約30kmの有料道路。途中に点在する駐車場で休憩をとりつつ、富士山や山麓の景色を眺めながらドライブを満喫したい。道は急カーブは少ないが、野生動物が飛び出してくることもあるので注意。五合目地点からの絶景は格別。

富士スバルライン

☎0555-72-5244(山梨県道路公社 富士山有料道路管理事務所) 開休通年通行可(天候により通行止めになる場合あり)、夏季マイカー規制時は通行禁止 料普通車・往復2100円

河口湖IC かわぐちこインターチェンジ

↓ 国道139号、県道707号 約4km/7分

1 富士山メロディーポイント ふじさんメロディーポイント

↓ 県道707号(富士スバルライン) 約5km/6分

2 一合目下駐車場 いちごうめしたちゅうしゃじょう

↓ 県道707号(富士スバルライン) 約7km/10分

3 樹海台駐車場 じゅかいだいちゅうしゃじょう

↓ 県道707号(富士スバルライン) 約7km/10分

4 大沢駐車場 おおさわちゅうしゃじょう

↓ 県道707号(富士スバルライン) 約4km/5分

5 奥庭駐車場 おくにわちゅうしゃじょう

↓ 県道707号(富士スバルライン) 約3km/3分

6 富士スバルライン五合目 ふじスバルラインごごうめ

↓ 県道707号(富士スバルライン)、国道139号 約30km/35分

河口湖IC かわぐちこインターチェンジ

1000年を超す「ひば」(ひのき科)の大黒柱16本を使った本館

湖畔にたたずむ個性派ミュージアム

森のアート空間へ

河口湖には人々の心を魅了するユニークな美術館が点在している。意匠を凝らした建物やガーデン、併設のカフェにも注目したい。

蘇った幻の「辻が花染め」
華麗なる着物の数々が目を奪う

久保田一竹美術館

くぼたいっちくびじゅつかん

河口湖 MAP 付録P.9 E-1

室町時代に栄え、忽然と姿を消した染色技法「辻が花染め」を復活させた久保田一竹氏の美術館。本館にはライフワーク『光響』の連作をはじめとする代表作を展示。新館には久保田氏が収集したトンボ玉のギャラリーも併設している。

☎0555-76-8811
所山梨県富士河口湖町河口2255 開10:00～17:00 12～3月10:00～16:30(最終入館は各30分前) 休公式HPを要確認 料1500円 交富士急行・河口湖駅から周遊バスで21分、久保田一竹美術館下車すぐ Pあり

琉球石灰岩で造られた新館など、建築物にも注目したい

カフェ

茶房 一竹庵

さぼう いっちくあん

滝を見ながらひと息

風情ある滝を眺めながら、抹茶と和菓子のセットなどが味わえる。多彩な文化が融合したインテリアも心地よい。

営開館時間に準ずる(LOは閉館の30分前)

沖縄漆喰の壁や琉球石灰岩の床が温かみを演出

インドの古城の扉を利用した正門

注目ポイント

辻が花の再現に生涯をかける

20歳で「辻が花染め」に魅了され、その再現に生涯を捧げた久保田氏。戦後のシベリア抑留を経て40歳から本格的に研究を始め、苦労の末に独自の「一竹辻が花」を確立した。着物の上に広がる精緻かつ大胆な作品は、海外でも高い評価を得ている。

本館展示室。展示は年に数回変わる

貴重なオルゴールを集めた
優雅な湖畔の庭園美術館

河口湖音楽と森の美術館

かわぐちこおんがくともりのびじゅつかん

河口湖 MAP 付録P.9 F-2

世界的に貴重なオルゴールや自動演奏楽器を多数所蔵。世界最大級のダンスオルガンやタイタニック号に搭載される予定だった自動演奏楽器は一見の価値がある。コンサートをはじめ多彩なイベントも開催。

☎0555-20-4111 所山梨県富士河口湖町河口3077-20 開10:00〜17:00(季節により変動あり) 休火・水曜、要問合せ 料平日1800円、土日祝2100円、ハイシーズン2300円 交富士急行・河口湖駅から周遊バスで25分、河口湖音楽と森の美術館下車すぐ Pあり

↑部屋全体が楽器。約800本のパイプと打楽器が組み込まれている世界最大級のダンスオルガン

↑中世ヨーロッパの街並みを思わせる

↑敷地内の庭園には四季折々に美しい花が咲く。720品種ものバラは6月に開花の最盛期を迎える

↑歩き疲れたら美術館でアートなひとときを。いつでも美しい富士山の姿が絵画の中に

富士山を描いた作品を中心に
絵画から写真まで幅広く展示

河口湖美術館

かわぐちこびじゅつかん

河口湖 MAP 付録P.9 F-2

富士山をテーマとした絵画や版画、写真などを常設展示。巨匠から若手作家まで、さまざまな芸術家の作品が見られる。年4〜5回開催される企画展も好評。館内には湖畔の絶景が望めるカフェやショップも備わる。

☎0555-73-8666 所山梨県富士河口湖町河口3170 開9:30〜17:00(入館は〜16:30) 休火曜(祝日の場合は開館)、展示替え期間 料800円 交富士急行・河口湖駅から周遊バスで18分、河口湖美術館下車すぐ Pあり

↑半年ごとに展示替えを行う

「布の彫刻」と称賛される
繊細で温かみのある人形たち

河口湖ミューズ館 ―与 勇輝 館―

かわぐちこミューズかん –あたえ ゆうき かん–

河口湖 MAP 付録P.9 D-3

人形作家・与勇輝氏の作品を常時約100体展示する小さな美術館。木綿の布で精巧に作られた作品は、「布の彫刻」とも称され、どこか懐かしく温かみがある。眺めのよいカフェを併設。

↑素朴な着物姿の少女が愛らしい『夕餉のしたく』

☎0555-72-5258 所山梨県富士河口湖町小立923 開9:00〜17:00、最終入館16:30 休木曜 料600円 交富士急行・河口湖駅から西湖周遊バスで13分、河口湖ミューズ館入口下車、徒歩2分 Pあり

↑八木崎公園の一角に建つ

美しく魅惑的な輝きを放つ
希少な宝石を世界中から収集

山梨宝石博物館

やまなしほうせきはくぶつかん

河口湖 MAP 付録P.9 E-3

世界中から集めた貴重な宝石を、原石からカット石、ジュエリーまで幅広く展示する博物館。特設ステージに置かれた高さ180cm、重さ1270kgの巨大水晶原石は必見。

☎0555-73-3246 所山梨県富士河口湖町船津6713 開9:00〜17:30 11〜2月9:30〜17:00(最終入館は各30分前) 休水曜(祝日の場合は開館)、7・8月は無休 料600円 交富士急行・河口湖駅から周遊バスで8分、山梨宝石博物館・河口湖下車すぐ Pあり

↑山梨県の乙女鉱山で採掘された珍しい日本式双晶

←石造り調の重厚な建物。内部にはカフェやショップも併設

↓不思議な魅力を秘めた宝石の数々

手作りの本棚が並ぶ店内。つい足を踏み入れたくなるノスタルジックな雰囲気

昔懐かしい街の一角でひときわ目をひくレトロな外観

幼少期の記憶を呼び覚ます
昔懐かしい「町の本屋さん」

月の江書店

つきのえしょてん

MAP 付録P.14 A-4

昭和24年(1949)創業の書店。昭和の面影を残す店内は、地元ガイドブックや富士山関連の書籍と並んでプラモデルも販売。懐かしい空気に幼少期の思い出を追体験しながら本との時間が過ごせる場所だ。

☎0555-22-0036 所山梨県富士吉田市下吉田3-12-4 営9:00～10:30 15:00～18:00(変動あり) 休不定休 交富士急行・月江寺駅から徒歩7分 Pなし

昭和の面影が残る路地裏散策へ

月江寺界隈をぶらり

げっこうじ

一帯は昭和30年代に織物産業で栄えた街の歓楽街として賑わった。まるで時が止まったように往時が偲ばれるノスタルジックな街へ。

地酒や自家製味噌が
月江寺のおみやげに人気

大津屋酒店

おおつやさけてん

MAP 付録P.14 A-4

明治33年(1900)創業の酒店。大きな樽と暖簾が目印のレトロ調の外観で、店内には地酒をはじめとした銘酒がずらりと並ぶ。地元客からも評判の自家製味噌は、月江寺の旅のおみやげにもおすすめ。

☎0555-22-0887 所山梨県富士吉田市下吉田3-6-47 営9:00～18:00 休不定休 交富士急行・月江寺駅から徒歩7分 Pあり

国産大豆、自然塩で仕込む自家製味噌 900円(1kg)

「七賢 風凜美山」2640円(右)。「春鶯囀」2800円(左)

老舗の風格を伝える白抜きの暖簾が目印

酒蔵風の外観。地元産の米も販売している

吉田で希少なそば処は
そば打ち自慢大会で優勝の匠

手打ちそば 而今庵

てうちそば にこんあん

MAP 付録P.14 B-4

八ヶ岳山麓産のそば粉を使用した喉ごしのよい二八そばは、富士山のおいしい湧き水で毎朝手打ちしている。そば以外の一品料理も豊富で、地元のお客さんからは居酒屋としても重宝されている。

☎0555-22-9737　所山梨県富士吉田市下吉田2-14-27　営11:30～14:00 17:30～20:00、LOは各30分前　休月一回連休　交富士急行・月江寺駅から徒歩10分　Pあり

せいろ蕎麦800円

雑貨売り場には、飽きがこず長く使い続けられる雑貨がたくさん

昔ながらの商店街に、おしゃれな外観

地元で作られた
リネン製品が買える

LONGTEMPS

ロンタン

MAP 付録P.14 A-4

1階はハイセンスな雑貨、2階ではアンティークやセミオーダーの上質な家具を販売。地元の織物会社「テンジン」(P.61)のリネン製品を多数取り扱っているので、プレゼントや自分用に買い物を楽しみたい。

エプロンやバッグ、小物類など洗練されたデザインのリネン類が豊富で、思わず目移りが

☎0555-22-0400
所山梨県富士吉田市下吉田3-12-54　営10:00～19:00
休火曜　交富士急行・下吉田駅から徒歩10分　Pあり

昭和の懐かしい看板に歓楽街の面影が

道を歩いていると、猫との遭遇率が高い

大正末期、料亭として建てられた角田医院

月江寺。境内が公園として整備されている

技術と伝統が受け継がれてきた山梨の産業

脈々と続く機織り文化

山梨県内には古くから栄えた機織り産業の歴史がある。
伝統工芸の大石紬と新しい形で織物の魅力を発信する郡内織物。
機織りの音が響く街でこだわりの逸品を探す。

⇧工芸館の建物は昔の織物工場を模して建てられた

⇧今では珍しいものとなった機織り機も展示している(大石紬伝統工芸館)

人々の暮らしを支えた絹織物

大石紬
おおいしつむぎ

大石地区では昔から桑の栽培や養蚕が盛んで、生産された絹は各家で織られる紬の原料とされた。大石紬は軽くてやわらかく丈夫なうえに、絹の持つすべりの良さも特徴だ。

⇧今は作られていない希少な大石紬のたんものも販売している

注目ポイント

体にやさしい絹の活用法

シルクは肌ざわりの良さや保温・保湿性が高く、就寝用の靴下やマスクなどに向くのはもちろん、美容成分としてコスメの原料にも幅広く利用されている。

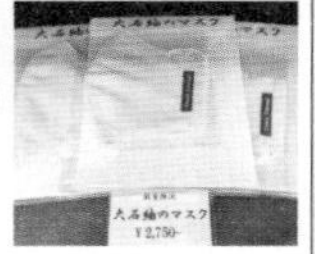

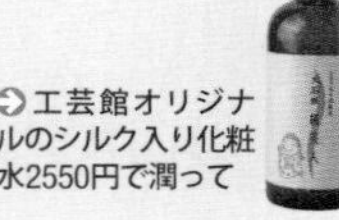
➲工芸館オリジナルのシルク入り化粧水2550円で潤って

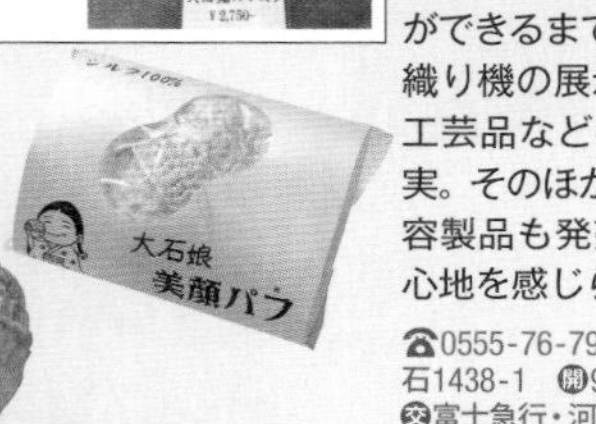

➲大石産繭から手作りしたパフは顔の角質除去に。1870円

大石紬の歴史と伝統を感じる

大石紬伝統工芸館
おおいしつむぎでんとうこうげいかん

河口湖 MAP 付録P.8 C-1

館内には大石紬の着物や原料となる繭、工程を説明するパネルがあり、紬ができるまでを知ることができる。機織り機の展示も行っている。地域の工芸品などを販売するコーナーも充実。そのほかにも、シルクを使った美容製品も発売しており、滑らかな肌心地を感じられる。

☎0555-76-7901 所山梨県富士河口湖町大石1438-1 開9:00～17:00 休火曜 料無料 交富士急行・河口湖駅から周遊バスで27分、自然生活館下車すぐ Pあり

古今を問わない「先染め」の美しさ

郡内織物

ぐんないおりもの

「郡内」とは山梨県東部のことで、この地で作られる絹織物の呼称でもある。糸を先に染める技法が特徴で、江戸時代初期には高級な絹織物として他の産地の織物と区別し、重用された。

注目ポイント

ヤマナシハタオリトラベル

2012年、市内の11の機織り事業者によって結成され、現在12社が参加するたグループ。ネクタイや傘、ストールなど郡内織物の文化を生かした製品を開発、百貨店や商業施設などで催事を展開し精力的にPRを行う。

工場内では、大きな音を立てながらいくつもの織機が布を織り上げる

「耳付き」リネンを作る会社

テンジン

月江寺 MAP 付録P.14 B-4

古い機械にこだわって「耳付き」のリネンを生産する。オリジナルブランド「TENJIN-Factory」ではオーダーでカーテンやブランケット、ベッドリネンなどの寝具が注文でき、刺繍の柄や色、リネンの厚さなどがカスタマイズできる。

ショルダーバッグ&ポーチセット17600円、トートバッグ10780円

☎0555-22-1860
所 山梨県富士吉田市下吉田7-29-2 営9:00～18:00(工場見学は要予約) 休 日曜、祝日 交 富士急行・月江寺駅から徒歩15分 P あり

カーテンは迷ったらセミオーダーがおすすめ(左)。昔ながらの織物工場(上)

紳士用「Tie(タイ)」シリーズの折りたたみ傘1万1000円

美しい織りの布を2枚重ねた高級傘「1866」3万8500円

「菜(サイ)」は野菜をテーマにしたカラフルな日傘2万2000円

個性的な生地を使った傘

服地の織りを応用した傘

槙田商店

まきたしょうてん

河口湖周辺 MAP 付録P.7 E-1

慶応2年(1866)、絹織物の取引所として創業した槙田商店は、戦後洋傘地で全国的な地位を確立した老舗。ジャカード織機を導入し、高級な傘生地や服地などを製造している。

☎0555-25-3113
所 山梨県西桂町小沼1717 営9:00～18:00、土曜10:00～17:00 休 日曜、祝日 交 富士急行・三つ峠駅から徒歩3分 P あり

郡内織物のアンテナショップへ

上質でデザイン性に優れたオリジナルプロダクトを発信

ヤマナシハタオリトラベル MILL SHOP

ヤマナシハタオリトラベル ミル ショップ

富士吉田 MAP 付録P.14 B-2

郡内地域の12社が参加し、世界有数の技術力に新しいアイデアとデザインを取り入れ、日常を楽しくするプロダクトを発信。ストール、傘、ポーチなど多彩な商品が充実。

☎0555-22-2164(富士吉田織物協同組合)
所 山梨県富士吉田市上吉田2-5-1 富士山駅ビル「Q-STA」1F 営10:00～20:00 休 無休 交 富士急行・富士山駅直結 P あり

光織物が手がける「GOSHUINノート」2200円

熨斗がモチーフのブローチ「くっつきのし」1100円

ワタナベテキスタイル製の「ストールQ」3万3000円

ジャカード織の鮮やかな「ポーチ(大)」4290円

個性豊かな色とデザインが揃う傘

富士山駅の1階に位置。アートな黒板にもご注目

世界に誇る最強アミューズメントシティへ

Attraction

数々のギネス世界記録を獲得した絶叫マシンが充実。ほかにも、ホラー系、キャラクター系など幅広いアトラクションが揃い、子どもから大人まで楽しめる。

ええじゃないか
地上76mから、走行しながら座席が前後に回転し、ループやひねりを楽しめるコースター。

FUJIYAMA
最高速度130km/h、最大落差70mを誇る名物コースター。79mの高さから一気に落下する瞬間がたまらない。

©HL

リサとガスパール タウン
フランス生まれのかわいい人気絵本のキャラクター「リサとガスパール」の世界初となるテーマパーク。

富士急ハイランド

ふじきゅうハイランド

富士吉田 MAP 付録P.14 A-2

大迫力の絶叫アトラクションから温泉、アートまで楽しみ方いろいろ

世界に誇る絶叫マシンが数多く揃うアミューズメントパーク。子どもに人気のキャラクター系アトラクションやお化け屋敷などもあり、富士山麓の雄大な景色を見ながら一日中遊べる。隣接する温泉や美術館にも足を運びたい。

☎0555-23-2111 所山梨県富士吉田市新西原5-6-1 営9:00～17:00(季節により変動あり) 休不定休 料入園無料、フリーパス6200円ほか 交富士急行・富士急ハイランド駅からすぐ Pあり

Hotel

富士急ハイランド直結のオフィシャルホテルが便利。宿泊者限定の特典も利用したい。

ハイランドリゾート ホテル&スパ
富士山や富士急ハイランドを見渡す落ち着いた客室でくつろげる。

➡P.130

Museum

優雅に芸術に親しめる美術館が隣接。富士山をテーマにした作品に出会える。

フジヤマミュージアム
近現代の画家が富士山を描いた絵画を展示。スロープ状の回廊を巡りながら作品を鑑賞できる。

POINT

FUJIYAMA TOWER
ジェットコースター「FUJIYAMA」の点検塔建設に伴い、頂上を展望台として開放。スカイウォーク型アクティビティ「FUJIYAMAウォーク」も楽しめる。

⬆展望台の周囲を「FUJIYAMA」が通る。高さは約55mで、富士山を裾野まで見渡せる絶景

肉天うどん600円
少し甘めに味付けされた馬肉と野菜のかき揚げのトッピングで満足感大

冷やしたぬきうどん500円はうどんのコシが楽しめる

和風の落ち着いたたたずまいをみせる

店内には小上がりがあって家族連れにも快適

美也樹

みやき

富士吉田 MAP 付録P.14A-2

「安くておいしい」から地元の人の支持は絶大

機械製麺が多いなか、手打ちの麺にこだわる。昆布、カツオ節、煮干しで濃い目にとっただしと、手打ち麺の適度な歯ごたえを楽しみたい。地元のリピーターが多いので、昼のピーク時は混雑する。

☎0555-24-2448
所山梨県富士吉田市新西原4-3-6
営11:00～14:00(麺がなくなり次第終了)
休日・月曜、祝日 交富士急行・富士山駅から車で5分 Pあり

祝いの席で囲む郷土料理 吉田のうどん

富士吉田市内に60軒ほどのうどん店がある。祝事や宴会の締めに食べられていた吉田のうどんは、強いコシがあり、噛むほどに味わいを増す。

「吉田のうどん」のこと

富士の湧水で打った強烈なコシのある太麺。味噌と醤油の合わせつゆに茹でキャベツのトッピングが特徴。肉うどんには馬肉を使う店が多い。ごま、山椒、唐辛子などで作られる薬味の「すりだね」は店ごとに特徴がある。

肉玉うどん(中)600円
テーブルの揚げ玉も入れ放題で具だくさん。小450円と大650円もある

吉田のうどん(温) 450円
メニューは温かいうどんと冷たいうどんのみ。キャベツと油揚げ追加各100円

桜井うどん

さくらいうどん

月江寺 MAP 付録P.14A-4

創業当時の製法を受け継ぎシンプルなスタイルを貫く

キャベツうどんの元祖として知られる老舗。毎朝4時から打つ麺はコシの強さが抜群で、いりこだしをベースに、醤油と味噌をブレンドしたつゆも絶妙だ。トッピングはキャベツと油揚げのみ。自家製の薬味を加えて変化を楽しんで。

☎0555-22-2797
所山梨県富士吉田市下吉田5-1-33
営10:00～14:30 休日曜 交富士急行・月江寺駅から徒歩10分 Pあり

こぢんまりした店内は小上がり席のみ

創業から60年以上の老舗店

肉玉ホットつけうどんは中600円、大700円の2サイズ

渡辺うどん

わたなべうどん

忍野 MAP 付録P.15F-2

人気は極太でコシがある具だくさんな肉玉うどん

創業45年で昔ながらの素朴な雰囲気がいい。人気の肉玉うどんは、コシのある手打ち麺に醤油と味噌が6対4の割合の煮干し風味のつゆで、馬肉、キャベツ、生卵、揚げ、わかめなど具だくさんだ。

☎0555-84-2462
所山梨県忍野村内野545-2 営11:00～13:30(LO) 土・日曜、祝日10:30～13:30(LO) ※麺がなくなり次第終了
休水曜(祝日の場合は営業) 交富士急行・富士山駅から富士急行バス・内野行きで23分、終点下車、徒歩3分 Pあり

のどかな住宅街で、近くに駐車場がある

人気の避暑地の周辺には名水の里もあり

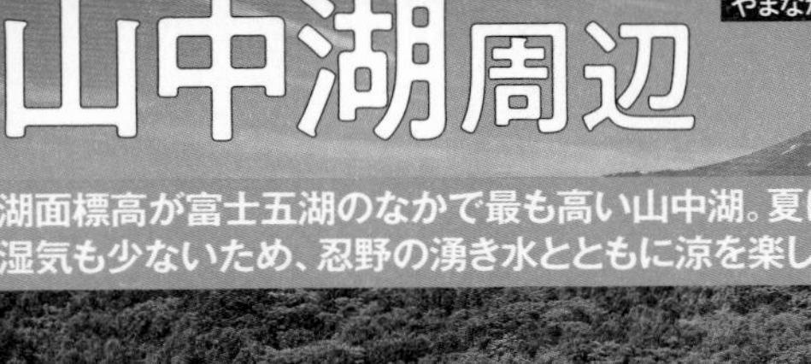

山中湖周辺

やまなかこ

湖面標高が富士五湖のなかで最も高い山中湖。夏は涼しく湿気も少ないため、忍野の湧き水とともに涼を楽しみたい。

観光のポイント

- 忍野の水は日本名水百選のひとつ。忍野八海には湧水口があり、新鮮な水が味わえる
- 山中湖は標高約1000mに位置。夏は涼しくスポーツに最適な気候。冬は凍った湖が美しい
- 天然記念物のズミの木やハリモミの純林、南限のマリモなど、山中湖は希少な自然の宝庫

散策路が整備されている山中湖文学の森公園

水上スポーツに釣り、キャンプ 自然と湖をアクティブに満喫

水陸両用バス「山中湖のカバ」での遊覧からドーム船でのワカサギ釣り、ジェットスキーやカヌーなど、多彩な水上スポーツが楽しめる山中湖。湖畔にもキャンプ場やハイキングコース、サイクリングロードなどが整備され、美しい自然とアクティブにふれあう環境が整っている。一方、忍野には日本昔話に登場しそうな里の風景が広がり、清涼な水と空気に心身が癒やされる。名水で仕込むそばやうどん、豆腐、草餅といった食の名物もおすすめ。

水陸両用のカバで湖畔と湖上を行く

水辺の風景が印象的な忍野村

アクセス方法

●鉄道

JR新宿駅
↓JR・富士急行直通「富士回遊」で1時間46分
富士急行・富士山駅
↓富士急行・周遊バス(ふじっ湖号)で21分 → 忍野八海
↓富士急行・路線バスで30分 → 山中湖旭日丘

●バス

バスタ新宿
↓富士五湖方面高速バスで2時間2分
忍野入口
↓上記バスで12分
山中湖旭日丘

●車

八王子IC
↓中央自動車道、富士吉田線、東富士五湖道路で約1時間
山中湖IC
↓一般道で7分 → 忍野八海
↓国道138号で10分 → 山中湖旭日丘

〈バス路線凡例〉
ふじっ湖号（忍野・山中湖周遊）…

大月駅 月江寺駅
富士急行大月線
富士山駅
富士山駅
河口湖駅
富士吉田市
杓子山
不動湯温泉
杓子山鉱泉
都留市
鳥居地峠
浅間神社前
北口本宮冨士浅間神社 P.34/P.36/P.53
富士見バイパス南
P.126 道の駅 富士吉田
P.39/P.123 ふじさんミュージアム
忍野八海
忍野村役場前
忍野村
さかな公園
忍野 しのびの里
承天寺
内野
忍野八海
森の中の水族館。山梨県立富士湧水の里水族館 P.68
富士山レーダードーム前
忍野入口
忍野
富士吉田IC
富士吉田忍野S
旧鎌倉往還
石割山
東富士五湖道路
花の都公園
山中湖 花の都公園 P.23
山中湖は、面積6.57km²、最大水深13.3m、湖面標高980.5m 富士山に最も近い湖
山中湖村
道志
寿徳寺
山中湖
紅富士の湯
北富士演習場
平野西口
長池親水公園前
P.75 長池親水公園
ふじっ湖号の分岐点。ここで旭日丘から巡る左回りと、長池から巡る右回りに分かれる
富士山山中湖（ホテルマウント富士入口）
ままの森
山中湖交流プラザ
山中湖
撫岳荘前
P.24/P.75 旭日丘湖畔緑地公園
山中湖村役場前
山中湖文学の森公園
旭日丘
籠坂トンネル
須走IC
山中湖旭日丘
山中湖

お役立ちinformation

山中湖周辺をまわる周遊バス

拠点は河口湖駅。周遊バスのほか、路線バスの御殿場駅行きや御殿場プレミアム・アウトレット行きで忍野や山中湖方面へ行ける。

富士吉田・忍野・山中湖周遊バス「ふじっ湖号」

河口湖駅を発着し、富士吉田（富士山レーダードーム）、忍野八海を通り、山中湖を周遊して河口湖駅へ戻る。右回りと左回りがあり、富士山山中湖（ホテルマウント富士入口）から分岐するので、行き先を確認して乗車すること。

☎0555-72-6877（富士急バス）
運行時間 右回り6:50〜19:42、左回り7:45〜18:12（始発は河口湖駅発） **料金** 2日乗車券1700円 **便数** 右回り1日6本、左回り1日5本

こんこんと湧く富士の伏流水

忍野
おしの

富士山の溶岩や堆積物によって濾過された透明な水が豊かに湧く忍野村。盆地のため四方を山々に囲まれており、透明な水をたたえた村の風景は見る人に神秘的な印象を与える。

富士山にいちばん近い湖

山中湖
やまなかこ

富士五湖で最も面積が広く、最も富士山に近い山中湖。高原ならではの気候と空気がさわやかで、キャンプ、テニス、ハイキング、水上スポーツと各種アクティビティが楽しめる。

神の泉から湧き出る富士の雪解け水

信仰の面影を訪ねて 巡礼地・忍野八海

富士講信者たちが忍野八海の水で穢れを祓い登拝した歴史を持つ聖なる地。各池には、守護神の八大龍王が祀られている。

ここから見る富士山は、忍野富士と呼ばれ、四季折々の風情を見せる

8つの霊峰・富士の湧水池

忍野八海（おしのはっかい）

世界遺産

澄んだ泉は神の泉と崇められ 古くから富士山信仰の巡礼地

かつて湖だった忍野村は富士山の噴火活動を幾度も経て生まれた村。富士山の雨水と雪解け水が湧き水となってできた8カ所の池は忍野八海といわれ、国の天然記念物、名水百選に指定されている。天保（てんぽう）14年（1843）には各池に守護神の「八大竜王」が祀られた。毎年8月8日には八大竜王を祀る「八海祭り」が催されている。

忍野 MAP 付録P.15 D-1

☎0555-84-4221（忍野村観光案内所）
所 山梨県忍野村忍草　開休 見学自由　交 富士急行・富士山駅から周遊バスで23分、忍野八海下車すぐ　P なし

湧池近くの忍野村観光案内所

幻想的な姿を見せる冬の忍野富士

春は新名庄川沿いにソメイヨシノが

1 出口池（でぐちいけ）

緑に囲まれた忍野八海で一番大きな池

この池だけが離れた場所にあり、桂川の水源のひとつ。「清浄な霊水」と呼ばれ、富士登山の前に行者たちがこの水で穢れを祓ったといわれる。

池のほとりに出口稲荷大明神が祀られていることでも有名

池DATA
面積：1467㎡
水深：0.5m
湧水量：0.265㎥/秒

池畔には出口稲荷大明神を祀る

見学の目安◆約2時間

忍野八海 見学コース

1 出口池 → 徒歩15分 → 2 お釜池 → 徒歩7分 → 3 底抜池 → 徒歩3分 → 4 銚子池 → 徒歩2分 → 5 湧池 → 徒歩すぐ → 6 濁池 → 徒歩2分 → 7 鏡池 → 徒歩2分 → 8 菖蒲池

池DATA
面積:24㎡
水深:4m
湧水量:0.18㎥/秒

↑新名庄川のすぐ近くに隠れるようにある

2 お釜池
おかまいけ

最も小さな池だが豊富な水量を誇る

かつて釜の中で熱湯が沸騰するように湧水していたという。バイカモが清流に揺れ動く様子や水深の青さが観賞できる。

↑ガマガエルに娘をさらわれた悲話が残り、大蟇(おおがま)池とも呼ばれている

池DATA
面積:208㎡
水深:1.5m
湧水量:0.155㎥/秒

↑栃の木などが生い茂る緑の中にある

3 底抜池
そこなしいけ

静寂に包まれた場所に湧き出る池

「榛(はん)の木林資料館」の敷地内にあり、懐かしい風景を保っている。この池に落とした道具が、のちにお釜池に浮かび上がるという伝説が残る。

P.68に続く

池DATA
面積:79㎡
水深:3m
湧水量:0.02㎥/秒

↑悲しい伝説から転じて縁結びの池に

4 銚子池
ちょうしいけ

縁結びの池として伝わる

酒を注ぐ銚子の形に似ていることから名付けられたという。池の底から砂を巻き上げて水が湧いている様子を観察できる。

5 湧池
わくいけ

忍野八海最大の湧水量を誇る

珪藻土層の水中洞窟からの湧水量が豊富で、NASAが宇宙で雪を作る実験に利用された水。揺れ動くセキショウモや水底の景観が美しい。

池DATA
面積:152㎡
水深:4m
湧水量:2.2㎥/秒

→忍野八海を代表する湧池。木花之佐久夜毘売命(このはなのさくやひめのみこと)の伝説が残る

散策途中のおすすめスポット

渡辺食品
わたなべしょくひん

MAP 付録P.15 D-2

素朴な味にほっこり

店頭で焼く、忍野村産のよもぎを使った草もちや自家製味噌ダレを使った串だんご各100円が人気。漬物や豆なども扱っている。

☎0555-84-4106
所 山梨県忍野村忍草241 営8:00~17:30 12~3月8:30~16:00
休 不定休 交 観光案内所からすぐ P あり 5台

→あんこが入った草もちは1個100円

6 濁池
にごりいけ

阿原川に注ぐ美しい景観の池

湧池に隣接し、阿原川と合流している。かつて、みすぼらしい行者が1杯の水を求めたが、地主の老婆が断ると、池の水が濁ってしまったという伝説が残る。

池DATA
面積:36㎡
水深:0.5m
湧水量:0.041㎥/秒

現在は澄んだ美しい水が川に流れ込む

人々はこの池の水を浴びて身を清め、祈願したという伝説が残る

池DATA
面積:144㎡
水深:0.3m
湧水量:月による

7 鏡池
かがみいけ

天候などが整えば、逆さ富士が見られる

富士山が鏡のように映ることから名付けられた。湧き水は少ないが、この池の水には、諸事の善悪を見分ける霊力があるといわれている。

こちらも訪れたい

中池
なかいけ

池本売店の脇にある観賞用の人造池で、世界遺産ではないが、富士山からの地下水で満たされ、コバルトブルーの水をたたえる。

8 菖蒲池
しょうぶいけ

菖蒲が自生する病気平癒の伝説の池

菖蒲が生い茂る沼状の池。菖蒲を体に巻くと病気が治るという神のお告げがあり、病気が治ったという伝説がある。

池DATA
面積:281㎡
水深:0.5m
湧水量:月による

菖蒲が初夏には美しい花を咲かせる

富士山の湧き水を使った水族館へ

日本有数の淡水魚専門の水族館 多彩な水槽で川魚を身近に感じる

森の中の水族館。山梨県立富士湧水の里水族館

もりのなかのすいぞくかん。
やまなしけんりつふじゆうすいのさとすいぞくかん

忍野 MAP 付録P.15 D-2

山梨県内に生息する水生生物や養殖されている魚を中心に展示。二重回遊水槽や河川の源流から中流までをモデル化した水槽があり、日本最大の淡水魚イトウなどを観賞することができる。

透明度の高い水槽の中を泳ぐ魚たち

一帯は「さかな公園」として整備され、木立の中を散策できる

☎0555-20-5135 所山梨県忍野村忍草3098-1 さかな公園内 開9:00～18:00(季節により変動あり) 休火曜(祝日の場合は翌日) 料420円 交富士急行・富士山駅から富士急行バス・内野行きで14分、さかな公園下車すぐ Pあり

名水の挽きたてコーヒーと
名水そば、料理が味わえる

池本茶屋

いけもとちゃや

忍野 MAP 付録P.15 D-1

湧池の近くにあり、富士山の伏流水を使った挽きたてのコーヒーが自慢。また、店舗の向かい側の池本水車小屋で、名水を使った挽きたて・打ちたてのそばや、名水生け簀から取りたての、イワナやヤマメの塩焼きなど、忍野ならではのグルメが楽しめる。

☎0555-84-1009
所山梨県忍野村忍草354
営9:10～17:00 休不定休
交忍野村観光案内所から徒歩2分 Pあり

バナジウム豊富な忍野の名水で淹れた名水コーヒー500円。名水の里で飲むコーヒーは格別

ざるそば1300円。国産そば粉を毎日石臼で挽く名水そば

忍野観光の休憩処として、大勢の客で賑わう

日本の名水百選にも選ばれた極上の味わい

忍野の名水を使った逸品

数十年の時を経て地底に湧き出す富士山の雪解け水はバナジウムが豊富に含まれ、健康維持にも期待がもてる。

富士山の雪解け水に
触れられる

忍野八海一の湧水量を誇る湧池では、年間を通して水温13℃のひんやり冷たい雪解け水に手をかざすことができ、「30秒間名水に手を入れてみて下さい」という看板もある。

ゆずやしそなど4種類の変わり豆富も試食できる

濃厚な豆乳300円。店頭では1杯100円で販売

「豆腐」ではなく「豆富」と書き
変わり豆富も豊富

豆ふの駅 角屋豆富店

とうふのえき かどやとうふてん

忍野 MAP 付録P.15 F-2

戦後間もなく創業し、富士山の伏流水と三重県産の大豆と天然のにがりを使い、昔ながらの製法で作る。定番の絹、木綿のほか、黒胡麻、ゆず、しそ、とうがらし、枝豆などの変わり豆富もある。

食堂のようだが、ここは試食スペース

☎0555-84-2127
所山梨県忍野村内野556
営9:00～17:30(冬季は～17:00) 休水曜(8月は無休) 交富士急行・富士山駅から富士急行バス・内野行きで20分、承天寺下車すぐ
Pあり

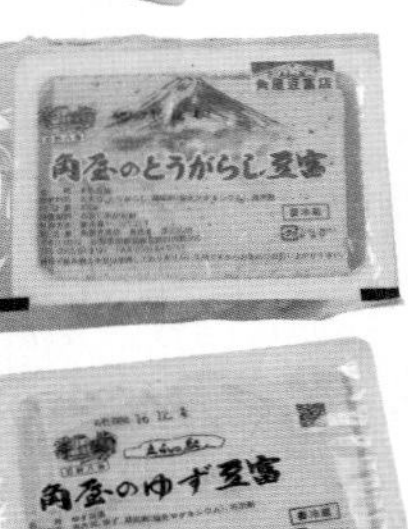

豆乳入りで味わい深い寄せ豆富は200円(上)。変わり豆富のとうがらし豆富(左上)。ゆず豆富(左下)各220円

富士山を仰ぎ見ながら四季を感じる

山中湖で自然と遊ぶ

穏やかな湖なので、のんびりとしたアクティビティに最適な山中湖。
水陸両用の珍しい乗り物や森の中での乗馬体験など、多彩な遊び方ができる。

左右の窓はジッパーで自由に開閉でき、山中湖から富士の絶景が楽しめる

山中湖のカバ

水陸両用バスで巡る

観光バスと遊覧船がひとつになったアトラクション。陸上でガイドを楽しんだあとは、水面への大迫力のダイブから優雅なクルージングが楽しめる。

料 2300円（夏季2500円、所要30分）電話かWEBで予約。空席があれば当日でも乗車可能

山中湖のカバ
やまなかこのカバ

☎0570-022956（富士急コールセンター）
山中湖 MAP 付録P.11 D-4

所 山梨県山中湖村平野506-296（山中湖旭日丘バスターミナル） 交 富士急行・富士山駅から富士急バス・御殿場方面行きで30分、山中湖旭日丘下車すぐ 営 1日7～9便（運行便数は季節により変動） 休 不定休 P あり

↑車体が高いので見晴らし抜群

←窓と天井は厚手のビニール製で開放的

↑湖へダイブする瞬間は迫力満点

乗馬

森の緑の中で乗馬体験

国体馬術でも実績のあるインストラクターがていねいに指導してくれる。森の中を歩く外乗りも体験できる。

料 15分4000円～（外乗り、または常歩・速歩）

乗馬クラブ馬車道
じょうばクラブばしゃみち

☎0555-62-1397
山中湖 MAP 付録P.10 B-3

所 山梨県山中湖村山中331
交 富士急行・富士山駅から富士急行バス・道志方面行きで27分、山中湖村役場前下車、徒歩15分
営 9:00～17:00（11～5月は～16:00）
休 不定休 P あり

←湖のほとりの森の中を馬と仲良く散歩

↑乗馬経験のない人でも、やさしい馬が迎えてくれるので安心

インフレータブルカヌー
湖上散歩を楽しむ

初心者を対象に、ショートツーリングもできる体験型プログラム。空気を膨らませて乗るインフレータブルカヌーやSUPで雄大な自然が満喫できる。

料4950円　催行 通年(雨天決行)　所要 2時間
予約 要　参加条件 4歳以上
●ツアーに含まれるもの　講習料、カヌー一式とライフジャケット、施設利用料

ウォータークラブ

☎0555-65-9988
山中湖 MAP 付録P.11 F-2

所 山梨県山中湖村平野1910　交富士急行・富士山駅から富士急行バス・道志方面行きで40分、山中湖平野下車、徒歩5分　営9:00～日没
休不定休(夏季は無休)　Pあり

富士山を背景にカヌーで湖上を行けば、ゆったりのんびりと山中湖が満喫できる

カップルや家族でスローなひととき

SCHEDULE　所要2時間

9:20　ウォータークラブ店舗に集合。ライフジャケットなどのカヌー装備一式を受け取る。手ぶらで参加できるのも魅力。

体験は午前の部と午後の部から選べる

9:30　カヌーの操作方法や乗り降りなど、簡単な練習開始。未経験者が対象なので、ていねいに指導してくれる。

心構えや水上の安全などのレクチャーを受ける

10:00　いよいよツーリング開始。安定感が抜群で、インストラクターも同行するので、安心して湖上散歩が楽しめる。

約1時間半のショートツーリングを堪能

山中湖の冬の風物詩
水陸両用バスで巡る

結氷すれば穴釣りもできるが、山中湖ではドーム船によるワカサギ釣りが主流。

料山中湖ドーム船(ワカサギ釣り)1名4500円ほか

旭日丘観光
あさひがおかかんこう

☎0555-62-3059
山中湖 MAP 付録P.11 D-4

所山梨県山中湖村旭日丘506-296　交富士急行・富士山駅から富士急行バス・御殿場方面行きで30分、山中湖旭日丘下車、徒歩5分　営6:00～17:00(冬季は～16:00)
休無休(冬季は週1日休みあり)　Pあり

手漕ぎの釣りボートのレンタルもある

ドーム船なら、屋根付きで暖かい船内でワカサギ釣りが楽しめる

新感覚の複合アウトドアリゾート

PICA山中湖に集う

自然のなかで心地よく過ごせるようにしつらえた施設が多彩。富士山麓の恵みをレストランで楽しんだり、夜は焚き火を囲んで談笑したり、自然とともに贅沢な週末を過ごしてみたい。

ワンちゃんも一緒に食事ができるレストランや、ハンモックカフェなど日帰りでも楽しめる

PICA山中湖

ピカやまなかこ

MAP 付録P.11 D-4

コテージやレストランが充実の山中湖畔の複合アウトドアリゾート

約1万7000㎡の緑豊かな敷地に全17棟のコテージが点在。カップルから家族連れ、グループなど、さまざまなタイプのコテージで思い思いに宿泊できる。富士山麓の豊かな恵みが味わえる「FUJIYAMA KITCHEN」や、森の中でハンモックに揺られながらくつろげる「Hammock Cafe」など、レストランも充実。高速バスのバスターミナルに隣接しているので、山中湖や富士山周辺観光の拠点にもぴったりだ。

☎0555-62-4155 所山梨県山中湖村平野506-296 交富士急行・富士山駅から富士急行バス・御殿場方面行きで30分、山中湖旭日丘下車すぐ 休水・木曜(繁忙期は無休) 料TAKIBIコテージ(素泊まり)1泊1名6000円～、コテージ・グランオーベルジュ(2食付)1泊1名19000円～ Pあり

買 バラエティ豊かなショッピングスポット

富士山麓周辺のみやげが揃う

FUJIYAMA BAZAAR

フジヤマ バザール

旭日丘バスターミナルに併設。1階はみやげや旬の野菜などを販売するショップで、2階は水陸両用バス「山中湖のカバ」をモチーフにしたカバカフェがある。

☎0555-62-4177 営10:00～17:00 休無休(天候により変動あり)

富士山麓のおみやげを幅広く取り揃える

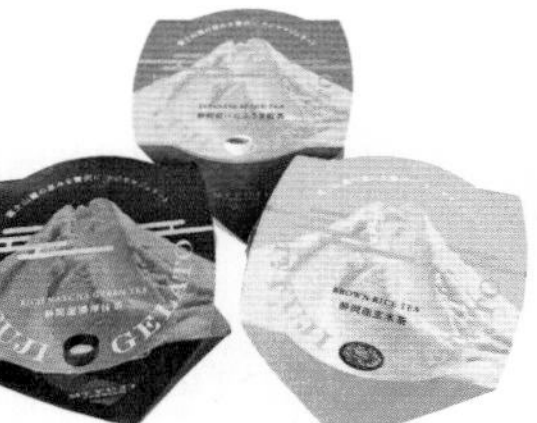
風味豊かなお茶味のフジヤマジェラート各400円(全5種)

鹿のなめし革を使った伝統工芸の甲州印伝の名刺入れ7700円

ホワイトフジヤマクッキー5個入りセット950円

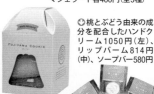

桃とぶどう由来の成分を配合したハンドクリーム1050円(左)、リップバーム814円(中)、ソープバー580円

銘菓のほか、富士山をモチーフにした食みやげやこだわりの雑貨などを扱う

宿泊 コテージに宿泊して五感で自然を感じる

森の中に点在するコテージで、バーベキューが楽しめるほか、ハンモックやドッグガーデンがあるコテージ、家族連れにも人気の1泊2食付きコテージ・オーベルジュなど、自然のなかで贅沢なステイができる。

↑食材は定番のBBQセットのほか、ほうとう、単品メニュー、ホールケーキなど種類豊富に取り揃える

↓コテージは全7種類17棟。2021年4月からメディテーション(瞑想)コテージが仲間入り

↑1・2階ともに大きなガラス窓を配したコテージ・グランオーベルジュ。1階にはリビングやウッドデッキがあり、2階は寝室が2つとバルコニーで、別荘に来たような気分で滞在できる

食 ハンモックカフェにダイニング リゾート内のグルメスポット

山中湖畔の四季を感じながら、好みのスタイルで富士山麓のグルメを味わえる。散策途中のブレイクタイムやランチ・ディナーに、地元の食材を使用したちょっぴり贅沢なメニューをどうぞ。

↑自然と一体になってリラックスできる

↑山梨県産食材のサンドイッチ726円(手前)

湖畔の木陰でのんびりゆったり

Hammock Cafe

ハンモック カフェ

ハンモックに揺られながら、コーヒーやビール、サンドイッチやホットドッグとともにリゾート気分を満喫。メニューはテイクアウトもできる。

営11:00(土・日曜・祝日、夏季10:00)～16:00(LO15:30) 休水・木曜(天候により変動、冬季クローズあり)

←ハンモックドッグ671円

→ハンモックドッグのほかチーズドッグなどもある

富士山麓の豊かな恵みを味わう

FUJIYAMA KITCHEN

フジヤマ キッチン

➡P.107

PICA山中湖のメインダイニングで、旬の地元食材を使った料理と、ソムリエが厳選した山梨甲州ワインを、開放的な雰囲気のなかで味わえる。

↑自然と一体になってリラックスできる

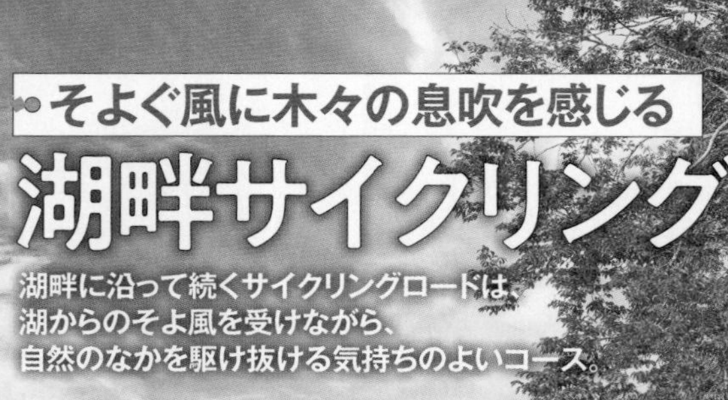

そよぐ風に木々の息吹を感じる

湖畔サイクリング

湖畔に沿って続くサイクリングロードは、
湖からのそよ風を受けながら、
自然のなかを駆け抜ける気持ちのよいコース。

富士山の景観を楽しみながらサイクリングができる

富士山を仰ぎ見ながら風を感じて アクティブに山中湖を体感

富士五湖のなかでも最大面積の山中湖の湖岸には、 サイクリングロードが整備されている。一周は約14kmで、比較的高低差が少ない走りやすいルートのため人気が高い。

所要◆約1時間30分

サイクリングコース

山中湖観光案内所
➡ 0.5km/2分
1 山中湖文学の森公園
➡ 1.2km/4分
2 旭日丘湖畔緑地公園
➡ 7.3km/20分
3 長池親水公園
➡ 2.2km/7分
4 山中諏訪神社
➡ 3.2km/13分
山中湖観光案内所

←自転車は湖畔のペンションやボート乗り場などで借りられる

→山中湖観光案内所は情報収集に立ち寄りたい。電気自動車の充電もできる

1 木立の中に散策路が続く 山中湖文学の森公園

やまなかこぶんがくのもりこうえん

MAP 付録P.10 C-4

約8万6000㎡の森の中には、 徳富(とくとみ)蘇峰(そほう)館や三島由紀夫(みしまゆきお)文学館、 山中湖ゆかりの文人、 歌人など詩歌の句碑が点在している。

☎0555-20-2655 所山梨県山中湖村平野506-296 開10:00〜16:30 (入館は〜16:00) 休月・火曜 (祝日の場合は翌日) 料公園は無料、三島由紀夫文学館・徳富蘇峰館は両館共通チケットで500円 交山中湖観光案内所から約0.5km Pあり

↑園内のどんぐりころころ池周辺は秋の紅葉が見事

←三島由紀夫の直筆原稿をはじめ貴重な資料を展示

レンタサイクルで出発

湖畔沿いにショップが点在

宿泊先でレンタルするのが簡単だが、湖畔沿いには貸しボートやレンタサイクルなどを行うお店があるので、のぞいてみたい。

湖明荘マリーナ

こめいそうマリーナ

MAP 付録P.10 C-4

☎090-3243-2313 所山梨県山中湖村山中236-13 営7:00〜17:00 (時間は応相談) 休無休 料実施内容により異なる 交山中湖観光案内所から徒歩10分 Pあり

PICA山中湖

ピカやまなかこ

MAP 付録P.11 D-4 ➡P.72

☎0555-62-4155 所山梨県山中湖村平野506-296 営7:00〜21:00 休水・木曜(繁忙期は無休) 料ビジター3300円、宿泊客1800円〜 交山中湖観光案内所から徒歩5分 Pあり

カフェ&オーベルジュ 里休

カフェ&オーベルジュ りきゅう

MAP 付録P.11 E-2 ➡P.110

☎0555-65-7870 所山梨県山中湖村平野2408-1 営11:00〜16:00 休不定休 料3時間2200円 交山中湖観光案内所から車で10分 Pあり

2 人気の紅葉名所
旭日丘 湖畔緑地公園
あさひがおかこはんりょくちこうえん

MAP 付録P.11 D-4

旭日丘交差点近くの湖畔にあり、毎年秋には「夕焼けの渚・紅葉まつり」を開催。夜間はライトアップされる。

☎0555-62-3100（山中湖観光協会）
所山梨県山中湖村平野
開休散策自由（ライトアップは16:30～21:00） 交山中湖観光案内所から約0.9km Pあり

春には桜、夏にはアジサイなども見られる

水のプロムナードにあるいにしえのポンプ（山中湖交流プラザきらら）

3 富士山の全景を一望
長池親水公園
ながいけしんすいこうえん

MAP 付録P.10 C-2

北岸にある人気スポットで、湖越しに絶景の富士山が見られる。遊歩道やサイクリングロード、駐車場が整備されている。

☎0555-62-3100（山中湖観光協会）
所山梨県山中湖村平野 開休料散策自由 交山中湖観光案内所から約5.1km Pあり

逆さ富士やダイヤモンド富士なども見られる

4 安産、子授けの守護神
山中諏訪神社
やまなかすわじんじゃ

MAP 付録P.10 A-2

豊玉姫命（とよたまひめのみこと）を祀り、縁結び、子授け、安産、子育てにご利益があるといわれる。9月の「山中明神安産祭り」は神輿に妊産婦など女性が集まることで有名。

☎0555-62-3952
所山梨県山中湖村山中御所13
開休料参拝自由 交山中湖観光案内所から約3.2km Pあり

本殿は天文21年（1552）に武田信玄が造営寄進したもの

散策後に立ち寄りたい
山中湖温泉 紅富士の湯
やまなかこおんせん べにふじのゆ

MAP 付録P.10 A-2

本物の富士山を正面に入浴

富士山を間近に眺めながら入浴できる、大庭園露天風呂がある日帰り温泉施設。冬の早朝には、朝焼けに染まった紅富士を見ることもできる。食事処を併設。

☎0555-20-2700 所山梨県山中湖村山中865-776 営11:00～19:00（土・日曜、祝日～20:00）※最終受付営業終了時刻45分前 休火曜（祝日の場合は営業）
料900円 交富士急行・富士山駅から周遊バスで30分、紅富士の湯下車すぐ Pあり

石造りと檜造りの露天風呂がある

原生林の世界と湖畔の美しさに感動

西湖周辺

さいこ

富士山の活動の軌跡が残るダイナミックな自然群をはじめ、茅葺きの家屋が並ぶ日本の原風景も外せない。

日本の原風景が広がる西湖いやしの里根場

富士山撮影の名所に樹海探検 ジビエなど大自然を五感で楽しむ

富士はどこから見ても感動的に美しいが、このエリアには特に印象的な展望スポットが点在。紙幣に描かれる本栖湖の逆さ富士や、大室山を抱くように見える精進湖の子抱き富士など、名前がつけられファンがカメラを携えて集う場所も多い。また、青木ヶ原樹海をはじめ、天然記念物の富岳風穴、氷柱の溶けない鳴沢氷穴などがあり、ネイチャーツアーも楽しい。さらにはジビエや地元の牧場で作った乳製品など食の楽しみも尽きない魅力的なエリアだ。

アクセス方法

※河口湖までのアクセスはP.46参照

●バス

富士急行・河口湖駅

- 西湖周遊バスで34分 → 西湖（西湖コウモリ穴）
- 鳴沢・精進湖・本栖湖周遊バスで37分 → 精進湖（精進）
- 鳴沢・精進湖・本栖湖周遊バスで47分 → 本栖湖

●車

河口湖IC

- 国道139号、県道714号・710号・21号で約20分 → 西湖
- 国道139号・358号、県道706号で約25分 → 精進湖
- 国道139号・300号、県道709号で約35分 → 本栖湖

観光のポイント

- ガイドと一緒に安全な探索が楽しめるツアーが充実。所要時間に合わせて選びたい
- 精進湖のすぐ近くに食肉加工場があり、富士山麓の鹿肉を使った料理を供する店も
- 千円札の逆さ富士は写真家・岡田紅陽が中ノ倉峠から撮影。展望台があり、今も同じ景色が見える

樹海や溶岩洞穴など、雄大な自然が残る

約40㎢の広大な「樹の海」は
森林浴ができる癒やしスポット

青木ヶ原樹海

あおきがはらじゅかい

西湖 MAP 付録P.12A-4

富士山がつくり上げた樹海は、貴重な生態系が存在する自然の宝庫。一歩足を踏み入れれば、その美しさと奥深さに魅了される。

溶岩ドームや溶岩鍾乳石、溶岩棚など、洞穴内のコースは見どころ満載

5種類のコウモリが生息する
最大規模の溶岩洞穴へ潜入

西湖コウモリ穴

さいこコウモリあな

西湖 MAP 付録P.12B-3

総延長350m以上になる富士山麓最大規模の溶岩洞穴。ヘルメットを着用して入洞する。溶岩が流れた跡が岩肌に残り、ちょっとした探検気分が味わえる。

足元に気をつけて歩きたい

所 山梨県富士河口湖町西湖2068
開 9:00〜17:00(受付は〜16:30)
休 12月1日〜3月19日　料 350円
P あり

神聖な空気が満ちる
パワースポット

竜宮洞穴

りゅうぐうどうけつ

西湖 MAP 付録P.12A-4

水の神を祀り、かつてはここで雨乞いの儀式が行われていたという。周囲には大木が生い茂り、神秘的な雰囲気を醸し出している。

落石のおそれがあるため、2024年現在は入洞を禁止

SCHEDULE 所要3時間

10:00 スタート地点は西湖ネイチャーセンター。ツアーの受付を済ませたら、ガイドさんと出発。

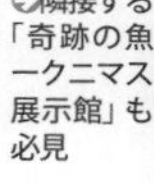

隣接する「奇跡の魚ークニマス展示館」も必見

10:10 まずは西湖コウモリ穴の中を見学。天井が低く足場が悪くて滑りやすいので、トレッキングシューズを履いたほうが安心だ。

10:40 ヒメネズミやリス、鹿など多くの動物たちが生息する樹海を進む。大自然が生んだ奇形の樹木や美しい苔など撮影ポイントも満載。

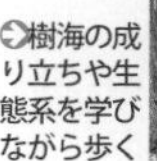

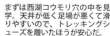

樹海の成り立ちや生態系を学びながら歩く

11:30 竜宮洞穴までの道は足場が悪いため、足元に注意して歩きたい。

12:10 紅葉台の展望台までは山を登るのでそれなりの装備を。富士山を真正面に望む絶景が楽しめる展望台は入場料150円が必要。

富士山が目の前に。360度のパノラマが広がる

13:00 西湖ネイチャーセンターに戻って解散。森林浴で爽快な気分。

※西湖コウモリ穴を含めた予約ガイドツアー参加の場合

地下に延びる氷の世界へ

洞窟探検

洞窟内の平均気温は3℃とまるで天然冷蔵庫。
富士山の火山活動で生まれた天然記念物の洞窟を巡る。

天然の冷蔵庫としても使われた
富岳風穴

Ⓐ階段
入口の穴を下から見上げるとハート形に見える。地下はまるで別世界だ

悠久の時を経て現存する 歴史的にも価値ある横穴溶岩洞窟

国の天然記念物にも指定されている富岳風穴は青木ヶ原樹海にあり、総延長201m、高さ(最高)8.7mの横穴洞窟。平均気温3℃の、夏でもひんやりとしている環境を利用し、昭和初期まで天然の冷蔵庫として樹木の種子や蚕の繭の貯蔵に使われていた。玄武岩質が音を吸収するため、内部は声や音が反響しない。

富岳風穴
ふがくふうけつ

西湖 MAP 付録P.12 A-4

☎0555-85-2300 所山梨県富士河口湖町西湖青木ヶ原2068-1 開9:00〜17:00(季節により変動あり) 休無休(12月に臨時休業あり) 料350円 交富士急行・河口湖駅から周遊バスで29分、富岳風穴下車、徒歩2分 Pあり

おみやげチェック

森の駅 風穴
もりのえき ふうけつ

施設内では、みやげ物の購入や、フードコーナーでおいしいものを食べてひと休みができる。

➲コーンポタージュ風味のソフトクリーム450円

Ⓕヒカリゴケ
暗い洞窟の中でも弱い光を受け光ったように見えるヒカリゴケが自生している

Ⓓ縄状溶岩
うねるような溶岩の様子がまるで縄のように見えておもしろい

Ⓔ天然貯蔵庫
温度の安定している最深部は天然の冷蔵庫として活用されていた部分

①富岳氷穴洞窟MAP

Ⓐ 入口 ●溶岩地 Ⓑ Ⓒ Ⓓ Ⓔ Ⓕ

Ⓒ溶岩棚
流れた溶岩が棚のような形に固まったところ

Ⓑ氷柱
冬場は天井から滴り落ちる水滴が凍って徐々に積み重なり、柱状になる

洞窟内には2つのトンネル

鳴沢氷穴

Ⓔ氷柱

天井から落ちる水滴が凍ってできる氷柱は、2～5月に最も大きくなる

自然がつくり出す氷柱（つらら）は芸術作品 樹海の神秘を肌で感じる洞窟

1150年以上前の富士山の貞観（じょうかん）の大噴火によって溶岩の上に形成された樹海。その中に生まれた環状型の竪穴洞窟は世界でも希少な存在だ。全長150m、地下21m、所要約12分のコースを歩けば、無数の氷柱が立ち並び、自然が生み出すダイナミックなアートに出会える。平均気温3℃の空間はまさに天然のクーラーのよう。

鳴沢氷穴

なるさわひょうけつ

西湖 MAP 付録P.12 A-4

☎0555-85-2301 所山梨県鳴沢村8533
開9:00～17:00(季節により変動あり)
休無休(12月に臨時休業あり) 料350円
交富士急行・河口湖駅から周遊バスで28分、鳴沢氷穴下車、徒歩5分 Pあり

おみやげチェック

鳴沢氷穴売店

なるさわひょうけつばいてん

入口には売店があり、オリジナルグッズを販売。氷穴の歴史や仕組みについてもパネルで紹介している。

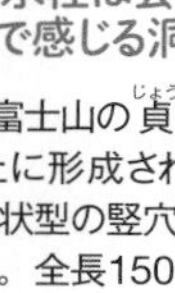

名物の信玄きなこパフェ600円もおすすめ

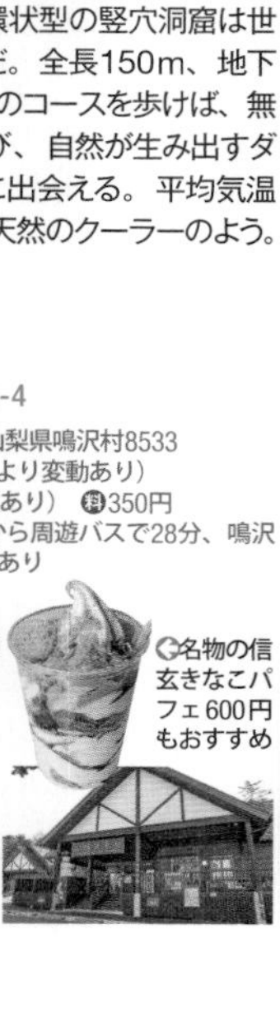

Ⓐ階段

階段は濡れていて滑りやすいので気をつけて。かつては階段下に繭や種子の保存に使われていたという種子貯蔵庫があった

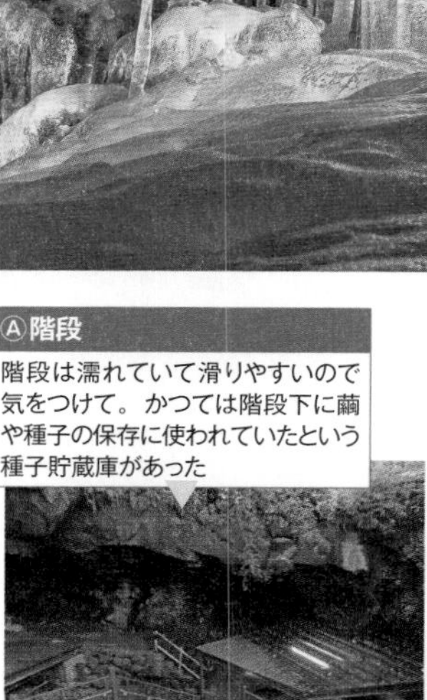

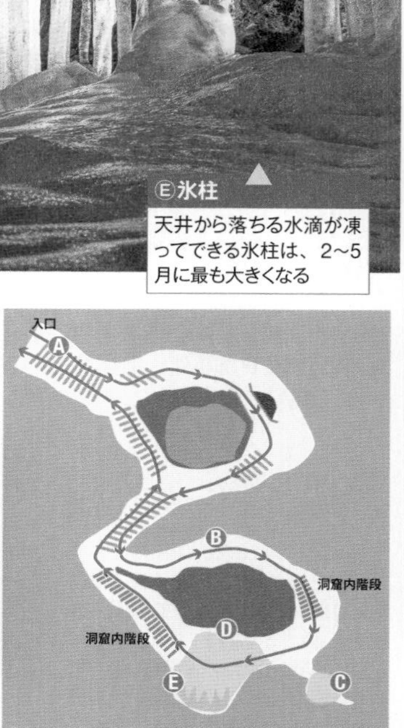

Ⓑ溶岩トンネル

巨木の跡がトンネルになった部分は天井の高さが91cm。頭上に十分注意を

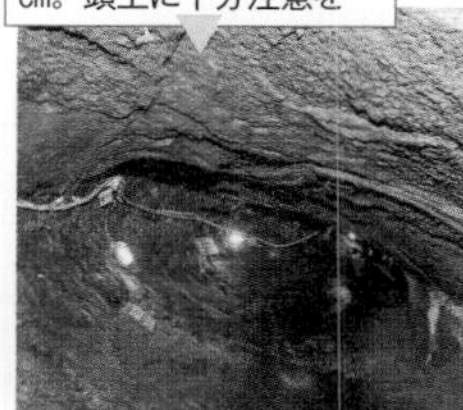

入口
洞窟内階段
洞窟内階段

②鳴沢氷穴洞窟MAP

Ⓓ氷の壁

深さ5mの「氷の池」の脇には、無数の氷のブロックを積み重ね、氷の貯蔵庫を再現

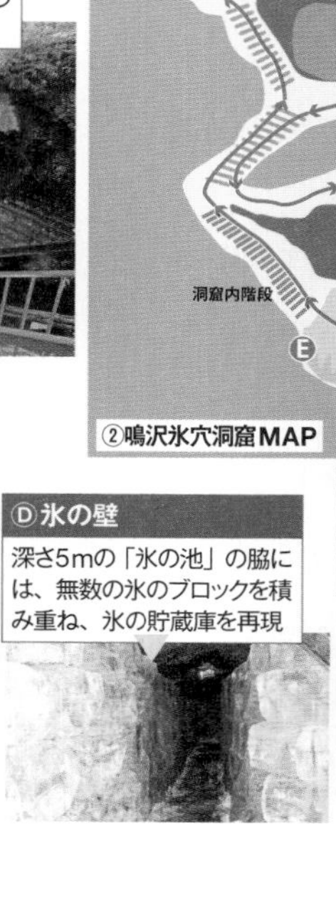

Ⓒ地獄穴

奥深くまで竪穴が続く部分は地獄穴と呼ばれる。危険なので立ち入り禁止

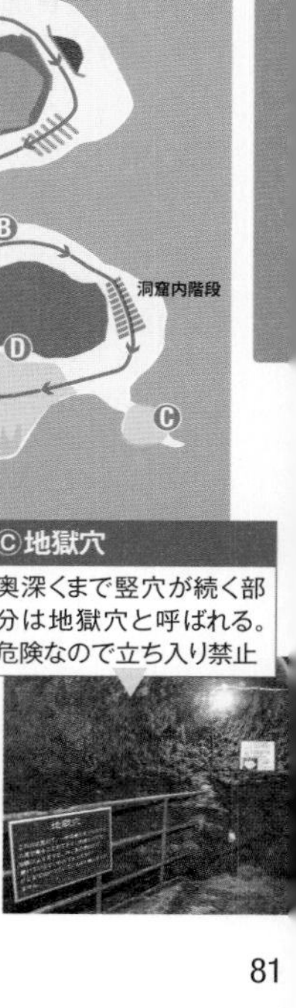

かぶと造りの茅葺き民家が並ぶのどかな農村風景

茅葺きの日本家屋が立ち並ぶ複合施設

蘇ったふるさとの風景

茅葺きの集落が並ぶ施設では、それぞれの建物内で手作り体験や食事処、地場産品の展示・販売を行っており、のんびりと散策が楽しめる。

懐かしい日本のふるさとで ぬくもりにふれる癒やしの時間

昭和41年(1966)の台風被害でそのほとんどが失われた茅葺き集落を、40年余の歳月を経て再生。富士を正面に立ち並ぶ「かぶと造り」と呼ばれる20棟の茅葺き民家で、手作り体験や食事、地元農産物の買い物などが楽しめる。ひなまつり、七夕まつりなど「ふるさとの四季」をテーマにしたイベントも開催。

西湖いやしの里根場

さいこいやしのさとねんば

西湖 MAP 付録P.12 A-3

☎0555-20-4677(総合案内所) 所山梨県富士河口湖町西湖根場2710 開9:00～17:00 12～2月9:30～16:30(最終受付は閉場の各30分前) 休無休 料500円 交富士急行・河口湖駅から周遊バスで40分、西湖いやしの里根場下車すぐ Pあり

旧渡辺住宅

養蚕が盛んだった頃の養蚕民家の暮らしを再現。登録有形文化財

せせらぎ屋

昔の農機具を展示。絵手紙作家の作品展示やスズ竹工芸の実演も

水車小屋

いやしの里のシンボル

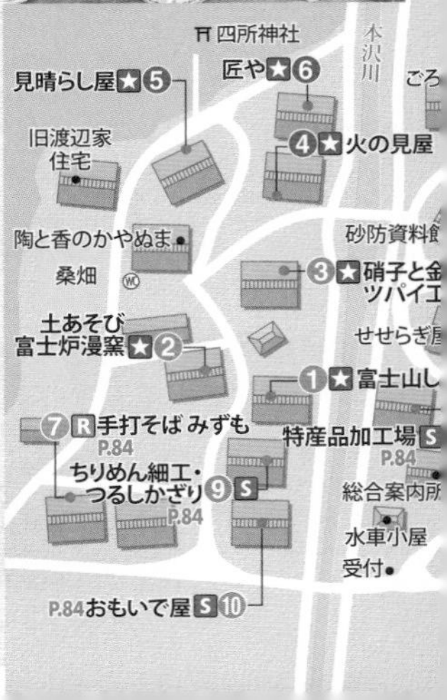

四所神社
本沢川
見晴らし屋★5
匠や★6
旧渡辺家住宅
4★火の見屋
陶と香のかやぬま
桑畑
3★硝子と金ツパイエ
土あそび富士炉漫窯★2
1★富士山し
7 R 手打そば みずも P.84
特産品加工場 S P.84
ちりめん細工・つるしかざり 9 S P.84
総合案内所
水車小屋
受付
P.84 おもいで屋 S 10

西湖いやしの里根場で手作り体験

ヘラ彫金や万華鏡作りが楽しめる(硝子と金工・ツパイ工房)

クラフトワークを楽しむ

伝統工芸品や郷土文化の体験など、5軒の体験施設がある。工芸家の作品も展示されており、販売も行っている。

色付け体験

アクリル絵の具を使って、筆・植物などで色付け。店内では国産シルクの作品を展示・販売

1 富士山しるく
ふじさんしるく

体験 買う

真っ白なシルクに色付け体験

富士吉田で江戸時代から続く織物業者が施設を運営。シルク製の巾着に絵を描いたり植物でスタンプを押したりして、オリジナルの巾着袋が作れる。

☎070-4812-4212 料900円～(所要30分)

ふくろう作り体験

胴体にパーツを取り付け、棒などの道具で目や模様を描く。ふくろう作品が並ぶ店内

2 土あそび富士炉漫窯
つちあそびふじろまんがま

体験 買う

幸せを呼ぶふくろうを旅の記念に

粘土遊び感覚で陶芸体験を楽しめる館。ふくろう、湯呑みなどを手びねりで作る。完成後は焼成して1カ月後に届けてくれる。

☎080-5024-5735 料3000円(所要30～60分)、完成作品の送料は着払い

ヘラ彫金

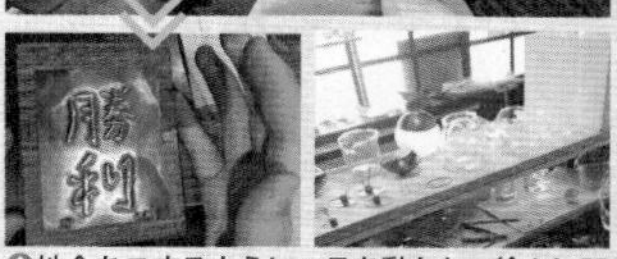

地金をこするようにヘラを動かし、徐々に凹凸をつける。作品が見られる展示室もある

3 硝子と金工・ツパイ工房
がらすときんこう・ツパイこうぼう

体験 買う

ヘラを使って自分だけの銅版作り

ガラスや金属の工芸品を見ることができる。また、薄い銅版に凹凸をつけて模様をデザインするヘラ彫金や、万華鏡を作る体験ができる。

☎050-5374-9756 料900円～(所要30分)

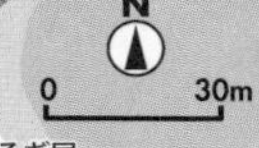

4 火の見屋
ひのみや

展示

鎧を着て戦国武将気分を満喫

戦国時代以降の日本文化を紹介する特別企画展を開催。鎧姿で記念撮影できる着付け体験が人気だ。

☎0555-20-4677(総合案内所) 料着付け体験2000円(要予約)

「戦国武将武田展」を常設展示

5 見晴らし屋
みはらしや

展示

心を和ませる絵画が見どころ

名称のとおり、2階からの眺めが絶品。『まんが日本昔ばなし』など画家前田こうせい氏の原画展を開催。

☎0555-20-4677(総合案内所)

2階から富士山と里が見渡せる

6 匠や
たくみや

展示

工芸品のギャラリー

陶芸家と藍染作家が主宰するギャラリー。両者の作品や、県内で創作活動をしている工芸作家の企画展を随時行っている。

☎0555-20-4677(総合案内所) 料無料

多種多様な作品は購入もできる

西湖いやしの里根場で
食べる＆買う

郷土料理に地場産品

散策や体験後に訪れたい食事・買い物スポット。店内の窓越しに眺める景色ものどかで癒やされる。

予約 可
予算 Ⓛ1000円〜

↑ゆったりとした時間が流れる和の空間

7 手打そば みずも

てうちそば みずも 食べる

技とこだわりが伝わる 石臼挽きの手打ちそば

毎朝、石臼で挽く香り豊かなそば粉を使った手打ちのそば処。喉ごしのよいそばメニューのほか、手作りそば団子やぜんざいなどのデザートも評判。

☎080-2378-0008

↑厚みのある鴨を贅沢にそばと楽しめるつけ鴨せいろ1900円

↑甘味のほか、ランチを味わいながらゆっくり過ごせるお店

8 茶処 青龍亭

ちゃどころ せいりゅうてい 食べる

季節の風景を眺めながら 茅葺き屋根の下でひと休み

軽食や飲み物も提供する里の甘味処。畳のお座敷席に上がり、のどかな里の風景を見ながらくつろげる。ボリューミーな白くまかき氷700円も人気。

☎0555-20-4677

↓里内で栽培されている野菜を使った、季節の野菜カレー750円

↑きなこ、花見、みたらしなどのお団子が楽しめる彩り団子＆抹茶1000円

↑つるしびなが彩り華やかに飾られた店内。小物作り体験も実施

9 ちりめん細工・つるしかざり

ちりめんざいく・つるしかざり 体験 買う

日本古来の伝統文化を伝える 古布で縫い上げる雛飾り

子どもの成長を祈り一針一針縫い上げ雛祭りに飾る、江戸時代から伝わるつるしびなを紹介する館。ひとつひとつに願いが込められたお飾りは、贈り物にもおすすめ。

☎090-6141-5859

↑店の玄関では、店主の手作り作品がお迎え

10 おもいで屋

おもいでや 買う

県内の人気＆名物お菓子や ほうとうも揃うみやげ処

県内の特産品や工芸品を販売。山梨県限定販売や富士山パッケージのお菓子、名物のほうとうのほか、かわいい雑貨も販売。お気に入りの品が見つかるはず。

↑子ども時代が蘇る懐かしさが漂うお店

☎0555-20-4677（総合案内所）

←オリジナルの富士山クッキー650円（16枚入り）

→プレゼントにも合うかわいい富士山柄の和たおる550円。肌ざわりが気持ちよいコットン100％

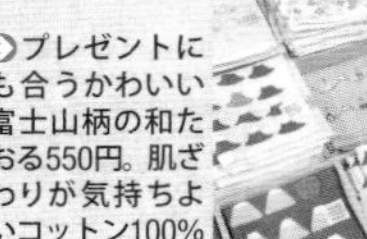

11 特産品加工場

とくさんひんかこうじょう 買う

オリジナルもたくさん 地元の味が大集合

地元の農産物や加工品を販売。地酒や健康茶などのオリジナル商品やスズ竹の工芸品も揃う。期間限定で地元の採れたて野菜が登場。

☎0555-20-4677（総合案内所）

↑きりっと辛口の地酒西湖いやしの里1500円

↑新鮮でお手ごろ価格の地元野菜も人気

←くろもじの木のお茶（小）510円

↘黒米、ブレンドの古代米各500円（小）

富士山の清らかな湧き水が魚をおいしく磨き上げます

西湖で育ったヒメマス・ワカサギ

ヒメマスやワカサギ釣りは3~5月、10~12月の年に2回の解禁を迎え、釣りも楽しめる西湖。美しい水の中で育った魚はおいしいと評判。湖のほとりで新鮮な産物を食したい。

ヒメマスフライ定食1880円
サクッと揚がったヒメマスフライに、野菜の天ぷらをたっぷり添えて、ボリューム満点の定食に

さわやかな風が吹き抜けるテラス席で、抜群のレイクビューを楽しんで

静かに水をたたえる西湖を眺め
愛犬とくつろぎのひとときを

サン・レイク

西湖 MAP 付録P.12 C-3

西湖の湖畔にたたずむ宿泊施設&レストラン。名物のヒメマス料理をはじめ、カレーやスパゲティなど軽食が味わえる。店内とテラス席は犬連れOK。ロッジやキャビンもペット宿泊可能。広々としたドッグランもある。

☎0555-82-2933
所 山梨県富士河口湖町西湖2204
営 8:00~19:00(季節により変動あり)
休 不定休　交 富士急行・河口湖駅から周遊バスで29分、駒形下車すぐ　P あり

予約 可
予算 LD 1000円~

西湖の南岸にオープンして30年。ペット連れ大歓迎

目の前に広がる景色を楽しみつつ
ワカサギ料理に舌鼓

岬
みさき

西湖 MAP 付録P.12 C-3

西湖のほとりにあるこの店では、清浄な自然のなかで育ったヒメマスやワカサギの料理がおすすめ。ぬくもりのあるログハウス調の店内からは、西湖を眺めながら食事ができる。テラス席では愛犬と一緒の食事も可能。

予約 可
予算 L 1000円~
D 2000円~

☎0555-82-2490
所 山梨県富士河口湖町西湖701-3　営 9:00~20:00(冬季10:00~18:00)
休 不定休　交 富士急行・河口湖駅から周遊バスで25分、西湖東口下車すぐ
P あり

眼下に西湖、開放感あふれる屋外のテーブル席

女将さんが趣味で集めた陶器の展示も

わかさぎフライ定食1690円
新鮮なワカサギのフライを、揚げたてで食べられる人気の定食。小鉢も付いてバランスもよい

緑豊かな草原と富士山信仰のメッカ

朝霧高原・富士宮

あさぎりこうげん・ふじのみや

観光のポイント

- 富士山本宮浅間大社やその境内にある湧玉池をはじめ、富士山のパワースポットがたくさん
- 牧場の搾りたて牛乳を使って作る乳製品や日本酒の蔵元、ニジマスの養殖と食材の宝庫
- アクティビティ充実の朝霧高原。富士を眺めつつ広大な空を舞うパラグライダーは特に人気

富士西麓のエリアは全国の浅間神社の総本宮を擁する富士宮、牧歌的な風景が広がる朝霧や美しい名瀑など多彩な顔を持つ。

富士の麓に広がる朝霧高原

富士山周辺エリアの魅力が詰まった観光、グルメの充実エリア

富士山をご神体として祀る富士山本宮浅間大社を中心に、富士山信仰に関わる世界遺産の構成資産が多い富士宮。ほかにも白糸ノ滝や田貫湖といった景勝地、ラフティングやパラグライダー、ゴルフ、キャンプなどのレジャー施設、多彩なハイキングコースなど、街も自然も楽しめる充実のエリアだ。B級グルメの王者、富士宮やきそばや朝霧高原で採れる濃厚なミルクを使ったチーズやソフトクリーム、ワインや日本酒などの地酒まで、食の楽しみも尽きない。

浅間神社の総本山、富士山本宮浅間大社

オフロード用セグウェイで大自然を行く

アクセス方法

●鉄道

JR東京駅
↓JR東海道新幹線で53分
三島駅
↓JR東海道本線で30分
富士駅
↓JR身延線で18分
富士宮駅
↓富士急行・富士山駅方面行きバスで32分
朝霧高原

●バス

東京駅
↓高速バスで2時間36分
富士宮駅

●車

東京IC
↓東名高速道路・新東名高速道路で1時間30分
新富士IC
↓国道139号・県道76号で20分
富士宮市街
↓国道139号で30分
朝霧高原

避暑地としても有名な霧の高原

朝霧高原

あさぎりこうげん

雨が多く、夏でも涼しい高原の気候は牧草や牛の育成に最適。水はけのよい火山灰土の地質も手伝って数多くの牧場が集まる。また、パラグライダーが盛んな地としても有名だ。

富士山のパワーと美酒美食の街

富士宮

ふじのみや

富士山本宮浅間大社の門前町として発展を遂げてきた富士宮市。山海の幸に恵まれたエリアであり、富士の湧き水が豊かな土地柄であることから、質の高い食と日本酒が楽しめる。

お役立ちinformation

朝霧高原・富士宮周辺をまわるバス

朝霧高原へは、富士宮駅を拠点とする路線バスを利用するが、1日3本程度と便数が少ないので、事前にバスの時刻を確認しておきたい。

強力くん（ごうりきくん）

富士山南麓の世界遺産の構成資産などを巡る観光バス。名所によっては観光ガイド付きで案内してくれる。見学時間に合わせてバスが出発するのでエリアを周遊するのに便利。午前と午後で2つのルートがあり、前者は富士宮駅を出発し、富士山本宮浅間大社をはじめ、3つの神社を巡る。後者は白糸ノ滝をはじめ朝霧高原へ向かって北上するルート。

☎0544-26-8151（富士急静岡バス）
運行時間 午前ルート9:30〜12:35、午後ルート13:00〜17:10
料金 1日乗車券3000円、午前ルート1200円、午後ルート2300円
便数 土・日曜、祝日限定運行の各ルート1日1便

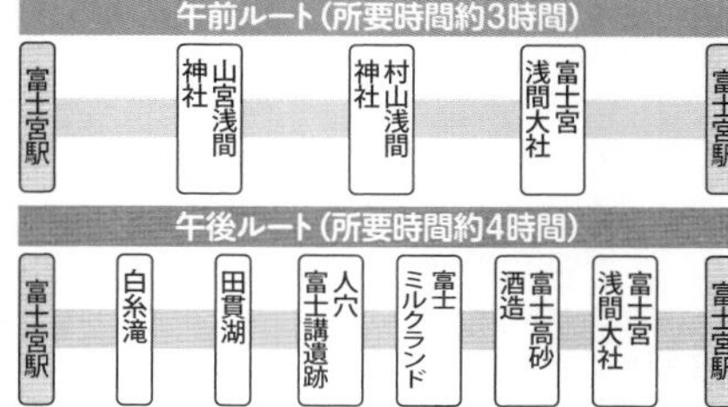

牧歌的な風景や美しい花々を愛でる

すがすがしい富士山麓で体験

日本有数の酪農地帯である朝霧高原には、観光牧場が点在し、動物とのふれあいや食にまつわる体験が楽しめる。さわやかな高原の風を感じながら自然とふれあいたい。

まかいの牧場

まかいのぼくじょう

朝霧高原 MAP 付録P.18 B-3

広大な敷地にスポット点在 大人も子どもも楽しめる

敷地内には馬やヤギなど約10種類の動物たちが暮らし、食の体験教室、アスレチック、レストランなどが揃う。売店では新鮮な乳製品やスイーツ、地元野菜を販売。おみやげにもぴったり。

☎0544-54-0342 所静岡県富士宮市内野1327-1 開9:30～17:30(10月21日～2月20日は～16:30) 最終受付は閉場の各30分前 休12月1日～3月20日の水・木曜 料1200円(12月～2月1000円) 交JR富士宮駅から富士急行バス・富士山駅行きで25分、まかいの牧場下車すぐ Pあり

マルシェ富士山
売店内で新鮮野菜を販売

日帰りグランピング

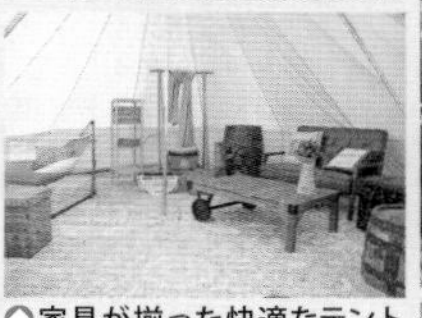
家具が揃った快適なテントでデイキャンプが楽しめる

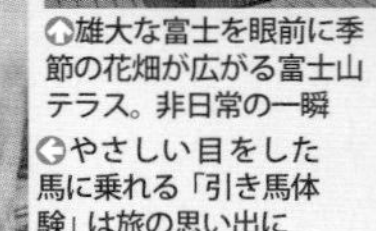
雄大な富士を眼前に季節の花畑が広がる富士山テラス。非日常の一瞬

やさしい目をした馬に乗れる「引き馬体験」は旅の思い出に

食と動物とのふれあい

ソーセージ作り体験

材料を混ぜ合わせ、本物の羊の腸に詰める作業が体験できる。

時間 1時間(出来上がりまで+40分) 料金 1600円 予約 当日受付可

おさんぽヤギ

まかいの牧場内をヤギと一緒におさんぽできる。

時間 20分 料金 300円 予約 当日受付可

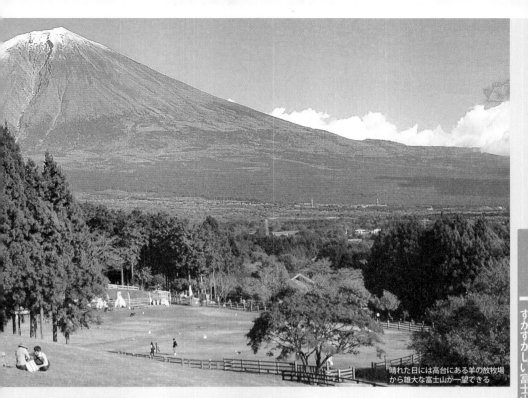

晴れた日には高台にある羊の放牧場から雄大な富士山が一望できる

富士ミルクランド

ふじミルクランド

朝霧高原 MAP 付録P.18 B-3

高原のグルメが勢揃い 自然のなかで牧場体験

朝霧高原の牧場地帯にある観光施設。富士山を望む広大な敷地に、レストラン、ショップ、ロッジ、動物ふれあい広場などが点在。新鮮な牛乳で作った乳製品はおみやげにもおすすめ。

☎0544-54-3690 所静岡県富士宮市上井出3690 開10:00〜16:00(土・日曜、祝日〜17:00)、ふれあい広場10:00〜16:00(土・日曜、祝日〜17:00) 休無休 料無料 交JR富士宮駅から富士急行バス・富士山駅行きで25分、まかいの牧場下車、徒歩20分 Pあり

農産品直売所

採れたて新鮮な地元野菜や加工品が並ぶ

動物ふれあい広場ではヤギや羊たちがお出迎え

自炊ができるロッジ。目の前の芝生でバーベキューもできる

ふれあう牧場体験

引き馬体験

100mの馬場をぐるっと一周、インストラクターさんの話を聞きながら馬にまたがってさんぽ。

時間 11:00〜15:00

料金 700円　予約 不要

エサやり体験

ヤギに新鮮な野菜のエサをあげられる。動物たちと間近でふれあえるのは楽しい。

時間 10:00〜16:00

料金 100〜300円　予約 不要

道の駅 朝霧高原(P.127)に隣接。木々に囲まれた立地

新鮮な野菜や乳製品をたっぷり使ったメニューが人気

朝霧高原で搾られた牛乳を使った乳製品や菓子を販売

あさぎりフードパーク

朝霧高原 MAP 付録P.18 B-1

こだわりの食品工房が集合 富士山の食を手作り体験

朝霧高原の大自然のなかで、6社の食品工房の製造工程の見学、試食、手作り体験ができ、家族で楽しめる食のテーマパーク。レストランでは、地元食材を取り入れたビュッフェが食べられる。

☎0544-29-5101 所静岡県富士宮市根原449-11 開9:30～16:30 12～2月9:30～16:00 休12～2月の木曜、ほか不定休 料無料 交JR富士宮駅から富士急行バス・富士山駅行きで37分、道の駅朝霧高原下車すぐ Pあり

「食」がテーマの体験が充実

芋けんぴやクッキー作りの体験もある

バター作り体験

専用の容器を10～15分振るだけでバターが完成。特製あさぎり牛乳パンにつけて食べよう。

時間 20～30分
料金 800円(人数による)
予約 当日受付可

芋けんぴ作り体験

芋けんぴカッターで芋をカットし、米油で揚げたあと、専用釜で蜜に絡めるまでの流れを体験。

時間 2時間
料金 5000円
予約 1週間前

富士花鳥園

ふじかちょうえん

朝霧高原 MAP 付録P.18 B-1

一年中咲き誇る花が楽しめ かわいい鳥たちとふれあう

全天候型の空調ハウスの中では、一年中ベゴニアやフクシアなどさまざまな花を楽しめる。またフクロウをはじめペンギンやエミューといった多くの鳥たちが出迎えてくれ、鳥とふれあうこともできる。

☎0544-52-0880 所静岡県富士宮市根原480-1 開9:00～17:00(12月1日～3月31日は～16:00) 最終入園は閉園の各30分前 休木曜日 料1400円 交JR富士宮駅から富士急行バス・富士山駅行きで37分、道の駅朝霧高原下車、徒歩10分 Pあり

約20種類もの世界のフクロウとミミズクがいる

入口そばにある巨大なベゴニアの富士山。人気の記念撮影スポットだ

球根ベゴニアは大輪八重の花が特徴

鳥好きにはたまらないイベント

エミューやペンギンへのエサやりも開催

フクロウ腕乗せ体験

ヒナから育てられ人に馴れているので腕に乗せることもできる。フクロウと2ショットを撮ろう。

時間 10:30～、13:30～のショーのあと(1日2回)
料金 300～500円
予約 不要

バードショー

フクロウの活発な姿を、羽音も聞こえるくらい間近で見られる。毎回人気の楽しいイベント。

時間 13:30
料金 無料
予約 不要

富士山の麓で作られたフレッシュな乳製品がおいしい

牧場グルメをお持ち帰り

搾りたての牛乳や新鮮な卵を使って作る乳製品は、どれも味が濃厚でおいしい。おみやげにも喜ばれる、朝霧の大自然のなかで育まれた牧場からの贈り物。

自家製低温殺菌ノンホモ牛乳

搾りたての牛乳を牧場内の工場で低温殺菌。630円(900mℓ)
●まかいの牧場

自家製生乳100%のむヨーグルト

新鮮な生乳で作るなめらかで上品な甘さのヨーグルト280円(150mℓ)
●まかいの牧場

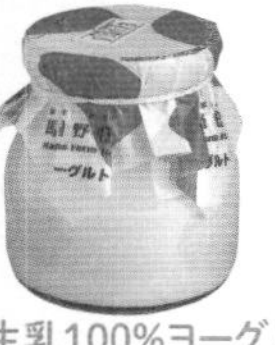

自家製生乳100%ヨーグルト

脂肪球を均質化していないノンホモタイプで、あっさりした酸味がクセになる。280円(115g)
●まかいの牧場

手作り富士山チーズケーキ

しっとりと焼き上げた濃厚でコクのあるチーズケーキ1650円
●まかいの牧場

いでぼくブラン牛乳

希少価値の高いブラウンスイス種の牛乳560円(500mℓ)
●いでぼく

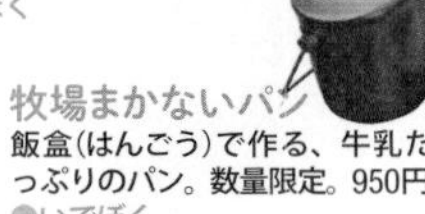

牧場まかないパン

飯盒(はんごう)で作る、牛乳たっぷりのパン。数量限定。950円
●いでぼく

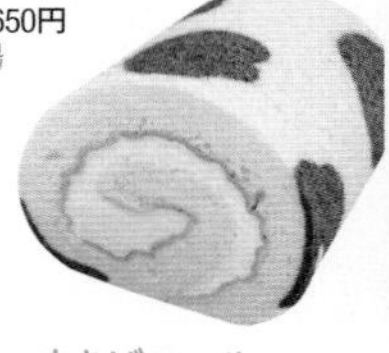

まきばロール

朝霧高原の牛乳と卵を使用し焼き上げた牛柄のロールケーキ。190円
●富士ミルクランド

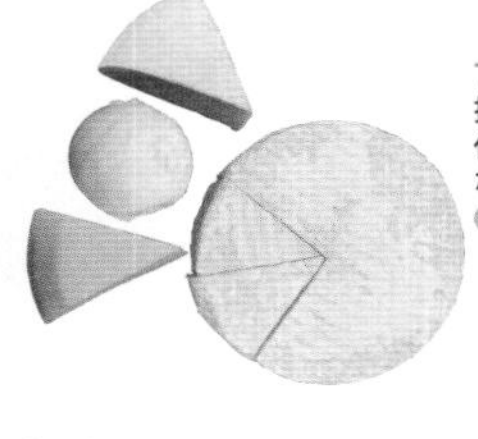

ナチュラルチーズ

搾りたての生乳から作る手作りチーズ。モッツァレラなど7種類ある。800円～
●いでぼく

富士ミルクランド牛乳

朝霧の澄んだ空気と富士山の伏流水で育った牛のミルク400円(1000mℓ)
●富士ミルクランド

モッツァレラチーズ

自家製牛乳を使ったモチモチ食感が特徴のチーズ。700円(100g)
●まかいの牧場

いでぼくジェラート

ミルク、抹茶、チョコチップなど約13種類のフレーバーが揃う。460円
●いでぼく

牧場らしい顔の見える商品 ➡P.88

売店〈まかいの牧場内〉

ばいてん

朝霧高原 MAP 付録P.18 B-3

製造部門「らくのうfactory」で作る自家製商品を多数販売。

乳製品からスイーツまで ➡P.89

まきばショップ〈富士ミルクランド内〉

朝霧高原 MAP 付録P.18 B-3

こだわりのチーズや風味豊かな乳製品、地域の特産品が並ぶ。

朝の搾りたて牛乳をその日のうちに加工

いでぼく

富士宮 MAP 付録P.4 B-2

「命」を育てるという想いのもと、ホルスタイン種、ジャージー種、ブラウンスイス種の3種類を飼育。2012年から9年連続で関東生乳品質改善共励会の最優秀賞を受賞している搾りたて牛乳が絶品。

↑そよ風が心地よいテラス席

↑日本ではとても珍しいブラウンスイス種

☎0544-58-6186 所静岡県富士宮市北山4404-2 営通年平日10:00～17:00土日祝10:00～18:00(冬季は17:00まで営業) 休月曜(祝日の場合は営業、夏季は無休) 交JR富士宮駅から富士急行バス・白糸の滝方面行きで20分、北山出張所下車、徒歩15分 Pあり

青い空、広がる草原のなかで

高原アクティビティ

富士山麓の雄大な景色を眺めながら、
大自然との一体感をアクティブに楽しみたい。

高原遊びをチェック

タンデムフライトコース

1人1万円

操縦はインストラクターにおまかせで、一緒に高い高度からのフライトが満喫できる初心者におすすめのコース。

アサギリ高原パラグライダースクール

アサギリこうげんパラグライダースクール

朝霧高原 MAP 付録P.18 B-1

さわやかな高原の風に乗って空から富士山の雄姿を仰ぐ

老若男女を問わず、初心者でも手軽にパラグライダー体験ができる。体験フライトコースやタンデムフライトコースから、各種ライセンス取得コースまで充実したラインナップ。

☎0544-52-1031
所静岡県富士宮市根原282-1
営9:00〜17:00 休無休 交JR富士宮駅から富士急行バス・富士山駅行きで37分、道の駅朝霧高原下車、徒歩10分 Pあり

高原遊びをチェック

体験+タンデムフライトコース

1人1万5000円

22mの丘から1人で飛べる体験フライトと、インストラクターと一緒に乗ってフライトするタンデムフライトが両方でき、雄大な景色が堪能できる。オプションで動画撮影は2000円。

ナチュラルアクションアウトドアツアーズ

富士宮 MAP 付録P.4 A-3

大地を駆け抜け、水上を行く富士山の麓をアクティブに体感

富士山の麓、富士川で大自然を満喫。ラフティングを中心に脱日常のアウトドア体験を提供している。

☎0544-65-1123
所静岡県富士宮市内房2193-8 営9:00〜18:00
休不定休 交MTBツアー集合場所:JR富士宮駅から富士急行バス・休暇村行きで46分、田貫湖キャンプ場下車すぐ Pあり

高原遊びをチェック

MTB半日ツアー

1人7800円

(最少催行人数4名)富士山の大パノラマを眺めながら、草原や原生林の中を駆け抜けていく。

高原遊びをチェック

マウンテンバイク

1人3時間以上3000円(3時間以内2000円)

森の中のマウンテンバイクコース(1名500円)を走れるほか、富士山を望める芝生エリアなど自由に走ることができる。

ふもとっぱら

朝霧高原 MAP 付録P.18 A-1

自然のなかの生活がコンセプト「ふもと」の自然体験休暇施設

富士山を望む草原や木々に囲まれた場所にキャンプ場やコテージなどの宿泊施設があり、オートキャンプやデイキャンプが楽しめる。マウンテンバイクを使って朝霧高原を爽快に走ることができる。

☎0544-52-2112
所静岡県富士宮市麓156 営8:30〜17:00
休無休 交JR富士宮駅から富士急行バス・富士山駅行きで33分、朝霧グリーンパーク下車、徒歩30分 Pあり

白糸ノ滝には2か所の展望台を設置。階段を下りて滝壷にも近づける

富士山の雪解け水が勢いよく流れ落ちる

美しい滝巡り

世界遺産の名瀑をはじめ、富士山麓には轟音をあげて流れる滝が点在している。

白糸ノ滝

しらいとのたき

世界遺産

富士宮 MAP 付録P.18 B-4

天下の名瀑とされる美しい滝

落差約20m、幅約150mで白い絹糸のように幾筋もの水が流れ落ちるところから名付けられ、国の名勝および天然記念物に指定されている。流れ出る湧き水はほとんどが富士山の伏流水で、水量は毎秒1.5tにもおよぶ。源頼朝が富士の巻狩りの際にこの滝の歌を詠んでいる。

白糸ノ滝のすぐそば、源頼朝の伝説が残るお鬢(びん)水

☎0544-27-5240(富士宮市観光協会) 所静岡県富士宮市上井出 開8:30～17:00 休無休 料無料 交JR富士宮駅から富士急行バス・白糸の滝方面行きで30分、白糸の滝観光案内所前下車、徒歩5分 Pあり

白糸ノ滝の近くにあり、白糸ノ滝とは対照的に豪快な滝

☎所開休料交P 白糸ノ滝のデータに準ずる

音止の滝

おとどめのたき

富士宮 MAP 付録P.18 B-4

轟音をあげる豪快な滝

落差約25mの名瀑で、白糸ノ滝とともに名勝・天然記念物に指定されている。曾我(そが)兄弟が工藤祐経(くどうすけつね)を討つ密議をした際、滝の轟音で話が聞き取れず、神に祈ったところ、滝の音が止み、見事に本懐(ほんかい)を遂げたという伝説が残る。

陣馬の滝

じんばのたき

朝霧高原 MAP 付録P.18 A-2

落差5mほどの滝だが滝壺の近くまで行ける

五斗目木川(ごとめきがわ)にかかり、源頼朝が富士の巻狩りの際に滝の近くに陣を敷いたことから名付けられた。毎年8月下旬には、「陣馬の滝まつり」が開催される。

上流からの水の流れと溶岩のすき間から湧き出る水が滝をなしている

☎0544-27-5240(富士宮市観光協会)
所静岡県富士宮市猪之頭
開休料見学自由 交JR富士宮駅から富士急行バス・猪の頭行きで50分、陣馬の滝入口下車、徒歩5分 Pあり

不動の滝

ふどうのたき

朝霧高原 MAP 付録P.18 A-2

2段に流れ落ちる美しい滝

芝川(しばかわ)源流部にある落差約100mの滝で、富士宮市麓から毛無山(けなしやま)登山道の途中に展望台があり、水量が多いときには豪快な姿を見せる。

☎0544-22-1155(富士宮市観光課)
所静岡県富士宮市麓 開休料見学自由
交JR富士宮駅から富士急行バス・富士山駅行きで33分、朝霧グリーンパーク下車、毛無山登山口から徒歩40分 Pあり

滝の近くまでは行けないが、展望台から眺められる

全国有数の産地として知られる富士宮自慢の淡水魚

名産 鱒(ます)のご当地料理

富士の清らかな水で養殖された鱒を、地元食材とともに楽しむおすすめのレストラン。富士宮では鱒釣りが楽しめるほか、ご当地グルメとして、鱒を使った名菓やバーガー、餃子などもある。

予約 要
予算 Ⓛ1995円〜 Ⓓ3885円〜

ニジマス ミキュイ クロッカン 山麓野菜とニジマス卵添え
皮面から身の半分はカリッと焼き、残り半分はレア状態に仕上げた一品。卵の食感も美味。メインの魚料理で登場

山麓野菜のグリーンが目にも鮮やか
大々鱒紅富士を使ったアートな一皿

Restaurant Mitsu

レストラン ミツ

富士宮 MAP 付録P.4 B-3

フランスで修業後、大使公邸料理人として腕を磨いた石川シェフ。「ふじのくに食の都マエストロシェフ」として地元食材の魅力を発信している。器をキャンバスに自然のおいしさを表現した一皿が評判。

☎0544-22-4439
所静岡県富士宮市小泉2343-102 営11:30〜14:30 18:00〜21:00(要予約) 休月曜(祝日の場合は営業、不定休の場合あり) 交JR富士宮駅から車で10分
Pあり

12名まで利用できる予約制の個室も用意

基本を押さえて遊び心も盛り込む
個性派料理人・関西割烹の店

Cafe & Dining さくら

カフェ&ダイニング さくら

河口湖 MAP 付録P.8 A-3

長濱旅館に併設のデザイナーズ・レストランで、個性的な店舗で季節料理やお酒を楽しめる。関西の割烹で長年腕を磨いた3代目はご当地名物「富士まぶし」のレシピ考案者。供される創作懐石料理は見た目も華やかで旬の食材が存分に生かされる。

☎0555-82-2128
所山梨県富士河口湖町長浜795-1
営10:00〜16:00(LO15:30) 休水・木曜 交富士急行・河口湖駅から周遊バスで22分、長浜下車すぐ
Pあり

予約 要
予算 Ⓛ1500円〜

魚の旨みがご飯に行き渡る(上)。だしを注いでシメはお茶漬けで(下)

琉球漆喰塗りの個性的な店舗に安らぎを感じる

富士まぶし御膳(姫鱒)2000円
「富士山麓んめぇ〜もん倶楽部」が開発した鱒の炊き込みご飯。「蕗薹なんばん」やだし茶漬けで味わい豊か

紅富士鱒と地場野菜のテリーヌ
紅富士鱒と野菜類をキャベツでくるみ、コンソメスープで固めた一品。各コースメニューの前菜として登場
※季節によって変更あり

前菜で人気の
紅富士鱒のテリーヌを堪能

フレンチ コワン

富士宮 MAP 付録P.15 E-3

地元食材を使った料理をプリフィクスコースで味わえるフレンチレストラン。紅富士鱒のテリーヌは、鱒の弾力のある食感とコンソメの上品な味を地元野菜が彩り、華やかに演出する一品。ワインと一緒に楽しいひとときを。

☎0544-29-7501
所静岡県富士宮市ひばりが丘850-2
営11:30〜14:00 18:00〜21:00 休火曜、不定休 交JR富士宮駅から富士急行バス・万野団地方面行きで10分、静岡中央銀行下車、徒歩5分 Pあり

予約 要
予算 Ⓛ3000円〜 Ⓓ6900円〜

美しいピンク色のスイーツ。苺のスープ杏仁のアイスクリーム添え

静岡県産牛赤身肉のロースト赤ワインとエシャロットのソース

吹き抜けの開放的な空間(右)。住宅街にたたずむスタイリッシュな店(左)

くぬぎ鱒を知る

富士宮には紅富士や桜鱒などいくつかの鱒ブランドがあるが、なかでもくぬぎ鱒は特徴的だ。

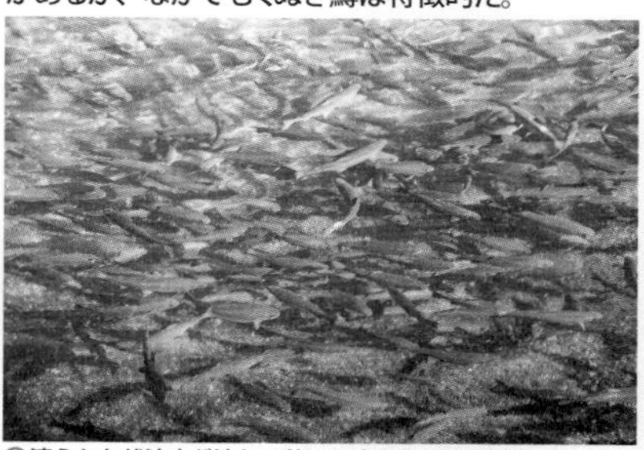

清らかな伏流水が流れる芝川の水を取り込んだ養殖池

おいしさと安全へのこだわりを貫く

ストレスのない環境とこだわりの飼育方法、無投薬で育てる。一流料理人がこぞって求めるおいしさの秘訣は、旨みのもととなる脂の多さと臭みのなさ。季節ものの加工品は売り切れ御免。釣り堀では、元気なくぬぎ鱒の釣りやつかみ取りができる。

独自のノウハウを持つ養殖場

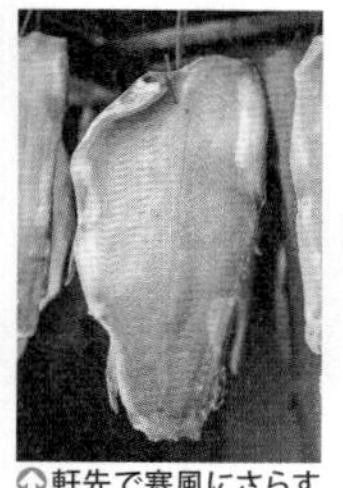

軒先で寒風にさらす鱒の寒干し

中骨入りの缶詰400円。醤油味

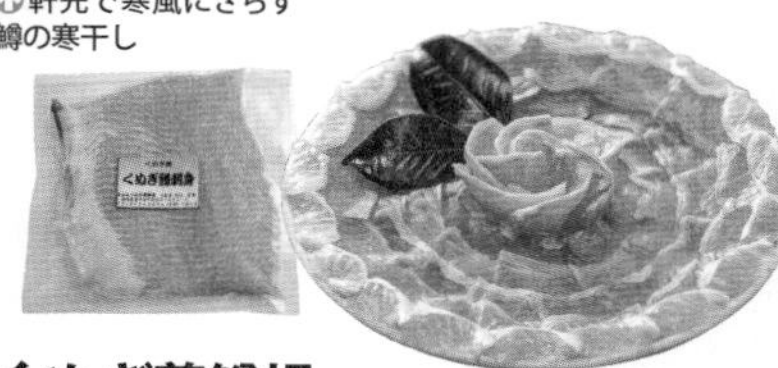

川魚特有の臭みがなく、サラッと品のいい旨みの鱒の刺身は300円(100g)

くぬぎ養鱒場

くぬぎようそんじょう

富士宮 MAP 付録P.4 A-2

☎0544-58-1613 所静岡県富士宮市精進川1001-1
営10:00〜16:00(7・8月は〜17:00) 休火曜(祝日の場合は翌日)、7・8月は無休12〜2月は土・日曜、祝日のみ営業
交JR西富士宮駅から車で15分 Pあり

土地柄を生かしたレジャー施設が点在

御殿場・裾野

ごてんば・すその

大型の施設が並ぶ一方で、明治中期より地の利を生かし、高原別荘地として機能した歴史ある建物も残る。

観光のポイント

- アウトレットやサファリなど、旅のメインとなる大型施設を最初に定めると計画がスムーズに
- 御殿場駅から富士五湖や富士山の登山口へバスが運行。観光の拠点に便利なエリアだ
- 東山旧岸邸が一般公開されている。とらや工房と喫茶室が隣接し、甘味が味わえる

↑秩父宮記念公園内にある茅葺き屋根の母屋

有名な観光スポットが多数集結 都内からもアクセス便利

高速道路や鉄道が整備されているため多方面からアクセスしやすく、富士五湖観光や富士登山の拠点としても便利なエリア。避暑地としての歴史も古く、秩父宮家(ちちぶのみやけ)や西園寺公望(さいおんじきんもち)、岸信介(きしのぶすけ)、NHK連続テレビ小説の主人公となった広岡浅子(ひろおかあさこ)など、宮家や華族、著名な政治家や実業家などが数多く別荘を構えたことでも知られている。御殿場プレミアム・アウトレットや富士サファリパーク、時之栖など、テーマパークも人気。もちろん、富士山の眺めも素晴らしい。

アクセス方法

●鉄道
小田急・新宿駅
↓特急ふじさんで1時間40分
JR御殿場駅
↓JR御殿場線で18分
JR裾野駅

●バス
バスタ新宿
↓高速バスで1時間45分
JR御殿場駅

●車
東京IC
↓東名高速道路で1時間
御殿場IC
↓東名高速道路で9分
裾野IC

お役立ちinformation

御殿場駅からのお得なシャトルバス

御殿場プレミアム・アウトレットに向かうなら、無料シャトルバスを活用したい。そのほかのスポットへは車か路線バスを利用。

御殿場プレミアム・アウトレット無料シャトルバス

御殿場駅、御殿場ICと御殿場プレミアム・アウトレットを結ぶ無料シャトルバス。アウトレット内バスターミナルから各地への路線バスや直行バスも。

☎0550-81-3122(御殿場プレミアム・アウトレット) 運行時間 御殿場駅発は営業開始の30分前～営業終了の30分前まで(御殿場プレミアム・アウトレット発は営業終了の40分後まで) 料金 無料 便数 1時間に4本

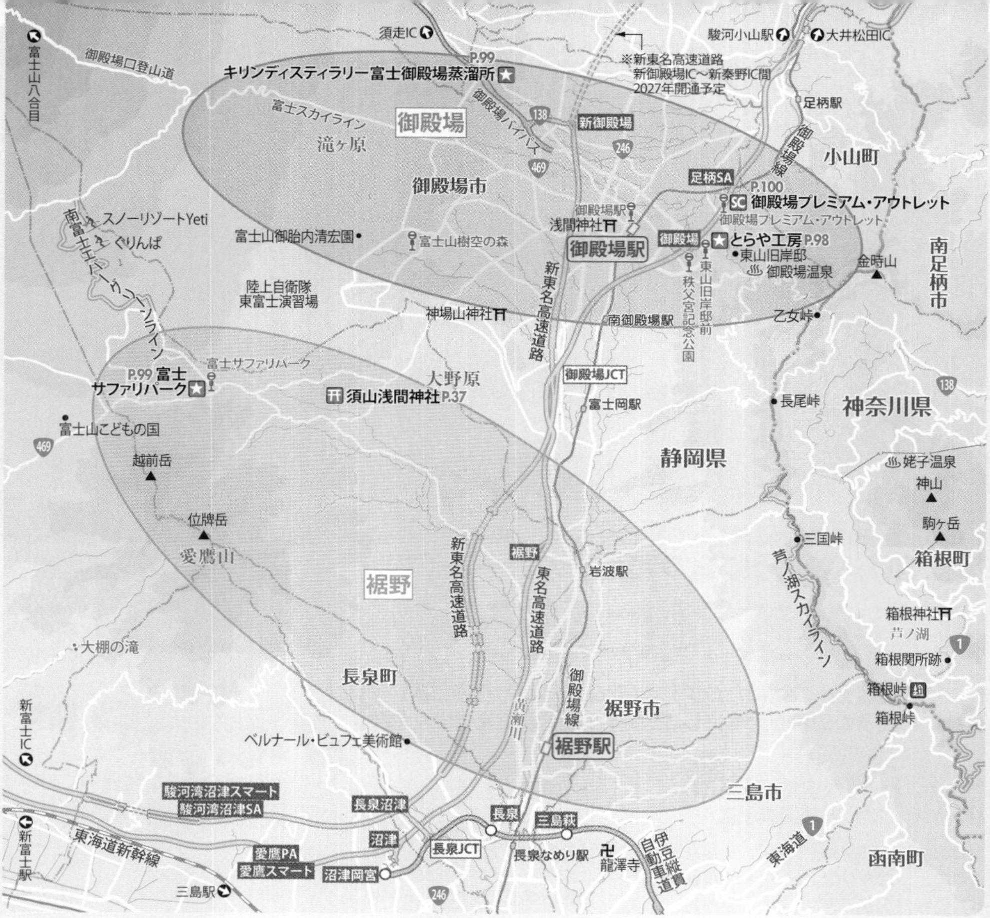

須走IC
駿河小山駅
大井松田IC
富士山八合目
御殿場口登山道
※新東名高速道路
新御殿場IC～新秦野IC間
2027年開通予定
P.99
キリンディスティラリー富士御殿場蒸溜所
富士スカイライン
御殿場
滝ヶ原
御殿場バイパス
138
新御殿場
246
469
足柄駅
御殿場線
小山町
御殿場市
足柄SA
P.100
御殿場プレミアム・アウトレット
御殿場プレミアム・アウトレット
南富士エバーグリーンライン
スノーリゾートYeti
ぐりんぱ
御殿場駅
浅間神社
富士山御胎内清宏園
富士山樹空の森
御殿場駅
御殿場
とらや工房 P.98
東山旧岸邸
御殿場温泉
金時山
南足柄市
陸上自衛隊
東富士演習場
新東名高速道路
東山旧岸邸前
秩父宮記念公園
神場山神社
南御殿場駅
乙女峠
富士サファリパーク
P.99 富士サファリパーク
大野原
御殿場JCT
須山浅間神社 P.37
富士岡駅
長尾峠
138
神奈川県
富士山こどもの国
469
越前岳
静岡県
姥子温泉
神山
位牌岳
駒ヶ岳
三国峠
愛鷹山
裾野
岩波駅
箱根町
芦ノ湖スカイライン
新東名高速道路
東名高速道路
裾野
箱根神社
芦ノ湖
大棚の滝
1
箱根関所跡
長泉町
御殿場線
箱根峠
黄瀬川
箱根峠
裾野市
新富士IC
ベルナール・ビュフェ美術館
裾野駅
三島市
駿河湾沼津スマート
駿河湾沼津SA
長泉沼津
長泉
三島萩
新富士駅
東海道新幹線
沼津
愛鷹PA
愛鷹スマート
長泉JCT
長泉なめり駅
龍澤寺
伊豆縦貫自動車道
東海道
1
函南町
沼津岡宮
246
三島駅

富士山が見守る施設充実の街

御殿場
ごてんば

アウトレットで有名だが、東名高速や小田急線と都内からアクセスしやすいこともあって富士山観光の拠点となっている。豊かな自然と街の便利さを併せ持つエリアだ。

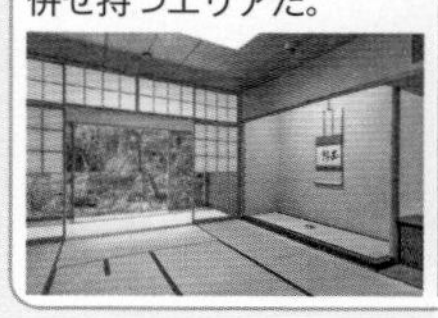

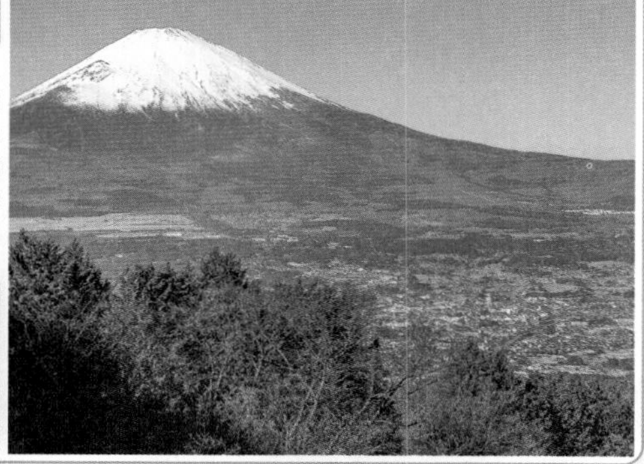

人気のテーマパーク多数

裾野
すその

その名のとおり富士の裾野に広がるエリア。三国峠からの眺望が素晴らしく、サファリパークや遊園地、スキー場と大型のテーマパークを有し、旅行者をひきつけている。

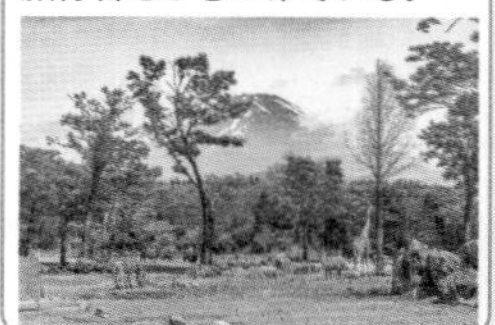

敷地入口では昭和2年(1927)築の趣深い山門に出迎えられる

緑に溶け込むように建つ和菓子のユートピア

とらや工房に憩う

すぐ近くにある荒井園の茶畑で、店に出す茶葉が育てられている

ひっそりと富士山の麓にたたずむ老舗和菓子店・とらや工房。自然と和菓子の調和を大事にし、四季折々の風景を見せてくれる。

竹林のさわやかな空気漂う庭に静かにたたずむ老舗和菓子工房

風情のある山門を抜けて敷地内に踏み入れると、曲がりくねった散策路が奥へと続き、店舗にたどり着くまでの間に竹林や池などの景色を眺めることができる。木をふんだんに使った店舗の建物は庭を包み込むようにゆるやかに湾曲したデザインで、四季折々の自然の変化に溶け込んでいる。

とらや工房

とらやこうぼう

御殿場 MAP 付録P.17 E-2

☎0550-81-2233 所静岡県御殿場市東山1022-1 営10:00～18:00(10～3月は～17:00) 喫茶のLOは閉店の各30分前(お菓子がなくなり次第終了) 休火曜(祝日の場合は翌日) 交JR御殿場駅から富士急行バス・御殿場アウトレット行きで6分、東山旧岸邸前下車すぐ Pあり

開放的な建物は著名建築家・内藤廣の設計

和菓子を買う

和菓子屋の原点ともいえるような昔ながらの素朴なお菓子をはじめ、季節の素材を生かした品のいい和菓子や、スタッフが自ら育てた作物で作った商品が並ぶことも。

御殿場産さくら卵を使った生地で餡を挟んだどらやき 330円

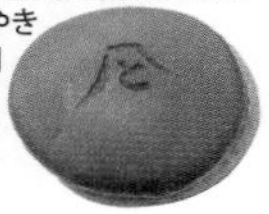

喫茶でまどろむ

モダンななかにも「和」を感じさせる、しゃれたデザインの店内は、ゆったりしていて快適なのでつい長居したくなる。和菓子や甘味を注文すると、一杯ずつていねいに淹れられたお茶が付く。

あんみつ900円(煎茶付きは1200円)

歴史を刻み続ける邸宅と庭園

モダンな和風建築を実現した元首相の静かな別邸

東山旧岸邸

ひがしやまきゅうきしてい

MAP 付録P.17 E-2

昭和44年(1969)に建てられた、岸信介(きしのぶすけ)元首相の自邸を一般公開。建築家・吉田五十八(よしだいそや)の晩年の作品で、伝統的な数寄屋建築でありながらモダンさを併せ持つ。緑豊かな庭園も見どころ。

☎0550-83-0747 所静岡県御殿場市東山1082-1 開10:00～18:00(10～3月は～17:00)、入館は閉館の各30分前まで 休火曜(祝日の場合は翌日) 料300円 交JR御殿場駅から富士急行バス・御殿場プレミアム・アウトレット行きで6分、東山旧岸邸前下車すぐ Pあり

庭に向かって配された岸信介愛用の椅子

富士山の麓で
観て、体験して、遊ぶ

御殿場・裾野を楽しむ

霊峰富士の東麓に位置する高原都市ならではの多彩なスポットを訪ね、御殿場や裾野を体感したい。

たくみの郷

たくみのさと

御殿場 MAP 付録P.16 B-2

郷土の食や生活文化を知る

体験工房でそば打ち体験ができ、そば処では郷土料理のみくりやそばが食べられる。市指定文化財の旧石田家住宅では、江戸時代の生活にふれられる。

☎0550-88-0330 所静岡県御殿場市印野1388-43 開10:00～16:00(受付は～14:00) 休火曜(祝日の場合は翌日)※土曜はそば打ち体験のみ営業 料そば打ち体験・事前予約制(土曜のみ、3000円～) 交JR御殿場駅から富士急行バス・印野本村行きで17分、富士山樹空の森下車、徒歩5分 Pあり

△そば打ち体験のあとは、自分で打ったそばが食べられる

◁木造平屋建ての趣ある施設

△建設年は不明だが、天保9年(1838)に改築された記録が残る旧石田家住宅

キリンディスティラリー富士御殿場蒸溜所

キリンディスティラリーふじごてんばじょうりゅうしょ

御殿場 MAP 付録P.16 C-1

キリン唯一のウイスキー蒸溜所

蒸溜所の見学ツアーではプロジェクションマッピングで富士御殿場蒸溜所の魅力を体感できる。

☎0550-89-4909 所静岡県御殿場市柴怒田970 開9:00～16:00(要予約) 休月曜(祝日の場合は翌平日) 料ツアー500円(20歳以上) 交JR御殿場駅から無料送迎バスで20分 P15台

△大迫力のウイスキーシアター

▽蒸溜所入口にあるモニュメント

秩父宮記念公園

ちちぶのみやきねんこうえん

御殿場 MAP 付録P.17 E-2

戦中戦後を過ごした御別邸

秩父宮雍仁(やすひと)親王殿下と勢津子妃殿下の別邸を整備した公園。美しい庭園には樹齢約130年のしだれ桜や享保(きょうほう)8年(1723)建築の茅葺きの母屋などが残る。

☎0550-82-5110 所静岡県御殿場市東田中1507-7 開9:00～16:30(4月は～17:00、6～8月は～17:30) 休第3月曜(その他臨時休園日あり) 料300円 交JR御殿場駅から富士急行バス・御殿場アウトレット行きで5分、秩父宮記念公園下車すぐ Pあり

△築約300年の茅葺きの母屋

△英国の家具が並ぶ洋風リビング

五竜の滝

ごりゅうのたき

裾野 MAP 付録P.5 E-4

黄瀬川にかかる高さ12mの滝

5本の滝を5匹の竜に見立てて、本流の3本が雄滝で、雪解、富士見、月見と呼び、支流2本は雌滝で、銚子、狭衣と呼ぶ。吊り橋から眺められる。

☎055-992-5005 所静岡県裾野市千福7-1中央公園内 開8:30～17:00(10～3月は～16:00) 休無休 料無料 交JR裾野駅から富士急行バス・須山行きで5分、中央公園入口下車、徒歩5分 Pあり

△約1万年前の火山によって形成

△新田次郎や若山牧水も訪れた

富士サファリパーク

ふじサファリパーク

裾野 MAP 付録P.5 D-3

日本最大級の野生の王国

専用のジャングルバスに乗り、ライオンやゾウ、チーターなどの動物を間近で観察できるほか、小動物とふれあえるふれあいゾーンがある。

☎055-998-1311 所静岡県裾野市須山2255-27 開9:00～16:30(季節により変動あり) 休無休 料サファリ3200円ほか 交JR御殿場駅から富士急行バス・ぐりんぱ行きで35分、富士サファリパーク下車すぐ Pあり

△動物へのエサあげが体験できる

▽珍しいネコに会えるネコの館

国内最大、話題のブランドが目白押し

御殿場プレミアム・アウトレット

ショッピングにグルメにと一日楽しめる
大規模アウトレットモール。

御殿場プレミアム・アウトレット

ごてんばプレミアム・アウトレット

御殿場 MAP 付録P.17 E-2

国内最大の規模を誇る プレミアム・アウトレットの1号店

WEST ZONEとEAST ZONE、2020年にオープンしたHILL SIDEの3つのゾーンに分かれており、国内外のブランド約290店舗が出店。豊かな自然を感じながら、広大なアウトレットを開放的な気分でショッピングを楽しみたい。

☎0550-81-3122(代表) 所静岡県御殿場市深沢1312
営10:00〜20:00(12〜2月は〜19:00、季節により変動あり) 休2月第3木曜
交御殿場ICから約2km／足柄スマートICから約3km、JR御殿場駅から無料シャトルバスで15分 P7000台

カジュアルファッション、有名ブランドや雑貨などショップの種類も豊富

POINT

最新エリア「HILL SIDE」

ラグジュアリーブランドを中心に、日本初出店を含む88店がオープン。近隣エリアの名店も集結したフードホール「いただきテラス」やミニ遊園地、温泉や宿泊施設も併設している。

3つのストリートには服飾や飲食など多彩な店が揃う

ショッピング Shopping

話題のブランドをはじめ、人気ブランドが驚きの価格に。なにより店舗数が多いので、狙いのブランドをあらかじめチェックし、効率よくまわりたい。定期的にセールも開催されるので、HPで確認を。

WEST ZONE

高速バス・シャトルバスのバスターミナルからすぐに位置するエリア。人気のハイブランドの店舗が多数軒を連ねている。

金子眼鏡
かねこがんきょう

めがねの産地・福井県鯖江市の老舗がアウトレットに初出店。全工程を自社工場で行い、職人が高い技術で作るめがねは高品質なものばかり。
☎0550-82-2539

EAST ZONE

「ナイキ」「アディダス」などのスポーツブランドやカジュアルファッション、フードコートとバラエティに富む。アウトドア&ゴルフブランドが集結するエリアも。

CosmeKitchen VILLAGE
コスメキッチン ヴィレッジ

世界中のナチュラル＆オーガニックのコスメや食品を販売。アウトレット店限定商品も取り扱うほか、気軽に参加できるワークショップも開催。
☎0550-70-6217

HILL SIDE

ゆるやかな傾斜地に沿ってひな壇状に建物が並ぶ新エリア。人気ブランドやホビーなど顔ぶれは多彩で、日本初出店の店舗も多い。

Converse Tokyo
コンバース トウキョウ

コンバースから生まれた、「東京らしさ」「日本らしさ」を追求するブランド。シューズはもちろん、服飾雑貨も多く扱う。
☎0550-70-6028

グルメ Gourmet

広大なフードバザーのほかに、約35店舗のレストランを併設。クレープなどの軽食から本格中華やステーキ、寿司店などジャンルも幅広い。

炭焼きレストラン さわやか HILL SIDE

静岡県内にのみ展開している炭焼きハンバーグのチェーン店。ボリューミーなハンバーグが食べられることで全国から注目を集めている。
☎0550-82-6311

トラットリア ターヴォラ EAST ZONE

駿河湾で獲れた新鮮な魚介や海塩、静岡産の野菜やハーブなど、自然の恵みを受けた地元食材を使った料理を用意。
☎0550-70-0156

あわせて立ち寄りたい

木の花の湯
このはなのゆ

アウトレット内にある日帰り温泉。大浴場のほか貸切露天風呂やレストラン、休憩室、ライブラリーなど施設も充実。
☎0550-81-0330(自動音声ダイヤル)
営10:30〜22:00(受付は〜21:00)
休メンテナンスによる休館あり
料1700円(土・日曜、祝日2100円)

↑自家源泉の良質な温泉が富士山の絶景とともに楽しめる

↑カラフルで愛らしい、イタリア製のメリーゴーラウンド

HILL SIDE PLAYGROUND
ヒルサイド プレイグラウンド

「HILL SIDE」エリアにあるミニ遊園地。コインゲームやタワー型ライドなど、子ども向けの4つのアトラクションが集まる憩いの場。
開10:00〜18:00(12〜2月は17:00、土・日曜、祝日、繁忙期は施設閉館時刻) 休御殿場プレミアム・アウトレットに準ずる 料200円〜

個性的で素敵なコテージやキャビンに心が弾む

旅気分に特別なステイを

とびきりラグジュアリーな時間を演出してくれるグランピング施設や、ファンなら一度は訪れたい、キュートなコテージに注目。

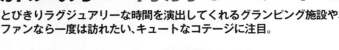

まるで別荘のように贅沢な
キャビン型グランピング

藤乃煌 富士御殿場

ふじのきらめき ふじごてんば

御殿場 MAP 付録P.17 E-2

全24棟の独立型キャビンタイプとドームテントからなるグランピング施設は全棟が富士山を望める。小さなカフェスペースやオリジナルグッズを販売するショップも。テントサウナや2024年1月中旬には新しく展望風呂もオープンし魅力がアップ。

☎050-3504-9933

所静岡県御殿場市東田中3373-25 交JR御殿場駅から富士急行バス・御殿場アウトレット行きで5分、秩父宮記念公園下車、徒歩6分(JR御殿場駅から無料送迎あり、要予約) P28台 in15:00 out11:00 室19室 予算1泊2食付3万9600円～

1.グランピングの魅力を存分に味わえる料理
2.開閉屋根付きのウッドデッキで優雅な時間を
3.不思議と心地いいおこもり感が大きな魅力のドームテント
4.2024年1月中旬OPENの展望風呂※イメージ

1.広いキャンプ場の一角にあり、遊園地「ぐりんぱ」が隣接 2.備え付けのグリルでBBQができる 3.「森の小さなお家」。「きいちご林のかわいいお家」もある。部屋にアメニティはないので、事前に確認を

シルバニアのおうちを完全再現
懐かしくてかわいいログハウス

PICA富士ぐりんぱ

ピカふじぐりんぱ

裾野 MAP 付録P.5 D-2

キャンプ場内に2棟ある「シルバニアファミリー」を再現したキュートなコテージの前では、ショコラうさぎの女の子やわたうさぎさんの親子がお出迎え。室内も小物の家具を意識したメルヘンチックなレイアウトで、癒やされること間違いなし。お風呂は共用のものを利用。

☎0555-30-4580

所静岡県裾野市須山藤原2427 交JR御殿場駅からイエティ行きで50分、ぐりんぱ下車、徒歩6分 P200台 in14:00 out11:00 室47室 予算1泊2食付1名6700円～(シルバニア9600円～)

GOURMET

Lake Kawaguchi
Lake Yamanaka

食べる

リゾートの地で
富士山の恵みに
舌鼓

高原の野菜、湖の魚、山麓のジビエ、
富士山の伏流水と自然の恩恵を受けた
活きのよい食材が揃う。
先人が築いた郷土料理や
名物料理も見逃せない。
森の中や湖のほとりでいただく
料理はまた格別だ。

窓際席から富士山が見える店内は、落ち着きがあってゴージャスな雰囲気(Restaurant Colore)

富士山や湖が見える日本一のロケーション

緑色の風のなか 絶景ダイニング

森林の向こうに富士山や湖が見える、眺望の素晴らしいレストラン。夏はテラス席で心地よい風を感じながら、また窓越しに広がる景色を楽しみながら、美食を心ゆくまで堪能したい。

自然豊かな環境で心ゆくまで楽しむ
本格フレンチと高品位のサービス

Restaurant Colore

レストラン コローレ

予約 要
予算 Ⓓ4450円～

朝霧高原 MAP 付録P.18 C-1

地場の食材の持ち味を引き出す繊細なコース料理は、カジュアルコースとフルコース、2種類のコースを用意。周辺には建物もなくリラックスできる場所にあり、天候の良い夕方からのディナーなら、富士山を眺めながらの食事ができる。

☎0555-89-3600
所山梨県富士河口湖町富士ヶ嶺1306 富士クラシックホテル内 営18:00～21:00(コースLO20:00)※完全予約制 休無休(臨時休業あり) 交富士急行・河口湖駅から車で30分 Pあり

奥まった場所にあるので、喧騒から逃れて静かに過ごしたい人に最適

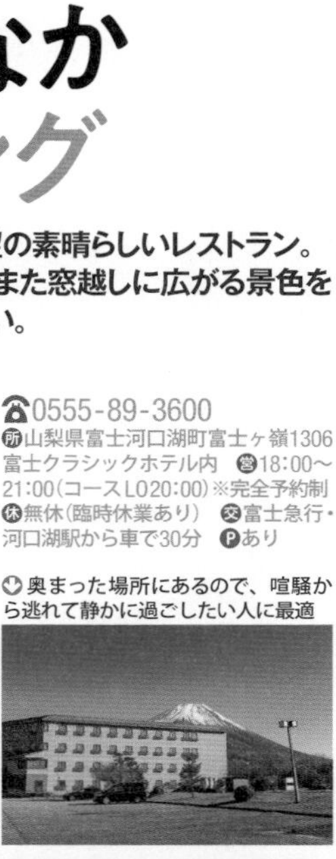

カジュアルコース 4450円

山梨県産の牛肉や沼津産の魚などを使い、素材の味を引き立てる料理が並ぶ。メインは肉か魚を選ぶ

富士山と山中湖が一望できる
クラシカルな本格フランス料理

ザ・メインダイニング

山中湖 MAP 付録P.10 B-1

豊かな自然に恵まれた眺望抜群の立地。洗練されたゆったりとした空間で、テーブルを彩るフランス料理が満喫できる。ワインのセレクションも豊富で、料理に合ったワインをソムリエが選んでくれる。

☎0555-62-2111
所山梨県山中湖村山中1360-83 ホテルマウント富士(P.130)内 営17:30～21:00 休ホテル休館日に準ずる 交富士急行・富士山駅から富士急行バス・御殿場方面行きで28分、富士山 山中湖(ホテルマウント富士入口)下車、送迎バスで10分(送迎バスは要予約) Pあり

←落ち着いた大人の空間で、大きな窓からは、富士山が一望できる

予約 要
予算 D7700円～

ディナーコース「ルーブル」
10000円(写真はイメージ)
新鮮な食材を使った旬の山海の幸が堪能できる前菜、スープ、メイン、デザートなど8品のコース

→標高1100mの高台に建つリゾートホテルのフレンチレストラン

富士山を眺めながら大自然を
堪能できるイタリアンレストラン

リストランテ桜鏡

リストランテさくらかがみ

御殿場 MAP 付録P.17 E-2

富士山を一望できるイタリアンレストラン。バラの品種「桜鏡」に由来する店名にふさわしくさまざまなバラが飾られた優雅な雰囲気と隣接する秩父宮記念公園の豊かな緑も非日常のひとときを彩る。富士山麓の風土を生かした旬の食材をご堪能ください。

☎0550-70-6255
所静岡県御殿場市東田中3373-20 営11:30～15:00(LO13:00) 17:30～22:00(LO19:30) 休水曜、火曜のディナー 交JR御殿場駅から箱根登山バス・仙石案内所前行きで15分、平和公園前下車すぐ Pあり

↑ガラス張りの外観

予約 要
予算 L8000円～
D13000円～

↑窓の外には、緑豊かなグラスガーデンの向こうにそびえる富士山の美しい景色が広がる

Storia di chef 百花繚乱 1万5000円
シェフの特別コース。特にこだわった、鮮度のいい食材を厳選して用意。(3日前までの要予約、別途サービス料10%)

→車で訪れた人に向けてノンアルコールカクテルも用意している

コンサートを楽しんだら
優雅な気分でランチを

森のレストラン

もりのレストラン

河口湖 MAP 付録P.9 F-2

素材にこだわったリゾートランチは、フレンチベースの洋食で見た目も華やか。旬の素材は可能な限り地元産を使い、富士山の雪解け水で調理している。食事をしながら楽しめるランチタイムコンサートは毎日開催している。

☎0555-20-4111
所山梨県富士河口湖町河口3077-20 河口湖音楽と森の美術館(P.57)内
営ランチ11:00〜14:30 休火・水曜日(要問合せ) 交富士急行・河口湖駅から周遊バスで25分、河口湖音楽と森の美術館下車すぐ Pあり

予約 不可
予算 L 2800円〜

※利用には別途河口湖音楽と森の美術品の入館料が必要

牛ほほ肉ビーフシチューと富士山麓もみじ卵のオムライス 2800円
季節のサラダと季節のポタージュ、ドリンクがセットになったメニュー。「お子様オムライスセット」もある

ランチタイムコンサートを毎日12:05/13:05の2回開催

天候が良ければ、テラスから遮るもののない富士の雄大な姿が一望できる。手入れの行き届いた庭も雰囲気がよい

地元の食材をふんだんに使ったオリジナルのイタリア料理

Parco del Cielo

パルコ デル チェロ

山中湖 MAP 付録P.11 E-3

イタリア語で「空中庭園」を意味する店名のままに、山中湖畔の小高い丘にあり、テラス越しに美しい庭園が広がる。長年山中湖のほとりでイタリアンを提供してきたシェフのオリジナル料理は、ここでしか食べられない逸品揃いで、リピーターも多い。

☎0555-62-0603
所山梨県山中湖村平野2468-1
営11:30〜14:00(LO13:15) 18:00〜21:00(LO19:30) 休月曜夜、火曜 交富士急行・富士山駅から周遊バスで46分、ままの森下車、徒歩3分 Pあり

黒米と天使の海老のリゾット、オレンジ風味 2300円
オリジナルのリゾットのほか、前菜の盛り合わせや和牛ヒレのゴルゴンゾーラソースもおすすめ

四季折々の表情を見せるテラスからは山中湖と富士山を望む

庭園とその向こうに山中湖の景色が広がる

予約 要
予算 L 3000円〜
D 5000円〜8500円(コース要予約)

旬の地元の食材を使った料理を開放的な雰囲気のなかで味わう

FUJIYAMA KITCHEN

フジヤマ キッチン

山中湖 MAP 付録P.11 D-4

緑の木々に囲まれた雰囲気が魅力のレストラン。富士山麓の豊かな自然で育った野菜を契約農家から直送し、富士桜ポーク、山梨県産信玄どり、甲州ワインビーフといったブランド肉や駿河湾で獲れた鮮魚などとともに、山梨、静岡の食材が存分に堪能できる。

☎0555-62-4155(PICA山中湖)
所山梨県山中湖村平野506-296 PICA山中湖(P.72)内 営11:00〜14:00(LO) 17:00〜20:00(LO) 休水・木曜(繁忙期は無休) 交富士急行・富士山駅から富士急行バス・御殿場方面行きで30分、山中湖 旭日丘下車すぐ Pあり

窓際の席からは山中湖を望む。デッキ席はペット同伴可でペット用のメニューもある

天井が高く、テーブル間も広くとられていてゆったりできる

予約 可
予算 L 1900円〜 D 4200円〜

信玄鶏ランチ
2080円
ランチのメニューは月替わりで、サラダ、パン、スープが付く。固すぎず、やわらかすぎずの、絶妙な食感と旨みの山梨県産信玄どりを使用

シェフおまかせコース
7700円
前菜、ピザ、パスタ、メイン料理、デザート、飲み物のお得なコース(要予約、2名〜)

すがすがしい林の風景が眺められる窓際席

屋根の形が特徴的(上)。特徴的な形とカラーリングのこだわりの石窯(下)

イタリア製ピザ窯がある森の中の本格イタリアン

RICETTA

リチェッタ

予約 望ましい
予算 L 2000円〜 D 4000円〜

河口湖 MAP 付録P.13 D-1

国道139号沿いにたたずむ三角屋根のトラットリア・ピッツェリア。開放的な店内では、日本でイタリアンを先駆的に始めたシェフによる、本格的な料理が食べられる。本格的なピザ用の石窯があり、400℃の高温で素早く焼き上げるピザは格別だ。

☎0555-72-3541
所山梨県富士河口湖町勝山2861-1 営11:30〜14:00 17:30〜21:00(LO20:00) 日曜、連休最終日19:00LO、20:00閉店
休水曜、2月
交富士急行・河口湖駅から車で15分 Pあり

地元の食材が決め手です

美食フレンチ 四季の皿たち

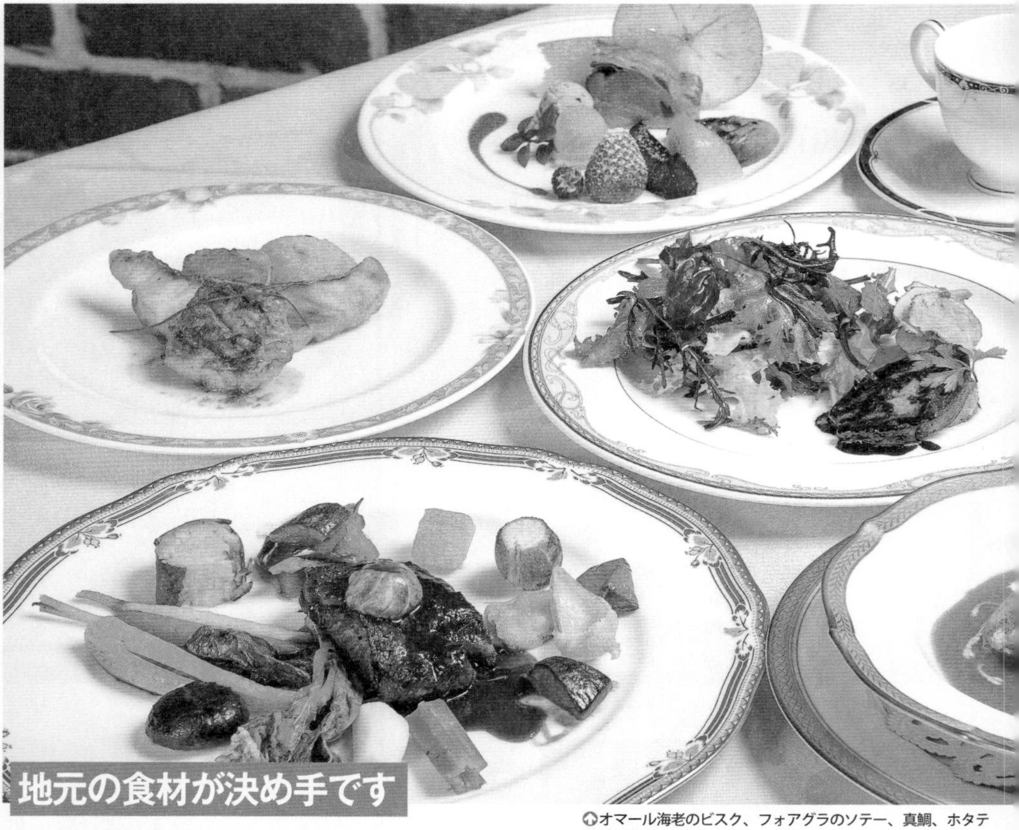

⇧オマール海老のビスク、フォアグラのソテー、真鯛、ホタテなど魚料理、和牛ロースなどが食べられる7700円のコース

富士山麓に点在する名店フレンチは、自家菜園などで作られる食材が味に深みを与えている。腕利きシェフの独創的な料理が五感を楽しませてくれる。

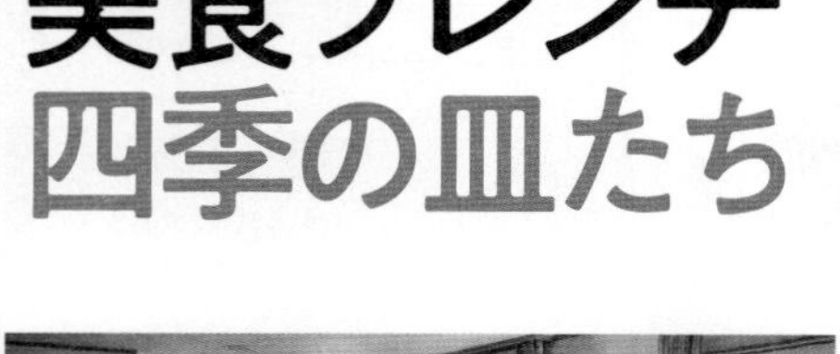

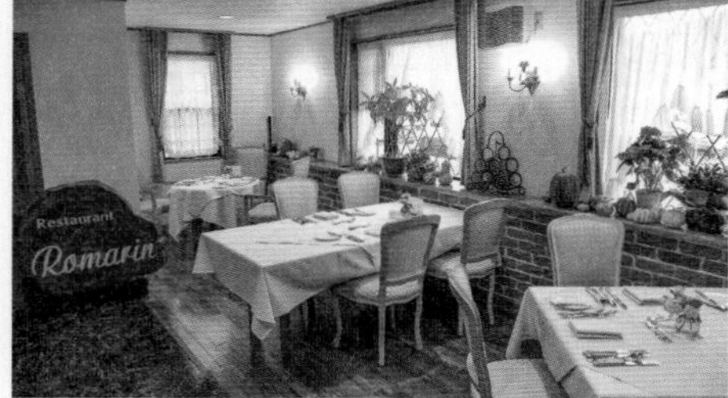

⇧河口湖ハーブ館の近くにある気軽にフレンチが味わえるレストラン

自家栽培の無農薬野菜を使う
コスパ抜群の絶品フレンチ

フレンチ ロマラン

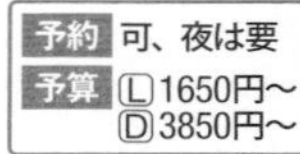

河口湖 MAP 付録P.9 E-3

手間ひまかけて育てた自家栽培の野菜をふんだんに使いながら、料金を抑えた一軒家の本格フランス料理店。アミューズからパンやデザートまで、すべてが手作りで、一皿一皿ていねいに彩られた料理はどれもおいしいと好評だ。ディナーは完全予約制。

予約 可、夜は要
予算 Ⓛ1650円〜 Ⓓ3850円〜

☎0555-73-3717
所 山梨県富士河口湖町船津6713-73 営 11:30〜14:30LO13:30 18:30〜21:00 休 水曜 交 富士急行・河口湖駅から周遊バスで7分、河口湖ハーブ館下車、徒歩2分 P あり

店の近くにある約3300㎡の畑で年間100種類ほどの野菜やハーブ、果物、シイタケなどを栽培している

コースの中のアミューズの一例。食器と盛り付けの美しさにもシェフのこだわりが感じられる

自然に囲まれた静かな環境

素材の旨みを最大限に引き出す
本格フレンチをワインとともに

Miura料理店

ミウラりょうりてん

河口湖 MAP 付録P.13 E-2

木々に囲まれた静かな場所にある隠れ家フレンチ。メニューはおまかせコースのみで、地元とフランス料理ならではの食材を組み合わせた料理が堪能できる。料理に合わせたワインの種類も豊富。昼夜2組ずつ、前日までの完全予約制。

☎0555-73-2918
所山梨県富士河口湖町船津7822-1
営11:30～13:00(LO) 18:00～19:30(LO)
休日・月曜　交富士急行・河口湖駅から車で10分　Pあり

予約 要

予算 L 8000円～
D 1万5000円～

富士の湧水で育った、甲斐サーモンの一皿

フランス料理ならではの季節の食材をふんだんに使用

↑ランチコースは4品で5500円～。新鮮な野菜をふんだんに使った見た目も美しい料理が並ぶ

←メインの甲州牛の赤ワイン煮は、肉の旨みが口の中に広がる

季節を感じられる料理とおもてなし
富士山が見える客室と露天風呂

Auberge Mermaid

オーベルジュ マーメイド

河口湖 MAP 付録P.8 C-2

河口湖畔にある全9室のヨーロピアンスタイルのオーベルジュ。食事は地元野菜や甲州牛を使ったフレンチの創作料理。セミダブルベッドが2台置かれた客室は広くくつろげる雰囲気で、富士山一望の室内貸切風呂の付いた貸切露天風呂もある。

☎0555-76-6920
所山梨県富士河口湖町大石1527-1 交富士急行・河口湖駅から周遊バスで27分、河口湖自然生活館下車、徒歩5分 Pあり in15:00 out10:30 室9室 予算1泊2食付1万3800円～

←ゆったりした客室。天気が良ければ窓から富士山が一望できる

時間をかけてゆっくりと味わいたい

オーベルジュに泊まる

オーベルジュとは、フランスが発祥の宿泊できるレストランのこと。地元の素材をふんだんに使った各宿自慢の料理が堪能できる。

↑ディナーは前菜、魚料理、肉料理、デザート、パン、コーヒー

高台にあり、どの部屋からも
富士山が一望できる

オーベルジュ秋桜

オーベルジュこすもす

山中湖 MAP 付録P.11 D-2

静かな湖畔にあり、富士山の贅沢な眺望を楽しみながらゆったりとした時間が過ごせる。木のぬくもりが感じられるダイニングで提供される本格フランス料理には定評があり、ワインの品揃えも豊富。

↑10歳以下の子どもは不可

☎0555-62-2863
所山梨県山中湖村平野2558-1
交富士急行・富士山駅から周遊バスで30分、ままの森下車、徒歩3分 Pあり in15:00 out10:00 室4室 予算1泊2食付1万8000円～

山中湖を望む1日2組限定の
ゆったり過ごせるカフェ&宿

カフェ&オーベルジュ 里休

カフェ＆オーベルジュ りきゅう

山中湖 MAP 付録P.11 E-2

山中湖を目前にし、定員5名の紅葉ROOMは1LKでバルコニー付き。定員8名の藤ROOMは1LDK+ロフトでペットと泊まれる。地元の食材を使った料理も好評で、ビジターでもカフェでランチが楽しめる。

↑山中湖が一望できるテラス

☎0555-65-7870
所山梨県山中湖村平野2408-1
交富士急行・富士山駅から富士急行バス・道志方面行きで32分、山中湖平野下車、徒歩20分 Pあり in15:00 out11:00 室2室 予算1泊2食付1万9000円～

↑広々としたリビングはペットと一緒にくつろげる

↓前菜、生麺を使用したパスタ、金目鯛、富士桜ポークのグリルなどが味わえる

オーナーはベテランハンター
ジビエ料理の魅力を伝える食堂

松風

まつかぜ

本栖湖 MAP 付録P.12 C-2

山梨県ジビエ活用連絡協議会委員であり、40年以上の狩猟歴を持つ滝口雅博氏が営む食堂。自ら獲物を仕留め、的確な処理による安全性とおいしさにこだわる。猪肉を使ったすき焼鍋や鹿刺身定食、鹿肉のカレーライスなど野趣あふれるジビエ料理が好評。

☎0555-87-2501
所山梨県富士河口湖町本栖120-1
営土・日曜、祝日11:00〜16:00(変動あり、平日は要確認) 休不定休 交富士急行・河口湖駅から周遊バスで47分、本栖湖下車すぐ Pあり

⇧甘辛い秘伝のタレでいただく野生猪すき焼鍋1800円

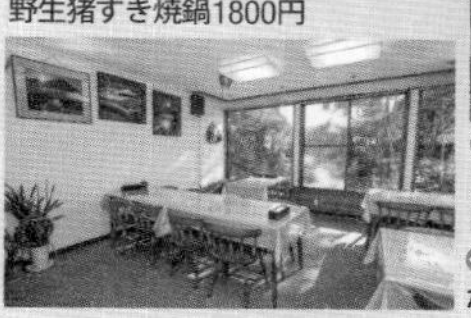

⇦窓の向こうに富士山がちらりと顔を見せる

⇧スパイシーな香りが食欲を誘う野生鹿カレーセット1300円。竜田揚げや鹿の燻製、鹿肉のしゃぶしゃぶも付いた鹿肉づくしの一品

予約 要
予算 ⓁⒹ1000円〜

⇨インテリアとして店内に飾られている、オーナーが仕留めた鹿の角(松風)

高タンパク低カロリーで肉の旨みが凝縮

地産地消のジビエ料理

河口湖町では、富士山麓で捕獲された鹿の有効活用に町をあげて取り組んでおり、安全で新鮮なジビエが食べられる。自然の恵みに感謝し、自然に育まれた野生の鳥獣を味わいたい。

珍しい食材の希少部位で
素材の旨みを楽しむ贅沢な一皿

キュイジーヌR

キュイジーヌアール

河口湖 MAP 付録P.9 E-3

「カジュアルに楽しむフレンチ」をコンセプトに、季節感あふれる美しい料理を提供。鴨や羊、鳩、鹿、ウズラ、猪など、珍しい食材を取り入れた多彩な料理は、料理人のアイデアと感性が光るものばかり。ワインとともにゆったりと味わいたい。

☎0555-72-8776
所山梨県富士河口湖町船津288-1 営18:00〜22:00 ※ランチは土・日曜のみ12:00〜14:00完全予約制(4名様以上) 休水曜、第1火曜
交富士急行・河口湖駅から徒歩15分 Pあり

⇧鹿レバーのムース メープルシロップ添え700円はワインにピッタリ

予約 望ましい
予算 Ⓛ1500円〜
Ⓓ4000円〜

⇧シックで落ち着いた雰囲気の空間

⇦豪快に焼き上げた河口湖産鹿カルビのソテー1500円は地元産の野菜で彩られる

⇧鹿モモのステーキと低温処理をしてやわらかく仕上げた鹿ハツのコンフィ

きじほうとう 1950円
キジ肉と野菜がたっぷり入ったアツアツのほうとう。キジ肉の旨みあふれる上品な味わいのつゆが絶妙

美しい淡紅色のきじ刺身1550円も味わいたい

あふれ出るキジ肉の旨みを存分に味わう

きじ亭

きじてい

予約	望ましい
予算	Ⓛ 1728円〜

河口湖 MAP 付録P.9 E-4

創業から50年以上の老舗キジ料理専門店。珍しいキジ肉を使った鍋料理やほうとうなどを提供。クセがなく低カロリーで高タンパクなキジ肉は、部位によって味わいが異なるので、素材の旨みを最大限に引き出す調理法を心がけている。

☎0555-72-0610
所山梨県富士河口湖町船津1525-1
営11:30〜14:00 休火・水曜日 交富士急行・河口湖駅から徒歩10分 Pあり

↑趣あふれる古民家風の建物が特徴
←広々とした店内。座敷席でゆったりと食事が楽しめる

武田信玄が陣中食として取り入れた郷土料理

滋味豊かなほうとう

季節の野菜をふんだんに使って作るほうとうは、山梨の誇る伝統料理。小麦粉で練った太い平麺と味噌仕立てのスープが心と体を温めてくれる。

「ほうとう」のこと

小麦粉で練った極太麺に、旬の野菜や山菜などを入れた汁を味噌で煮込んだ素朴な伝統食。戦国時代に武田信玄が戦時食として用い、山梨県内で親しまれている。

絶景に感嘆し、文豪たちの面影を追う峠の茶屋

天下茶屋

てんかちゃや

予約	不可
予算	Ⓛ1500円〜

河口湖周辺 MAP 付録P.7 D-1

峠を行き交う旅人に食事を振る舞ったのが店の始まりで、その絶景を愛した井伏鱒二(いぶせますじ)や太宰治(だざいおさむ)などの文人たちが滞在し、小説の背景にも使われたという。自家製麺をじっくり煮込んだほうとう鍋などの料理のほか、おみやげコーナーもある。

☎0555-76-6659
所山梨県富士河口湖町河口2739 営10:00〜16:00(状況により早く閉まる場合あり) 休無休(冬季は天候により休業あり) 交中央自動車道河口湖ICから車で30分 Pあり

←2階は太宰治文学記念室で、茶屋の利用者は無料で見学可能

→絶景を求めて写真撮影に来る人も多い

天下茶屋きのこほうとう鍋 1550円
野菜とナメコがたっぷり入ったほうとうには、天然もののナメコが入る時期もある

↑田舎の家に遊びに来たような懐かしい座敷

↑旅人たちが休んだ茶屋の面影を感じさせる外観

↓木の実みそ田楽580円も一緒に味わいたい

麺の食感、だしや味噌を工夫したこだわりの味

甲州ほうとう小作河口湖店

こしゅうほうとう こさくかわぐちこてん

河口湖 MAP 付録P.9 D-4

煮込んでもやわらかくなりすぎない、もちもちとした極太麺が自慢。野菜をベースにした秘伝のだしと、ほうとうのために考案されたオリジナルの小作味噌は、創業以来40年間変わらぬ味を保っている。野菜もたっぷり入っている。

☎0555-72-1181
所山梨県富士河口湖町船津1638-1 営11:00～20:30(LO20:00) 休無休 交富士急行・河口湖駅から周遊バスで3分、役場入口下車、徒歩3分 Pあり

古民家風の店内は広い座敷があり、客席も多い

重厚な店構え

とろりとして臭みの少ない馬刺し1050円(奥)とともに

熟瓜(かぼちゃ)ほうとう 1300円
これがベースとなり、鴨肉や猪肉、クマ肉などを加えるなど、ほうとうのバリエーションが豊か

予約	不可
予算	LD1300円～

おしるこ風の新感覚の甘い小豆ほうとう1300円

名物は、オリジナルの塩ほうとうと富士桜鱒寿司

大豊

たいほう

山中湖 MAP 付録P.10 A-1

ほうとうといえば味噌味が主流だが、ここでは鯛のだしを使った塩味のほうとうが人気。富士桜鱒寿司をはじめ、国産豚と大豆を煮込んだ豚の角煮、山中湖産のワカサギの天ぷら、馬刺しや穴子の一本揚げなど、多彩なメニューが揃う。

☎0555-62-4650
所山梨県山中湖村山中865-919 営11:30～14:00(変動あり) 17:30～20:30(LO) 休月曜(冬期は月・火曜、祝日の場合は翌日休) 交富士急行・富士山駅から周遊バスで31分、花の都公園下車、徒歩3分 Pあり

カウンター、テーブル席のほか、座敷もある

予約	不可
予算	L1000円～ D2000円～

塩きのこほうとう 1300円
あっさりとした味付けで、野菜のほか鶏の手羽焼きも添えられ、柚子胡椒で味を調節していただく

富士山の湧き水で育てられたサクラマスを天然塩で下漬けした富士桜鱒寿司1500円

不動ほうとう1210円
自家製麺を使用し、カボチャ、山菜などの富士山麓の味覚をたっぷり煮込んだコクのある味わい

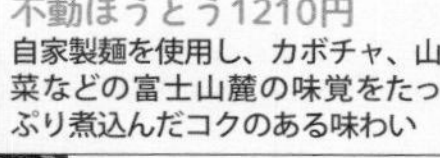

黒糖で炊き込んだほんのり甘いいなり寿し520円

富士山にかかる雲が舞い降りたようなドーム型の外観

富士山に浮かぶ雲をイメージした建物も名物

ほうとう不動東恋路店

ほうとうふどうひがしこいじてん

予約	不可
予算	LD1210円～

河口湖 MAP 付録P.13 E-1

味はもちろん、建築家・保坂猛(ほさかたけし)氏によって設計された個性的な建物も河口湖名物として人気を集めている。コシのある自家製麺を使った不動ほうとうは、体の芯から温まるおいしさ。秘伝の薬味を好みで加えて味わいたい。

☎0555-72-8511
所山梨県富士河口湖町船津東恋路2458 営11:00～20:00(売り切れ次第終了、夕方以降は要連絡) 休無休 交富士急行・河口湖駅から周遊バスで15分、東恋路西下車、徒歩5分 Pあり

ぶっかけ1390円
焼き味噌に薬味のナメコ、ネギ、みょうが、大葉、キクラゲ、金ごまをかけていただく。

天祥庵
てんしょうあん

忍野 MAP 付録P.7 E-3

富士の湧き水を使って打つ茅葺き屋根の峠のそば屋

厳選した国産のそば粉と地下約60mから汲み上げる水を使ったコシのある手打ちそばが評判の店。人気は、自家栽培の薬味や焼き味噌とともに味わう「ぶっかけ」や辛口の大根おろしやナメコなどでいただく「からみ」など。

☎0555-84-4119
所山梨県忍野村忍草2848-2
営11:00～16:00(売り切れ次第終了)
休水曜(祝日、8月は無休) 交富士急行・富士山駅から富士急行バス・内野行きで13分、忍野温泉前下車、徒歩5分 Pあり

予約	可
予算	L 840円～

小高い峠の頂上付近にある一軒家

木立ちの緑に囲まれた素朴な民芸風の店内

富士山の清冽な恵みが生み出す

湧き水deグルメ

きれいな水のあるところにおいしいそば処あり。
水の良し悪しで味が決まるかき氷も、
富士山の湧き水で作れば格別の味わいに。

ピスタチオみるく＆ラズベリー1780円
たっぷりかかったピスタチオみるくとラズベリーが絶妙にマッチ

信玄氷〈人気No.1〉1680円
練乳ときな粉がかかったた氷に黒蜜をかける。中は白玉入り

信水堂
しんすいどう

予約	要
予算	L 1250円～

河口湖 MAP 付録P.13 E-2

おいしい富士の伏流水で作るふわっふわのトロけるかき氷

富士の伏流水を使って独自に作る氷は透明で、薄く削ることができるため、ふわふわに仕上がり頭がキーンとしない。氷以外の甘味や軽食メニューも充実しているので、一年中楽しめる。

製氷機で時間をかけて硬く凍らせるため薄く削れる

☎0555-73-8548
所山梨県富士河口湖町船津7673-1 営11:00～17:00
休月曜 交富士急行・河口湖駅から周遊バスで15分、東恋路西下車、徒歩10分 Pあり
※instagramより要予約

店舗は静かなロケーション(下)。和モダンでくつろげる雰囲気の店内(右)

サーロインコース(240g) 3000円
プレートを熱しすぎず、時間をかけて調理して少し早いタイミングで食べるとおいしい

↑テーブルのコンロに溶岩プレートがセットされ、好みの焼き加減で食す

↑本栖湖からすぐの場所にある

↑椅子席のほか庭を眺める座敷席も

ジューシーな肉を
広い店内でいただく

本陣つかさ

ほんじん つかさ

本栖湖 MAP 付録P.12 C-1

あつあつの溶岩プレートで自ら焼いて食べるステーキはボリューム満点で、ガッツリ肉を食べたい人も満足の一品。定食は味噌汁や漬物付き。地元で獲った野生鹿のやわらかい部位を使った鹿肉料理を提供している。

☎0555-87-2038
所山梨県富士河口湖町本栖120-9
営8:30～17:30 冬季平日9:30～17:00 休無休
交富士急行・河口湖駅から周遊バスで47分、本栖湖下車、徒歩2分
Pあり

予約	可
予算	L1500円～

遠赤外線効果で食材を内側から温め、ジューシーな焼き上がり

富士山麓名物溶岩焼き

富士山の溶岩を使ったプレートは、余分な脂を石が吸収するスグレもの。名物料理とともに。

ダイナミックな眺望と
地元の味を満喫できる

郷土料理 海馬

きょうどりょうり しーほーす

山中湖 MAP 付録P.10 A-2

2階にあるゆったりとした店内で目の前に広がる山中湖の眺望を楽しみながら、ほうとうやワカサギ料理、富士桜ポークのしゃぶしゃぶなど、ご当地グルメが満喫できる。郷土料理が味わえる山中湖御膳、甲斐路御膳もおすすめ。

☎0555-62-1616
所山梨県山中湖村山中86 営10:00～21:00(LO 20:30) 休不定休
交富士急行・富士山駅から富士急行バス・御殿場方面行きで28分、富士山山中湖(ホテルマウント富士入口)下車、徒歩3分 Pあり

↑山中湖のワカサギのフライ1000円。旬は冬場だ

↑天井が高く、大きな窓からは山中湖を一望

予約	可
予算	L860円～ D1300円～

富士の溶岩焼き・甲州牛 4600円
高級ブランド牛のヒレ肉を、富士山の溶岩を加工したオリジナルのプレートで焼く人気メニュー

優雅なひととき、最高の一杯

至福の時間 こだわりカフェ

雑貨コーナーでショッピングを楽しみながらカフェでくつろげるお店や、ガーデンテラスで景色を見ながらのんびりできるカフェなど、どこも居心地のよい空間が広がっている。

ベイエリアの雰囲気で、インテリアを作り込んだ心地よい店内

西海岸風サードウェーブコーヒーでくつろぐ

CISCO COFFEE

シスコ コーヒー

河口湖 MAP 付録P.9 D-3

一杯ずつていねいにハンドドリップで抽出するコーヒーは、厳選されたシングルオリジンの豆を使用している。サンフランシスコで焙煎した豆を仕入れており、豆の量り売りもあるので、気に入ったらおみやげ用に購入できる。

カップに一杯ずつ淹れるハンドドリップコーヒー500円

☎0555-73-4187
所山梨県富士河口湖町小立927-1 営9:30〜17:00(LO) 休水曜
交富士急行・河口湖駅から周遊バスで13分、河口湖ミューズ館入口下車すぐ Pあり

建物も西海岸風

コーヒーは大きめのマグに入って量もたっぷり

ボストンクリームパイ600円
コーヒー風味のスポンジに2種のクリームを挟み、厚めのチョコがけでボリューム満点

緑に囲まれた山中湖畔の心地よいカフェ

PAPER MOON
ペーパー ムーン

山中湖 MAP 付録P.11 E-4

大人が楽しめる＆くつろげる空間作りをモットーに、10歳以下は入店不可というスイーツカフェと生活雑貨の店。周辺の緑と調和するおしゃれな建物で、ゆったりとした店内や湖畔のテラスで、手作りのケーキやパイなどが味わえる。

☎0555-62-2041
所山梨県山中湖村平野481-1
営11:00〜18:00 休無休 交富士急行・富士山駅から周遊バスで52分、撫岳荘前下車、徒歩3分 Pあり

かわいい生活雑貨が揃う(上)。昭和60年(1985)創業以来、山中湖畔で人気のカフェ(下)

アップルパイ1100円
ていねいに煮込んだリンゴをパイで包んで焼き上げた、PAPER MOONのスペシャリテ

色とりどりのドライフラワーが迎えてくれる店内

ファンタジーの世界で絶品イチゴスイーツを

オルソンさんのいちご

河口湖 MAP 付録P.9 E-1

まるでおとぎの国に迷い込んだようなかわいらしいカフェは、日差しがたっぷり降り注ぐオープンエアな空間が魅力。イチゴをふんだんに使ったデザートメニューはどれもカラフルで華やか。富士山を望むテラス席で優雅なひとときを。

☎0555-76-6789
所山梨県富士河口湖町河口3026-1
営10:00〜17:00(12〜2月は〜16:00) LOは閉店の各30分前 休不定休 交富士急行・河口湖駅から周遊バスで20分、猿まわし劇場・木の花美術館下車すぐ Pあり

エントランスでは、エプロン姿の猫のダヤンが迎えてくれる

河口湖木ノ花美術館に併設。富士山を望むカフェ

イチゴの風味が堪能できるストロベリークリームティー693円(右)

いちごパフェ880円
イチゴを10個使用したパフェは、果肉たっぷりのストロベリーアイスが絶品

バナナカスタードパイ760円
サクッとした生地にバナナとカスタードをたっぷり乗せたパイ

洋服やバッグなどのレディスブランドを中心に扱うセレクトショップを併設

乙女心をくすぐる空間につい長居してしまう

troisième marché
トロワジエム マルシェ

河口湖 MAP 付録P.9 F-2

河口湖にほど近い静かな通りにたたずむカフェ。アンティーク家具に囲まれた空間で、約10種類の手作りケーキが楽しめる。雑貨とアパレルショップを併設しているので、お茶やランチとあわせて買い物も楽しみたい。

☎0555-73-8910
所山梨県富士河口湖町河口682 シャトレ・ラ・ミューズ1F
営11:30〜17:00 休水曜、隔週木曜(祝日の場合は翌日)
交富士急行・河口湖駅から周遊バスで18分、河口湖美術館下車、徒歩5分 Pあり

エントランスもおしゃれ

醸造所でいただく新鮮な味わい
高原の地ビール

クラフトビールの醸造は全国で広がりをみせるが、富士山の伏流水が生み出す味わいはまた格別。持ち帰り用にビールの販売も行っており、おみやげに喜ばれること間違いなしだ。

PIZZAマルゲリータ1890円、山賊のスペアリブ(ロング)3850円などビールがすすむ料理が豊富

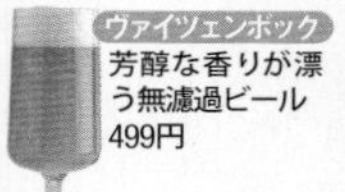

ヴァイツェンボック
芳醇な香りが漂う無濾過ビール499円

アラスカピルス
凍る寸前のキンキンに冷えたピルス799円

店内から仕込み作業が見られる

御殿場コシヒカリラガー
米のまろやかさとスッキリとした喉ごし699円

お持ち帰りビール
御殿場コシヒカリラガー、ヴァイツェンボック、ピルスなどの350mℓ缶を販売

店内の貯蔵タンクから直結
御殿場高原ビール GRAND TABLE
ごてんばこうげんビール グラン テーブル

御殿場 MAP 付録P.17 D-4

銅製の2つの釜で約30日間かけて仕込むビールが自慢。薪窯焼きのナポリピッツァなど、料理はいずれもボリューム満点。定番5種類のできたてビールのほか、季節限定のビールも登場する。

☎0550-87-5500
所静岡県御殿場市神山719 営11:00〜15:00 17:30〜21:00 土曜11:00〜22:00 日曜11:00〜21:30(LOは閉店の各1時間前)※変動あり 休無休 交JR岩波駅から無料シャトルバスで10分 Pあり

イルミネーション輝く店内

地ビール各500円〜。ジューシーな特製スペアリブ(左)1680円。カキのアヒージョ(手前)1100円

ドイツ製の仕込み釜が並ぶ醸造所を併設

お持ち帰りビール
2ℓ瓶4400円。次回空瓶を持参すると2200円で詰め替えてもらえる

ドイツ人マイスター直伝の地ビール
ふじやまビール Harvesterrace
ふじやまビール ハーベステラス

富士吉田 MAP 付録P.14 C-4

富士山の天然水とドイツのブラウマイスター直伝の醸造技術が生み出すふじやまビールのレストラン。ビールを練り込んだ「富士ヶ嶺ポークソーセージ盛り合わせ」など一品料理が充実。

☎0555-24-4800
所山梨県富士吉田市新屋 3-7-1 道の駅 富士吉田(P.126)内 営11:00〜20:00(LO19:00、季節により変動あり) 休不定休(季節により変動あり) 交富士急行・富士山駅から周遊バスで17分、富士山レーダードーム前下車すぐ Pあり

開放的な店内。ビールやソーセージも販売

牛肉のヴァイツェン煮1800円など、ビールに合うメニューが多数

ヴァイツェン
フルーティな香りが特徴600円(300mℓ)

店内から醸造所が見学できる

ラオホ
通好みの燻煙のビール600円(300mℓ)

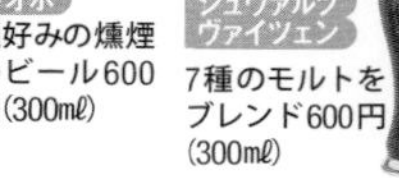

シュヴァルツヴァイツェン
7種のモルトをブレンド600円(300mℓ)

お持ち帰りビール
左から「ピルス」「ヴァイツェン」「ラオホ」「シュヴァルツヴァイツェン」各484円(330mℓ)

施設内醸造の地ビールを味わえる
FUJI GATEWAY
フジ ゲートウェイ

河口湖 MAP 付録P.13 F-3

キャンプ場やキッズテーマパークなどが揃う富士北麓のアクティビティ施設。ショップでは、「富士桜高原麦酒」の販売を中心に、ピタサンドやクラムチャウダーなど軽食が充実している。

☎0555-72-3030
所山梨県富士河口湖町船津剣丸尾6663-1 営10:00〜16:00(各施設により異なる、季節により変動あり) 休水・木曜(祝日の場合は営業) 交富士急行・河口湖駅から無料シャトルバスで15分 Pあり

穏やかな日差しに包まれたコンサバトリー

七色変化の
富士山を
旅のおみやげに

買う

富士山形の容器に地酒を詰め込んだり、
石鹸やクッキーで
冠雪した富士山を表現したりと、
誰からも愛される「富士山」は
旅の話に花を添えてくれる。
直売所で購入する
山麓の名産品も外せない。

みんなに愛されているモチーフ
ユニーク富士山いただきます

いまや大定番となった富士山をかたどったおみやげ。
ケーキにメロンパンから、ようかんに日本酒まで、
地元で作られたこだわりの逸品を厳選してご紹介。

A 金多゛留満 本店
きんだるま ほんてん
河口湖 MAP 付録P.13 F-1

芸術的なようかんで豊かな四季を表現

明治44年(1911)創業。富士の自然を写したカラフルで季節感やデザイン性に富むようかんをはじめ、多彩な和菓子が揃う。

☎0555-72-2567
所 山梨県富士河口湖町船津7407 営 9:00～19:00(10～3月は～18:00) 休 無休
交 富士急行・河口湖駅から周遊バスで15分、東恋路西下車、徒歩5分 P あり

B 鈴廣かまぼこ 御殿場店
すずひろかまぼこ ごてんばてん
御殿場 MAP 付録P.17 E-2

買って安心な歴史ある蒲鉾店

創業150年を超えるかまぼこの老舗であり、天然素材を用い化学調味料や保存料を一切使わないおいしさはお墨付き。

☎0550-81-4147
所 静岡県御殿場市東山1074-12 営 9:00～17:00(土・日曜、祝日は～18:00) 休 無休 交 JR御殿場駅から富士急行バス・御殿場アウトレット行きで6分、東山旧岸邸下車、徒歩5分 P あり

C 田子の月 富士山御殿場本店
たごのつき ふじさんごてんばほんてん
御殿場 MAP 付録P.17 D-2

洋風もプラスした幅の広い和菓子

富士山周辺に多くの支店を持つ和菓子店で、品数も豊富。買い物のあとはカフェスペースで休憩もできる。

☎0550-78-6326
所 静岡県御殿場市東田中便船塚1026-9
営 9:30～18:00(変動あり)
休 年間2日不定休
交 JR御殿場駅から徒歩20分 P あり

D シフォン富士
シフォンふじ
富士吉田 MAP 付録P.14 C-3

見れば笑顔になるシフォンケーキ

デコレーションなしでも満足できるシフォンケーキを追求。フレーバーも多彩で、カットシフォンを選ぶのも楽しい。

☎0555-24-8488
所 山梨県富士吉田市大明見2-23-44
営 10:00～18:00
休 火曜、第4水曜
交 富士急行・富士山駅から車で5分 P あり

A 秋富士羊羹
美しい富士山の情景を季節ごとに販売。写真は秋色に染まる華やかなようかん(秋季限定)。1本1800円

B こ・こ・ろ
御殿場店限定の富士山柄の箱に入った、手のひらサイズのかわいい板かまぼこ。540円

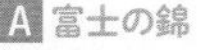

A 富士の錦
毎月22日だけに限定販売される、一本で富士山の四季を表現したようかん。1本2800円

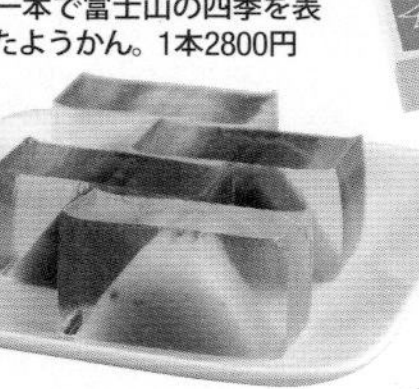

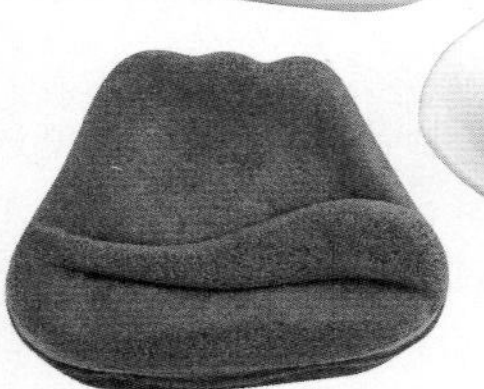

C 富士山頂
スポンジの中にカスタード、ワイトチョコを雪に見立て、にはコーヒー味のチョコが。年愛される味。1350円(6個入

C 富士山御殿餅
もち粉入りの食感の良い皮で餡を包み、富士山形に焼いた和菓子。1240円(6個入り)

H おちょうし富士山(夏)
おちょうしの中身は富士山麓産茶葉を100%使用した本格お茶焼酎。1870円(180mℓ)

D ふじフォン
話題性ありの見た目で味にも満足、5種類のサイズを展開。直径23cmのスーパー小(左)3229円、直径15cmの小(右)993円

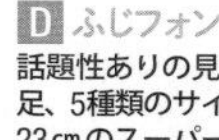

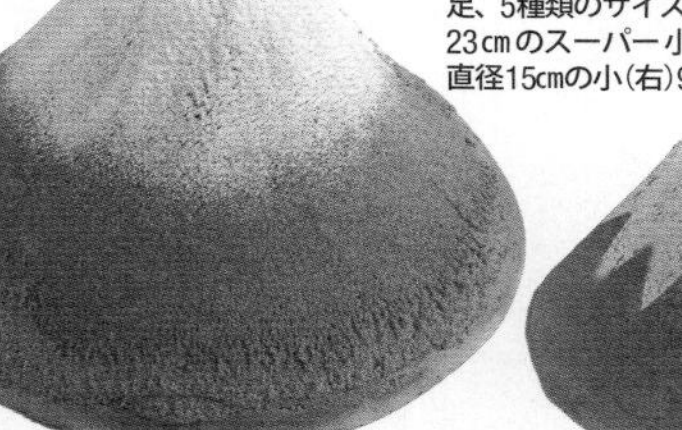

F 世界の富士山ケーキ
チョコマーブルケーキを青＆白のチョコレートでコーティングした迫力満点の富士。3618円

E FUJIYAMA COOKIE
プレーンやホワイトチョコの雪がかかった富士山など種類が豊富。1枚160円～、チョコ5個箱入り950円

富士山めろんぱん
ココアパウダーとシュガーパウダーで雪山を表現した五合目限定のメロンパン。1個300円
●五合園レストハウス（P.123）

F ふじさんプリン
口どけのよい2層の白いプリンに特製ハチミツソースがマッチする。453円

G 清酒富士山ミニ菰樽
旨口本醸造を詰めたミニ樽。プレゼントにもぴったり。2400円（300㎖）

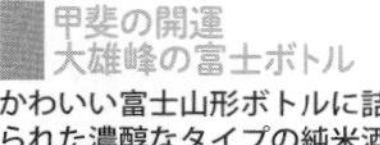

清酒クリスタル富士山
やげにも喜ばれる富士山ボトルで、淡麗辛口本醸入り。売上の一部をユネこ寄付している。1800円㎖）

甲斐の開運 大雄峰の富士ボトル
かわいい富士山形ボトルに詰められた濃醇なタイプの純米酒。1800円（360㎖）
●Gateway Fujiyama 富士山駅店（P.122）

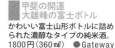

H ラグビーボール型カラフェ
ラグビーW杯開催記念のカラフェ。好きな番号を入れることもできる。5170円～（720㎖）

H 富士山とっくり
四季の富士山を表したオリジナルとっくりは予約で名入れも可。4400円（720㎖）

E フジヤマクッキー

河口湖 MAP 付録P.9 F-3

バリエーションが楽しいクッキー

河口湖に面したおしゃれな店舗で、国産小麦粉や富士山周辺で採れる素材を使った手作りのかわいいクッキーを販売。

☎0555-72-2220
所 山梨県富士河口湖町浅川1165-1 営 10:00～17:00（季節により変動あり） 休 毎月第2、4火曜日 交 富士急行・河口湖駅から徒歩15分 Ⓟあり

F ラ・ヴェルデュール木村屋

ラ・ヴェルデュールきむらや
河口湖 MAP 付録P.13 E-1

地元の素材を生かした極上スイーツ

創業から30年、「手作りでおいしいお菓子」をコンセプトにケーキやジェラートなど多彩な商品を販売。イートインも可能。

☎0555-73-1511
所 山梨県富士河口湖町小立8017-1フォレストモール富士河口湖内 営 10:00～19:00 休 火曜 交 富士急行・河口湖駅から周遊バスで15分、フォレストモール富士河口湖前下車すぐ Ⓟあり

G 牧野酒造合資会社

まきのしゅぞうごうしがいしゃ
富士宮 MAP 付録P.4 A-2

酒米と酵母の吟味を重ねた酒造り

寛保3年（1743）創業の歴史ある酒蔵。富士山のやわらかい湧き水で、伝統ある能登杜氏（とうじ）が昔ながらの技法で仕込む。

☎0544-58-1188
所 静岡県富士宮市下条1037
営 9:00～16:00
休 不定休（土日は要予約）
交 JR西富士宮駅から車で15分
Ⓟあり

H リカーワインズショップ みしまや

裾野 MAP 付録P.5 E-4

地酒を中心にした豊富な品揃え

地酒を中心とした専門店。地域の農家と提携し、地元の素材を生かした新商品の開発にも熱心に取り組んでいる。

☎055-993-1553
所 静岡県裾野市佐野1489-3
営 8:00～20:00 休 無休
交 JR裾野駅から徒歩8分
Ⓟあり

旅の話が弾みそうな楽しいアイテムがそろっています

富士山をかたどった愛らしいおみやげ

富士山モチーフで、デザイン性にもすぐれたアイテムが急増中。おみやげに喜ばれること間違いなしの逸品ぞろい。

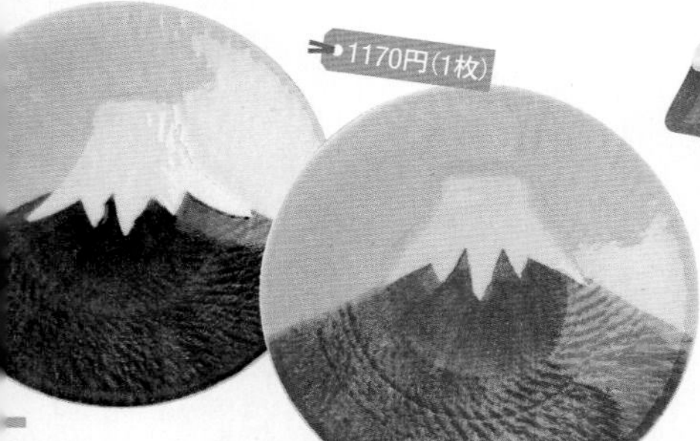

1170円（1枚）

富士山まめ皿
青富士、赤富士をペアで揃えたい、醤油皿などに使える豆皿
●Gateway Fujiyama 富士山駅店

1650円（3個）

富士山プチピン
色とりどりの富士山を押しピンに。ヘアゴムなどもある
●あしたば硝子工房

3500円

一輪挿し
どっしりと安定感があってブルーが爽やか
●あしたば硝子工房

2200円

富士山ペーパーウェイト（ドーム）
透明の球体の中に富士山が。気泡のつぶつぶが入ってきれい
●あしたば硝子工房

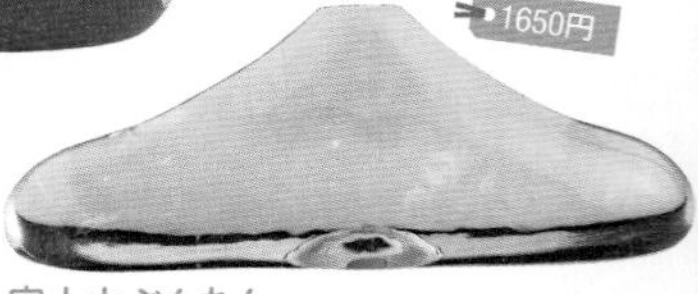

1650円

富士山ぶんちん
なだらかなシルエットに、曇りガラスで山頂の積雪を表現
●あしたば硝子工房

6000円

富士山コップ
水を注ぐと富士山が大きく見えるガラス作家・生島賢氏のコップ
●Gateway Fujiyama 富士山駅店

1980円

富士山牛王トートバッグ
江戸時代のお札の絵柄を使用したトートバッグ
●ふじさんミュージアム

660円

小布
50×50cmの小さめの風呂敷。お弁当包みに
●ふじさんミュージアム

吹きガラス体験ができます

ガラスを使った簡単な作品が作れる体験は要予約（当日も可）。3100円～（所要時間は約30分）

ガラスのアートに触れるアトリエ

あしたば硝子工房

あしたばがらすこうぼう

河口湖周辺 MAP 付録P.7 E-1

ガラス作家の夫妻が食器や照明器具などの作品を制作している工房で、ガラスを溶かすための窯が見学できる。工房内で商品販売も行なっている。

☎0555-25-3880
所山梨県西桂町下暮地3066
営10:00～18:00
休火曜 交富士急行・三つ峠駅から徒歩15分 Pあり

個性的な富士山アイテムが集合

Gateway Fujiyama 富士山駅店

ゲートウェイ フジヤマ ふじさんえきてん

富士吉田 MAP 付録P.14 B-2

富士山駅ビル「Q-STA」内にある富士山をコンセプトにしたスーベニアショップ。贈り物に選びたい、富士山モチーフのプロダクトや食品が充実。

☎0555-23-1120
所山梨県富士吉田市上吉田2-5-1富士山駅ビル「Q-STA」1F 営10:00～20:00 休不定休 交富士急行・富士山駅直結 Pあり

500円(1個)

FUJIYAMA SEKKEN（化粧箱入り）
河口湖に工場を持つ松山油脂とコラボした石鹸。左からローズマリー、ラベンダー、レモングラス
●フジヤマクッキー(➡P.121)

1700円

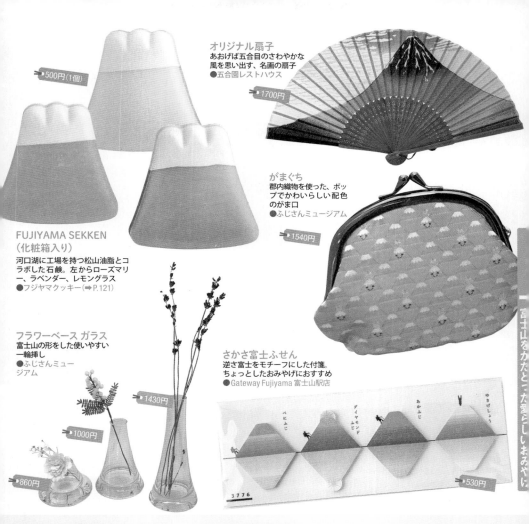

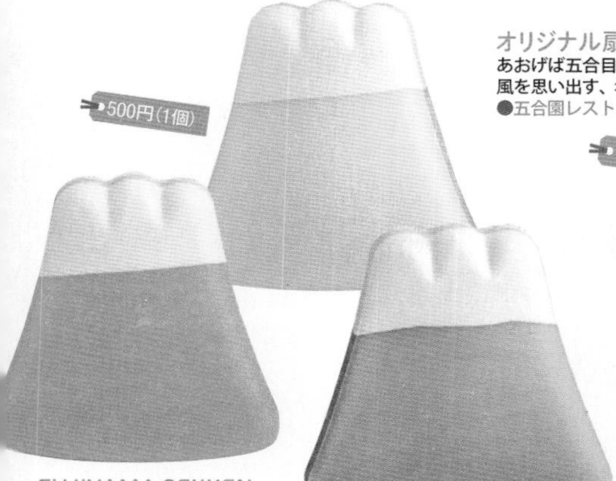

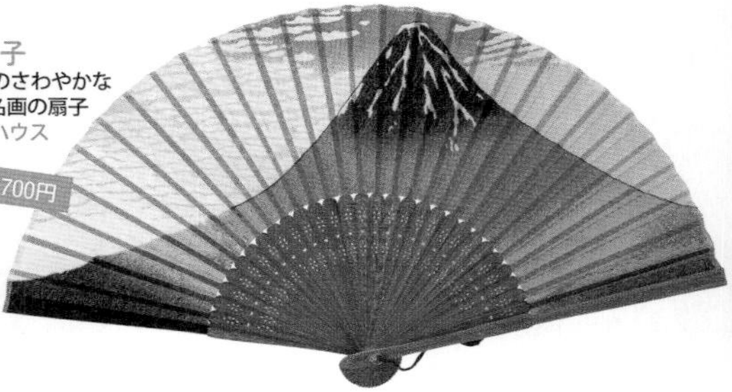

オリジナル扇子
あおげば五合目のさわやかな風を思い出す、名画の扇子
●五合園レストハウス

1540円

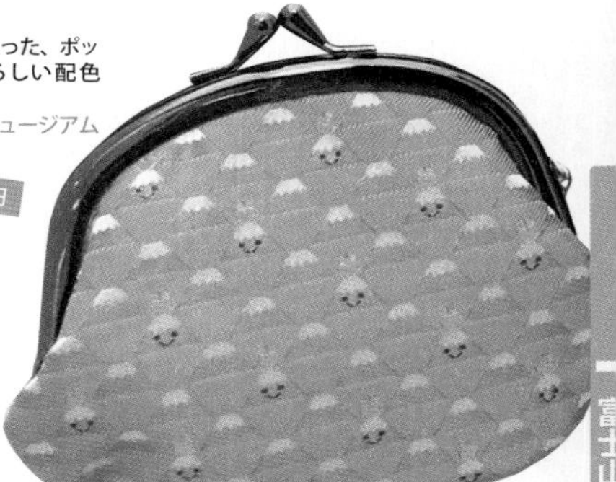

がまぐち
郡内織物を使った、ポップでかわいらしい配色のがま口
●ふじさんミュージアム

1430円
1000円
860円

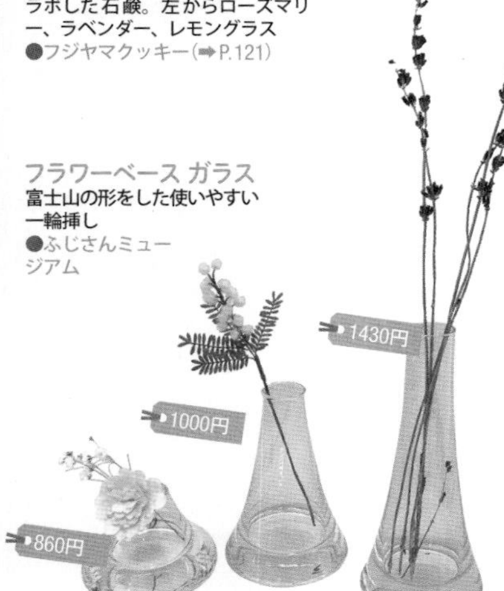

フラワーベース ガラス
富士山の形をした使いやすい一輪挿し
●ふじさんミュージアム

べにふじ
ダイヤモンドふじ
あかふじ
ゆきげしょう
3776
530円

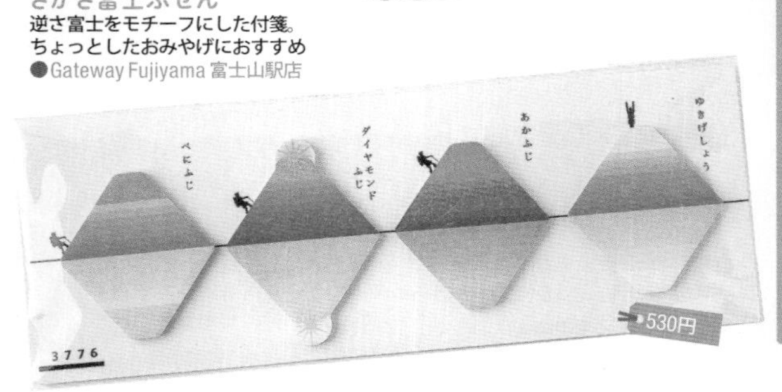

さかさ富士ふせん
逆さ富士をモチーフにした付箋。ちょっとしたおみやげにおすすめ
●Gateway Fujiyama 富士山駅店

信仰の対象としての富士山を知る

ふじさんミュージアム

富士吉田 MAP 付録P.14 C-4

富士山信仰に関する資料を集めた博物館では、人々がどのように富士山に親しんできたかを知ることができる。ミュージアムショップも多彩。

☎0555-24-2411 所山梨県富士吉田市上吉田東7-27-1 開9:30～17:00(入館は～16:30) 休火曜 交富士急行・富士吉田駅から周遊バスで15分、ふじさんミュージアムパーク前下車すぐ Pあり

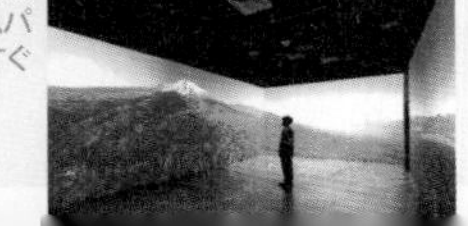

おみやげてんこ盛りの賑やかさ

五合園レストハウス

ごごうえんレストハウス

富士山五合目 MAP 付録P.6 C-4

スイス風の建物で観光客を集めるレストハウスは、子ども向けのものから高級品までとにかく品数が豊富。軽食をとったりお茶を飲める休憩所もある。

☎0555-72-1251 所山梨県鳴沢村富士山8545-1 営9:00～17:00(5・6月7:00～8:00、7～9月中旬4:00～20:00、9月下旬～10月～18:00、12月～16:00) 休冬季のスバルライン閉鎖期間 交富士急行・河口湖駅から富士急行バス・富士山五合目行きで55分、終点下車すぐ Pあり

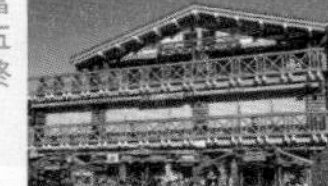

登山の思い出が蘇る品々が揃う

富士山五合目簡易郵便局

ふじさんごごうめかんいゆうびんきょく

富士山五合目 MAP 付録P.6 C-4

五合目レストハウス内にある郵便局で、はがきにスタンプを押して投函すれば、もらった人は喜ぶこと間違いなし。自分用にもとっておきたい。

☎090-4077-3776 所山梨県鳴沢村富士山8545-1 営4月20日～11月15日9:00～17:00(営業日変動あり、要問合せ) 休1月16日～3月15日 交富士急行・河口湖駅から富士急行バス・富士山五合目行きで55分、終点下車すぐ Pあり

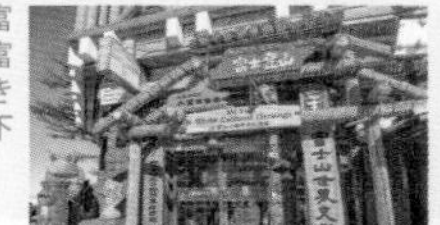

清らかな水で作る美味なる味わい

めしあがれ焼きたてパン

自家製天然酵母を使ったこだわりのベーカリー。
カフェ併設で、焼きたてのパンをコーヒーとともに。

目の前に河口湖と富士山の景色が広がるテラス席(湖畔のパン工房 Lake Bake)

湖畔のパン工房 Lake Bake

こはんのパンこうぼう レイクベイク

河口湖 MAP 付録P.9 D-1

富士山が一望できる湖畔のベーカリー

自家製酵母による焼きたてパンが評判。米麹で作る酒種あんぱん、富士山をイメージしたモンフジなど約50種類が並ぶ。パンにぬって楽しめる自家製コンフィチュールも人気。

☎0555-76-7585

所山梨県富士河口湖町大石2585-85 営10:00〜16:30(カフェは〜15:30)売り切れ次第終了 休水曜、第2・4木曜(祝日の場合は営業) 交富士急行・河口湖駅から周遊バスで27分、河口湖自然生活館下車、徒歩3分 Pあり

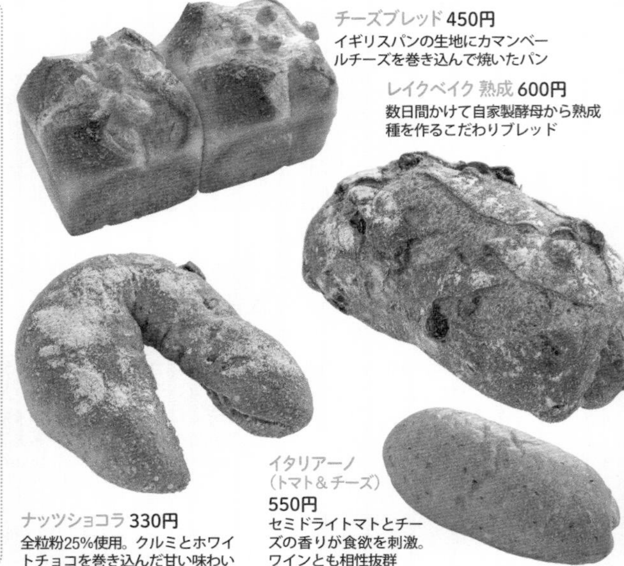

チーズブレッド 450円
イギリスパンの生地にカマンベールチーズを巻き込んで焼いたパン

レイクベイク 熟成 600円
数日間かけて自家製酵母から熟成種を作るこだわりブレッド

ナッツショコラ 330円
全粒粉25%使用。クルミとホワイトチョコを巻き込んだ甘い味わい

イタリアーノ(トマト＆チーズ) 550円
セミドライトマトとチーズの香りが食欲を刺激。ワインとも相性抜群

クロワッサン・オザマンド259円
クロワッサンにアーモンドクリームを挟んだ上品な甘さのパン

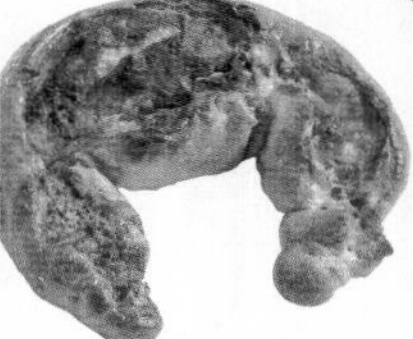

ゴルゴンゾーラとはちみつのパン
389円
クルミ入りのカンパーニュ生地にハチミツとチーズをトッピング

北欧の田舎パン
518円
ジャガイモを練り込んで焼き上げるもっちりとした生地が特徴

きのこと野菜のカレーフランス
281円
きのこと野菜がたっぷり入ったキーマカレーのフィリングが美味

栗とチョコレートのフランスパン
302円
栗とチョコレートをくるんで焼いた形もユニークなフランスパン

KuKKA
クッカ

御殿場 MAP 付録P.17 D-3

素朴ながらこだわり派の自家製酵母

住宅街の一角に建つ隠れ家ベーカリー。ハード系、惣菜パン、ペストリーなど自家製酵母を使用したパンが揃い、フィリングも手作りにこだわりていねいに焼き上げる。

☎0550-82-3080
所 静岡県御殿場市東田中1860-12
営 11:00～18:00(売り切れ次第終了)
休 水・木曜
交 御殿場ICから車で5分
P あり

フランスパン
150円
前日のタネを少しずつ受け継ぐ正統派の製法で作られている

フーガス
500円
オリーブオイルとアンチョビが入ったユニークな葉っぱ形のパン

ブリオッシュ ショコラ
280円
チョコ、クルミ、ざらめがたっぷり。デザートにもおすすめ

↑隣にはフレンチの人気店キャフェ ドゥ ブローニュがある

ラ・ブーランジュリー

河口湖 MAP 付録P.13 F-2

製法を追求し粉も厳選した自家製パン

フレンチレストランに併設されたパン屋さん。食事に合うスタンダードな自家製パンを中心に、本格的な惣菜やワインなども扱っている。

☎0555-72-3336
所 山梨県富士河口湖町船津5521-2
営 10:00～19:00
休 火・水曜
交 富士吉田ICから車で3分／富士急行・河口湖駅から徒歩30分
P あり

ミニフランスパン 150円
外側はパリッ、内側はしっとり。独特な食感のフランスパン

稲穂パン
220円
米粉を使っているので稲穂の形に。食べ応え満点のベーコンエピ

チョコチップメロンパン 170円
表面にサクサクのクッキー生地を組み合わせて焼くメロンパン

食パン 300円
米の風味がやさしく伝わる、ふんわり、しっとりとした食パン

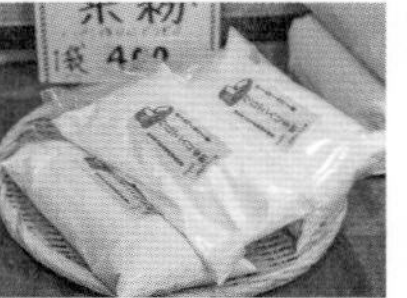
↑柚野の里で減農薬栽培した米を使った米粉400円を販売

百姓のパン工房
ひゃくしょうのパンこうぼう

富士宮 MAP 付録P.4 B-3

もちもち、ふわふわの米粉パンが人気

自家栽培の米を使って焼き上げる、米粉パンの専門店。バゲット、惣菜パン、デニッシュなど約40種類が並び、いずれも米粉独特のもちもちとした食感が楽しめる。

☎0544-29-7878
所 静岡県富士宮市淀師1506-7(富士宮西高前)
営 10:00～18:00
休 日曜　交 JR富士宮駅から富士宮市バスで7分、総合福祉会館下車、徒歩3分　P あり

地元の農産物をお持ち帰り

フレッシュな農産物直売所へ

Farmers' Market

生産者と消費者をダイレクトに結ぶ直売所は、安全で安心な地元の新鮮野菜が手に入る人気スポットのひとつ。旬の野菜や花々をはじめ、その土地の名産品にも出会える。

↑富士北麓の豊かな自然が育んだ鮮度抜群の野菜

ビスケットの天ぷら

揚げビスケットの食感がおもしろいご当地おやつ。1パック100円

ブルーベリー羊かん

鳴沢村産ブルーベリーを100%使用したようかん750円

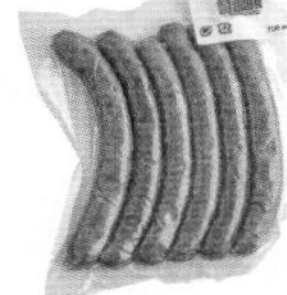

ふじさん紅葉ソーセージ

鹿肉を使用。プレーン700円とピリ辛800円の2種類

不尽の名水が飲める

バナジウムが豊富な富士山の湧き水を自由に汲んで持ち帰ることができる。

道の駅 なるさわ

みちのえき なるさわ

西湖 MAP 付録P.12 C-4

地元名産の鳴沢菜をはじめ富士北麓の特産品が一堂に

国道139号沿い、富士山を望む絶好のロケーション。物産館では地元の100人以上の生産者が育てた新鮮な野菜や果物、加工品が豊富に並ぶ。敷地内には食堂やなるさわ富士山博物館、自然探索路もある。

☎0555-85-3900
所山梨県鳴沢村鳴沢8532-63 営9:00〜18:00(季節により変動あり) 休無休
交富士急行・河口湖駅から周遊バスで24分、道の駅なるさわ下車すぐ Pあり

道の駅 富士吉田

みちのえき ふじよしだ

富士吉田 MAP 付録P.14 C-4

県内最大規模のおみやげ売り場名物吉田のうどんも味わえる

富士山を間近に望む道の駅。物産館では地元特産の農産物や名産品が充実。なかでも「吉田のうどん」はバラエティ豊かな品揃えだ。水汲み場のほか、犬連れにうれしいドッグランも併設。

☎0555-21-1225 所山梨県富士吉田市新屋3-7-3
営9:00〜17:00(土・日曜、祝日は18:00)、軽食コーナー10:00〜16:00(LO15:45) ※季節により変動あり 休無休
交富士急行・富士山駅から周遊バスで17分、富士山レーダードーム前下車すぐ Pあり

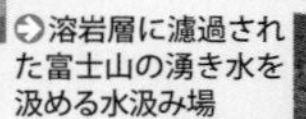

↑←県内屈指の規模を誇る地場野菜売り場。夏から秋は名産のブドウも登場する

吉田のうどん

一番人気。地元の製麺所の麺を使用した、富士吉田のソウルフード。216円〜

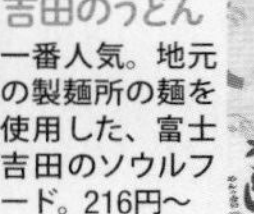

→富士山レーダーの活躍や軌跡などを紹介する「富士山レーダードーム館」

→溶岩層に濾過された富士山の湧き水を汲める水汲み場

シャインマスカットゼリー

富士山の伏流水と山梨県産のシャインマスカットピューレを使用。1080円(8個入り)

吉田のうどんが食せる

自家製麺の吉田のうどんを味わえる軽食コーナーも人気。肉うどん550円。

富士宮市在住の野菜生産者グループ「野菜部会」の会員が作った野菜を販売している

ふもとのジャージー牧場
グラスフェッド・ヨーグルト

放牧でのびのび暮らすジャージー牛の生乳100%無添加ヨーグルト。酸味もありつつ、自然のままのやさしい味わいが特徴。210円(110g)

展望台から見る富士山

近くの小高い丘が展望台として整備され、遮るもののない絶景が望める。

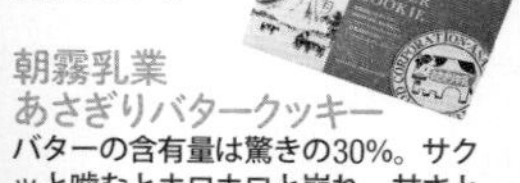

朝霧乳業
あさぎりバタークッキー

バターの含有量は驚きの30%。サクッと噛むとホロホロと崩れ、甘さとバターの風味が口いっぱいに広がる。1296円(10枚入り)

上野製菓精進川羊羹

昭和52年全国菓子大博覧会にて名誉総裁高松宮賞を受賞。こだわりの原材料に富士山湧き水を加えた昔ながらの本練り羊羹。800円(大)

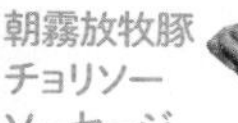

朝霧放牧豚
チョリソー
ソーセージ

高原で放牧されている豚肉のソーゼージ。臭みがなく、旨みのあとからくるピリッと適度な辛みがやみつきに。900円(180g)

道の駅 朝霧高原

みちのえき あさぎりこうげん

朝霧高原 MAP 付録P.18 B-1

富士山の絶景ポイントで休憩 高原産のおいしいものが勢揃い

朝霧高原の新鮮な牛乳を使い、近くの工場で加工した乳製品を販売している。また、地元で採れた旬の朝どれ野菜や特産品も揃っており、おみやげ調達にうってつけ。

☎0544-52-2230 所静岡県富士宮市根原宝山492-14 営8:00〜17:30 休無休 交JR富士宮駅から富士急行バス・富士山駅行きで37分、道の駅朝霧高原下車すぐ Pあり

大石農産物直売所おおいし屋

おおいしのうさんぶつちょくばいじょ おおいしや

河口湖 MAP 付録P.8 C-2

生産者の顔が見える特産や野菜をおみやげや自宅用に購入したい

大石公園内にある観光協会直営の直売所。地元の農家で生産された新鮮な野菜や果物、特産物などを販売。おみやげ向きの加工品も揃うほか、安くて新鮮な野菜を自宅用に買って帰るのもおすすめ。

☎0555-72-8772 所山梨県富士河口湖町大石2585 営9:00〜15:00 休12月下旬〜4月中旬の月〜木曜 交富士急行・河口湖駅から周遊バスで27分、河口湖自然生活館下車すぐ Pあり

干し葡萄

山梨県産のブドウを使った手作り商品

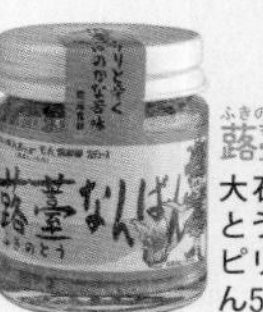

蕗薹(ふきのとう)なんばん

大石産のふきのとうを使用したピリ辛のなんばん540円

季節の採れたて地場野菜や果物が並ぶ

シイタケ

大ぶりの原木栽培シイタケが山盛りで600円とお得

どれも地元の生産者が作った野菜

あわせて立ち寄りたい

無添加でオリジナルのハムとソーセージの店

燻製工房 古志路

くんせいこうぼう こしじ

山中湖 MAP 付録P.11 F-4

手作りのソーセージやハムなどのほか、木々に囲まれたレストランもあり、じっくり煮込んだビーフシチューなども食べられる。予約すれば、ソーセージ作りも体験できる。

☎0555-62-3187 所山梨県山中湖村平野508-375 営9:00〜19:00、レストラン11:00〜19:00 休木曜(祝日の場合は営業)、8月は無休 交富士急行・富士山駅から周遊バスで52分、撫岳荘前下車、徒歩20分 Pあり

ハムとソーセージの盛り合わせ1200円

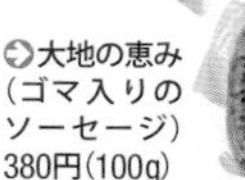

ナックルハム(豚の骨付きハム) 350円(100g)

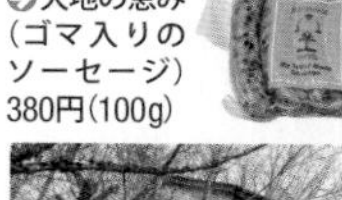

大地の恵み(ゴマ入りのソーセージ) 380円(100g)

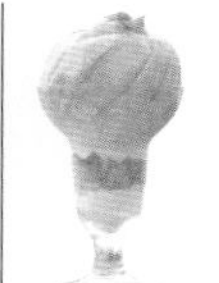

季節のフルーツパフェ「桃」1627円(夏期限定)

フルーツソフト550円

レーズンサンド(全6種)238円〜(1個)

季節のフルーツを贅沢に使ったメニューが好評

葡萄屋kofu ハナテラスcafé

ぶどうやコーフ ハナテラスカフェ

河口湖 MAP 付録P.8 C-2

ブドウを中心に、山梨県産の果物を加工した製品を販売。時期に合わせて、季節の果物をふんだんに使用した、特製のパフェやプレートを食べることができる。

☎0555-72-8180 所山梨県富士河口湖町大石1477-1 営10:00〜16:30(土・日曜、祝日は〜17:00、変動あり) 休不定休 交富士急行・河口湖駅から周遊バスで27分、河口湖自然生活館下車、徒歩2分 Pあり

ほんとうの"おもてなし"がここに

感動的な絶景宿

おいしい食事をとりながら、湯船にのんびり浸かりながら、息をのむほど美しい富士山を眺められる立地にある絶景宿。刻々と移り変わる富士山のさまざまな表情に出会うことができる。

1

露天風呂で富士山を独り占め 特別フロアで過ごす至福の時間

富士山温泉 別墅然然

ふじさんおんせん べっしょささ

富士吉田 MAP 付録P.14 C-3

ホテル鐘山苑の4～5階に設けられた特別フロア。すべての客室にダイニングと専用露天風呂が完備され、富士山を眺めながら天然温泉でくつろげる。四季折々の素材を使用した料理も評判。専用ラウンジでは、コーヒーマイスターがブレンドしたコーヒーや、季節ごとに変わる小菓子やフルーツなどが楽しめる。

HOTEL DATA

☎0555-30-0033
所山梨県富士吉田市上吉田東9-1-18 ホテル鐘山苑内　交富士急行・富士山駅から車で10分(送迎あり)　Pあり　in14:30　out11:00
室17室　予算1泊2食付4万6350円～

2

3

1.開放的なデッキテラスと露天風呂を備えた福地Aタイプの客室。ダイナミックな富士山の姿に圧倒される　2.客室の一例。落ち着いた和室の奥に広々としたリビングが広がる　3.旬の食材を生かした彩り豊かな夕食を部屋でゆっくり味わえる※画像はイメージ　4.静寂に包まれた全17室の宿が忙しい日常を忘れさせてくれる

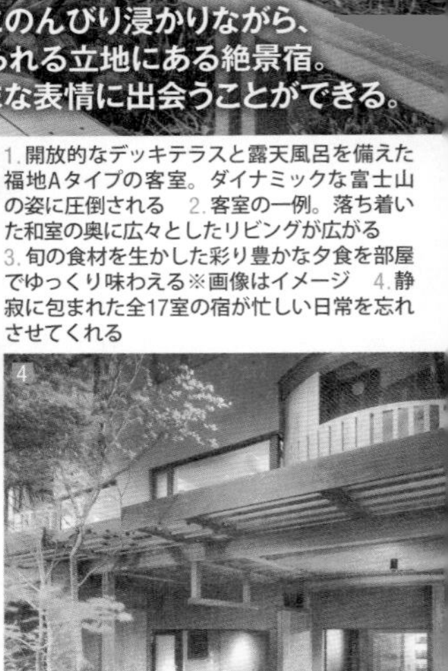

4

河口湖の向こうに富士山を望む
絶好のロケーションが魅力

うぶや

河口湖 MAP 付録P.9 F-3

河口湖随一の景勝地、産屋ヶ崎にたたずむ湯宿。全客室とも大きな窓から富士山と河口湖を一望でき、露天風呂付きの贅沢な客室も備わる。浴場は大パノラマを見渡す大風呂のほか、露天風呂、寝湯など6種類。季節ごとに趣向を凝らした会席料理も堪能したい。

HOTEL DATA

☎0555-72-1145
所山梨県富士河口湖町浅川10 交富士急行・河口湖駅から車で10分（送迎あり） Pあり in15:00 out11:00 室51室 予算1泊2食付2万9850円～

1.壮大な景色を満喫できる露天風呂付き客室特別室「501号室」 2.眺望抜群の大浴場 3.上質な肉をだしを効かせたつゆで食べる名物料理「つゆしゃぶ」。たっぷりのネギがアクセントに

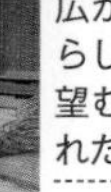

さわやかな風と陽光が心地よい
開放感あふれる絶景の癒やし空間

THE KUKUNA

ザ ククナ

河口湖 MAP 付録P.9 F-3

水・光・風をテーマに、心地よい開放感を演出するリゾートホテル。眼前に広がる河口湖と富士山の眺めが素晴らしく、特に最上階の露天風呂から望む風景は格別だ。南国風の洗練されたインテリアも素敵。

HOTEL DATA

☎0555-83-3333
所山梨県富士河口湖町浅川70 交富士急行・河口湖駅から周遊バスで15分、風のテラスKUKUNA前下車すぐ（送迎あり）
Pあり in15:00 out11:00 室65室
予算1泊2食付2万7500円～

1.厳選食材をシェフが目の前で調理する鉄板焼レストラン「GEKKO」
2.リニューアルされた7～8階のゲストルーム
3.最上階の露天風呂。まるで湖と湯船が一体となったような感覚に

正面に富士山、庭続きに河口湖
贅沢な眺望を楽しめるホテル

富士ビューホテル

ふじビューホテル

河口湖 MAP 付録P.8 C-3

昭和11年（1936）開業の、山梨で最初の洋風ホテル。外国人観光客に愛され、ジョン・レノンなど著名人が宿泊した。6階にあるパノラマラウンジでは180度の眺望が楽しめ、3万坪の庭園からは四季の富士山を楽しめる。

HOTEL DATA

☎0555-83-2211
所山梨県富士河口湖町勝山511
交富士急行・河口湖駅から車で10分
Pあり in15:00 out11:00 室79室
予算1泊2食付2万6300円～（2名1室）

1.モデレートツインルーム（富士山側・一例）。客室は富士山側と庭園側に分かれる
2.メインダイニングのベルビューでは伝統のフランス料理や日本料理の会席が楽しめる
3.正面に雄大な富士山を望む3万坪の広大な庭園は、四季折々の表情を楽しむことができる

正面に富士の霊峰がそびえる 河口湖畔の趣ある和風リゾート

秀峰閣 湖月

しゅうほうかく こげつ

河口湖 MAP 付録P.9 E-1

和洋の要素を融合させたモダンな温泉リゾート。河口湖の北岸に建ち、全客室をはじめ露天風呂、庭園からも富士山や河口湖が展望できる。客室タイプは和室、和洋室など多彩で、露天風呂や足湯付きの部屋も用意。天気の良い日は逆さ富士が見られることもある。

HOTEL DATA

☎0555-76-8888
所山梨県富士河口湖町河口2312 交富士急行・河口湖駅から車で15分(送迎あり) Pあり in15:00 out10:00 室43室 予算1泊食事付2万5000円〜

1.男性用露天風呂「黒富士」。富士が薄暮の空に浮かび上がる貴重な風景 2.広々としたリビングに富士山を望む露天風呂、バルコニーが付いた豪華な特別室 3.地元の旬な食材をふんだんに盛り込んだ会席料理は、旅の楽しみのひとつ

富士急ハイランド公式ホテル 宿泊者限定のうれしい特典充実

ハイランドリゾート ホテル&スパ

富士吉田 MAP 付録P.14 A-2

富士急ハイランドのオフィシャルホテル。一般開園時間の15分前に入園できるなど、宿泊者限定の特典が多数。富士山や富士急ハイランドを一望する客室のほか、子ども連れに最適なキャラクタールームもある。

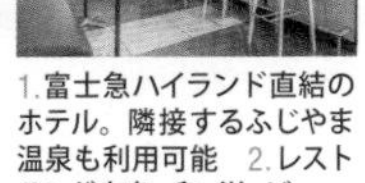

1.富士急ハイランド直結のホテル。隣接するふじやま温泉も利用可能 2.レストランが充実。和・洋・ビュッフェから選べる 3.大きな窓から富士山を望むエグゼクティブフロア客室。遊園地側の客室からはロマンティックな夜景が望める

HOTEL DATA

☎0555-22-1000
所山梨県富士吉田市新西原5-6-1
交富士急行・富士急ハイランド駅から車で5分
Pあり 室161室
予算1泊2食付2万100円〜

緑豊かな美しい自然に包まれた 富士山麓にたたずむ老舗ホテル

ホテルマウント富士

ホテルマウントふじ

山中湖 MAP 付録P.10 B-1

昭和38年(1963)創業。標高1100mの高所に建ち、館内随所から富士山と山中湖が見渡せる。展望露天風呂「はなれの湯」や、「満点星の湯」でサウナも満喫。本格フレンチ、または和食コースなどから選べる豪華な夕食も魅力。

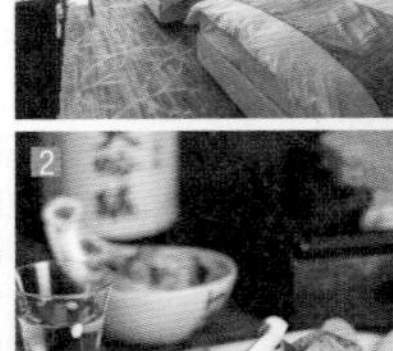

HOTEL DATA

☎0555-62-2111
所山梨県山中湖村山中1360-83 交富士急行・富士山駅から富士急行バス・御殿場方面行きで23分、富士山 山中湖(ホテルマウント富士入口)下車、送迎バスで10分 Pあり in15:00 out11:00 室53室 予算1泊2食付2万600円〜

1.落ち着いたインテリアと窓から望む富士山で開放的な気分に 2.和食レストラン「和彩 旬華」の夕食イメージ 3.大自然に囲まれた白亜のリゾートホテル。周辺には自然遊歩道が整備されている

富士眺望の湯 ゆらり

ふじちょうぼうのゆ ゆらり

西湖 MAP 付録P.12 C-4

個性豊かな16種類の風呂

富士山を一望するパノラマ風呂、週替わりで6つの香りが心身を癒やす香り風呂、幻想的な洞窟風呂など、16種類の風呂が揃う。ほうとうが味わえる食事処もおすすめ。

☎0555-85-3126 所山梨県鳴沢村8532-5 営10:00〜21:00(土・日曜、祝日、夏季は〜22:00、入館は各1時間前まで) 休無休 料平日1400円(貸バスタオル・タオル付)ほか 交富士急行・河口湖駅から周遊バスで24分、道の駅なるさわ下車すぐ Pあり

SL列車が料理を運ぶ個室の食事処「お狩り場」

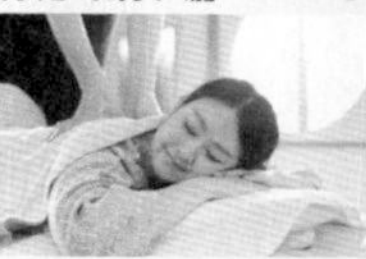

食事処や休憩所、リラクセーションルームなども完備

野趣あふれる霊峰露天風呂。湯に浸かりながら美しい富士山が望める

湯けむりから望む日本の象徴

富士山が借景の日帰り温泉施設

富士五湖周辺には日帰り温泉施設も充実。富士山を眺めながら露天風呂に浸かる至福の時間を味わう。

富士山のほか、箱根山も見渡せる露天風呂「ほうえいの湯」。奇数日は女風呂

すその美人の湯 ヘルシーパーク裾野

すそのびじんのゆ ヘルシーパークすその

裾野 MAP 付録P.16 B-4

美肌温泉とバーデプール

自家源泉100%の温泉は22種の成分を含む弱アルカリ温泉で、特に保湿効果が自慢。内風呂、露天風呂、サウナがそれぞれにあり、男女湯は毎日入れ替え制。家族風呂を一週間前より予約して入浴することもできる。

「ふじの湯」に併設されたサウナ

☎055-965-1126 所静岡県裾野市須山3408 営10:00〜21:00(受付は〜20:30)、レストラン11:00〜14:30(LO14:00)、土・日曜、祝日11:00〜20:30(LO20:00) 休無休(メンテナンスによる休館あり) 料3時間850円(裾野市民は700円) 交裾野ICから車で7分/JR岩波駅から車で10分 P150台

御胎内温泉健康センター

おたいないおんせんけんこうセンター

御殿場 MAP 付録P.16 B-2

富士山麓から湧く天然温泉

絶景の露天風呂や内湯のほか、ログハウス風の富士檜の湯、富士山の溶岩で造られた富士熔岩風呂など、それぞれに風情の異なる風呂が充実。富士山の麓から湧き出す温泉に浸かってリラックスできる。浴場は月ごとの男女入替制。

☎0550-88-4126 所静岡県御殿場市印野1380-25 営10:00〜20:00 休火曜(祝日の場合は翌日) 料平日3時間入館券600円ほか 交JR御殿場駅から富士急行バス・印野本村行きで17分、富士山樹空の森下車すぐ Pあり

富士山の溶岩でできたドーム型の富士熔岩風呂

御殿場の郷土料理「みくりやそば」も味わいたい

御殿場高原の自然に抱かれた露天風呂。趣ある雰囲気が心地よい

グランピングとは、グラマラスとキャンピングからなる造語。快適な環境で豪華なアウトドア体験ができる。

自然に抱かれ、五感をやさしく包み込んでくれる

森にたたずむ非日常リゾート

山々に囲まれ、森の中にひっそりと建つリゾートは、静謐(せいひつ)な空間が広がり、優雅な時間が流れる。地元の食材を使ったディナー、話題のグランピングやペットと過ごせる施設など、旅の用途に合わせて。

大自然を贅沢に体感できる
日本初のグランピングリゾート

星のや富士

ほしのやふじ

河口湖 MAP 付録P.8 C-1

広大な森に溶け込むように建つ日本初の本格的グランピングリゾート。河口湖を見下ろす丘陵にテラスやキャビンが配され、ラグジュアリーなアウトドアが満喫できる。燻製作りや樹海ネイチャーツアーなど、豊富なアクティビティにも挑戦したい。

HOTEL DATA

☎050-3134-8091(星のや総合予約)
所 山梨県富士河口湖町大石1408
交 富士急行・河口湖駅から周遊バスで27分、河口湖自然生活館下車、徒歩5分
P あり　in 15:00　out 12:00
室 40室　予算 1泊1室10万1000円〜(食事別)

1.クラウドテラスに設けられた焚き火ラウンジ。夜は焚き火BARとなる　2.ミニマムながら快適な設備を揃えたキャビン　3.すべてのキャビンにテラスリビングが備わり、夜は炎を楽しむ仕掛けも　4.鹿肉や猪肉などを使った野性味あふれるシビエディナー　5.森の中にあるキッチンでグランピングマスターと一緒に料理ができる　6.赤松の林に囲まれたキャビンから河口湖が一望できる

非日常のくつろぎを演出する森と水に囲まれたコテージ

フォレストヴィレッジ

河口湖 MAP 付録P.13 E-3

約16万5000㎡の敷地を誇るフジプレミアムリゾート内にある宿泊施設。森と水辺エリアに並ぶコテージタイプの客室は、それぞれの外観や間取りが異なり、ひとつとして同じ部屋はない。温泉やレストラン、スポーツ施設、ドッグランなども併設。

池の周辺にコテージが点在する水辺のリゾート。うるおいのある風景は見ているだけで心が和む。

HOTEL DATA

☎0555-73-1168
所山梨県富士河口湖町小立7139-1 フジプレミアムリゾート内 交富士急行・河口湖駅から車で15分(送迎あり) Pあり in15:00 out11:00 室37室 予算1泊2食付4万1800円～

1.各棟が独立しているため、人目を気にすることなくプライベート空間が保たれる 2.広々としたバスルーム 3.4人部屋用のリビングは陽光が差し込む心地よさが魅力 4.夏には客室のテラスでBBQが楽しめる(BBQ利用不可の客室あり)

温泉付きのスイートルームで愛犬と一緒に上質なひとときを

レジーナリゾート富士 Suites & Spa

レジーナリゾートふじ スイーツ&スパ

河口湖 MAP 付録P.13 E-3

愛犬とともに優雅な時間が過ごせるリゾートホテル。客室はすべて温泉付きスイートタイプで、窓から望む緑豊かな景色が美しい。プライベートドッグランや愛犬用温泉シャワーを備えた部屋も用意。一流料亭の流れをくむ懐石料理の夕食も絶品だ。

愛犬のための設備や備品が充実。レストランやバーも愛犬連れOKで、ワンちゃん用の料理やカクテルも。

HOTEL DATA

☎0555-73-4411
所山梨県富士河口湖町小立7160
交富士急行・河口湖駅から車で10分(送迎あり) Pあり in15:00 out11:00
室21室 予算1泊2食付2万8600円～

1.ヴィンテージ家具をゆったりと配置したゲストルーム 2.全室で自家源泉から引湯した温泉が楽しめる 3.贅を尽くした懐石料理と甲州ワインとのマリアージュを堪能 4.富士山麓の森に抱かれたスタイリッシュなホテル

「フルーツとワインの都」と呼ばれる桃源郷

勝沼 かつぬま

江戸時代に甲州街道の宿場町として栄え、ブドウ栽培、そしてワインの生産地へと発展。周辺ではさまざまな果物も栽培され、まさにフルーツ天国。

観光のポイント

- ワイナリーめぐりは無料のところが多いが見学は予約が必要。HPで確認を
- 勝沼エリアを勝沼町内循環バスが運行している。公共交通機関を上手に利用
- 富士山や甲府盆地を望む勝沼周辺の日帰り・絶景温泉は圧巻

アクセス方法

●鉄道

富士急行・河口湖駅
↓富士急行で1時間
JR大月駅
↓JR中央本線普通で23分
勝沼ぶどう郷駅

●車

河口湖IC
↓中央自動車道で30分
勝沼IC

●バスの場合は、河口湖から甲府へ出て、そこから中央本線に乗り換え。

甲州の大地が育んだ自然の風景と美酒に酔う

江戸時代にはすでにブドウが栽培されていた歴史ある勝沼は、今や世界から注目を浴びるワインの生産地。雨風が少なく寒暖差の激しい甲府盆地は、気候・土壌ともにブドウ栽培に非常に適した土地。日本の固有品種「甲州」「マスカット・ベーリーA」を筆頭に、質の高いブドウが栽培され、30以上のワイナリーが勝沼で稼働している。また、クオリティの高い果物の産地で、観光農園としてフルーツ狩りも楽しめる。

↑ブドウの生産量・ワイナリーの数はともに日本一を誇る

長崎の大浦天主堂をイメージした落ち着いた雰囲気のなかで食事ができる

お持ち帰りワイン
アルガブランカブリリャンテ6600円(左)。樽発酵のアルガブランカピッパ4950円(右)
※勝沼醸造で販売

メインディッシュを選ぶコース(ランチ)6600円～
メインは4種類から選ぶ。人気はシェフが切り分けてくれるサーロインとモモ肉のローストビーフ

シンプルな洋食メニューを甲州ワインと一緒に楽しむ

レストランテ風 アルガ葡萄園直営

レストランテかぜ アルガぶどうえんちょくえい

MAP 付録P.19 E-4　勝沼醸造

老舗・勝沼醸造直営のレストラン。素材を生かした欧風料理が中心で、特選和牛のローストビーフやビーフシチューは遠方からのリピーターも多い。豊富に揃う勝沼ワインと楽しみたい。

☎0553-44-3325
所山梨県甲州市勝沼町下岩崎2171
営11:30～14:30(土・日曜は11:30～、13:30～の2部制) 17:30～21:00(LO20:00)
休水曜　交JR勝沼ぶどう郷駅から勝沼町内循環バスで15分、下岩崎下車、徒歩3分　Pあり

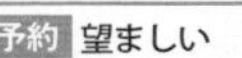

予約 望ましい
予算 L6600円～ D8800円～

勝沼のブドウ畑を見渡す高台に建ち、店内からの眺望が広がる

ワイナリー直営のレストランへ

ワインと美食のマリアージュ

ワインはおいしい料理を引き立て、料理はワインの味を際立たせる。両者のバランスが考えられたとっておきの食事が楽しめる名店を紹介。

今しか食べられない旬の「ヤマナシ・フレンチ」

ワイナリーレストラン ゼルコバ

ルミエール・ワイナリー

MAP 付録P.19 D-4

ワインと同じく土地の味わいが感じられる旬の素材を用いた料理が評判。特製ワインベーコンや富士の介(サーモン)など、山梨ならではの食材を使い、季節の野菜とともに楽しめる。国登録有形文化財の石蔵発酵槽を持つ伝統あるワイナリーも見どころだ。

☎0553-47-4624
所山梨県笛吹市一宮町南野呂624　営11:30～14:00※当面ディナーは休み　休火曜　交JR勝沼ぶどう郷駅から車で10分　Pあり

ルミエール(ランチコース)7150円
前菜から魚・肉料理、デザートまでたっぷり旬が味わえるフルコース

桃やブドウをはじめ、旬の果物や野菜などの特産素材で季節感を演出

お持ち帰りワイン
肉料理と好相性のシャトールミエール4400円(左)。甲州のスパークリングワイン3080円(右)
※併設のルミエール・ワイナリーショップで販売

テーブルの配置もゆったり。樹齢900年のケヤキが店名の由来
ワイナリーとショップ、レストランが1カ所に集まる

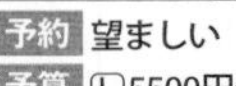

予約 望ましい
予算 L5500円～ D6050円～

国産ワイン発祥の地で探すお気に入りの一本

ワイナリー探訪

勝沼町内には約30のワイナリーが点在し、農園で採れたブドウを醸造している。醸造工程や歴史を知り、テイスティングで飲み比べればワインの見識が広がる。

樽で熟成することによって、濃厚で味に深みが増す

風土の味わいを醸す
世界に誇る日本のワイン

丸藤葡萄酒工業

まるふじぶどうしゅこうぎょう

MAP 付録P.19 D-4

日本におけるワイン醸造の発祥を支えたひとり、大村治作氏が明治23年(1890)に創業したワイナリー。現在4代目当主の春夫氏が伝統品種の甲州をはじめ、欧州系ブドウの栽培を通して、勝沼特有の味わいや個性を持つ「テロワール」のあるワインを進化させている。毎年4月にワインと楽しむコンサート「蔵コン」を開催。

☎0553-44-0043 所山梨県甲州市勝沼町藤井780 営9:00～16:30 休無休 料ツアーは要問合せ 交JR勝沼ぶどう郷駅から勝沼町内循環バスで13分、釈迦堂入口下車、徒歩2分 Pあり

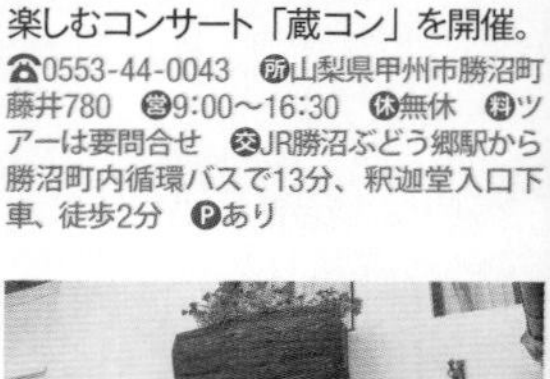

↑外壁に自社ブランド「ルバイヤート」のR

↓コンクリートタンクを改修した貯蔵庫。美しいステンドグラスも

→特産品種の甲州や、シャルドネ、メルローなどのブドウ畑が点在し散策できる

注目ポイント

勝沼ワインについて

勝沼は日本のワイン産業発祥地。歴史は明治10年(1877)に設立された日本初の民間ワイン醸造所「大日本山梨葡萄酒会社」が2人の若者を2年間フランスへ派遣し、帰国後に栽培・醸造の技術が広まった。現在、約30社のワイナリーがあり、個性的な味を醸している。秋にはイベントも開催。

←勝沼の土地や風の香りが漂う個性的な味わいのワインがそろう。ドメーヌ ルバイヤート(左)。ルバイヤート甲州シュール・リー(右)

↓ワイン樽のテーブルや棚がある、隠れ家のような試飲室

スタッフの案内で見学できる「シャトー・メルシャン 地下セラー」

日本ワインを牽引する実力派ワイナリー

シャトー・メルシャン 勝沼ワイナリー

シャトー・メルシャン かつぬまワイナリー

MAP 付録P.19 E-4

明治10年（1877）創業の老舗ワイナリーで、日本ワインの原点とされる「大日本山梨葡萄酒会社」は同社の前身。「日本を世界の銘醸地に」をビジョンに掲げ世界でも評価されるワイン造りをしている。ワイナリーツアー（有料）も好評。

☎0553-44-1011 所山梨県甲州市勝沼町下岩崎1425-1 営9:30～16:30 休不定休 料見学無料、ワイナリーツアー・ディスカバリーツアー90分3000円～（要予約） 交JR勝沼ぶどう郷駅からタクシー約8分、塩山駅からタクシー約10分 Pあり

歴史ある醸造所を生かした「ワイン資料館」も

1300年の歴史があるといわれる甲州ブドウの特長を生かしたワイン。シャトー・メルシャン山梨甲州（左）。同 玉緒甲州きいろ香（右）

創業時から「世界に認められる日本のワイン」を目指すシャトー・メルシャン

羊はブドウ畑の雑草を食べ、排泄物が良質な土作りを助けてくれる

ワインの郷にある現存する日本最古のワイナリー

まるき葡萄酒

まるきぶどうしゅ

MAP 付録P.19 E-4

日本のワイン造りの黎明期に渡仏した土屋龍憲氏が創業した、現存する最古のワイナリー。自社圃場では不耕起草生栽培や羊の放牧など、サステナブルな栽培方法を取り入れ、自然環境に配慮したワイン造りを行っている。

☎0553-44-1005 所山梨県甲州市勝沼町下岩崎2488 営8:30～17:00 休水・木曜 料試飲無料、ワイナリーツアー30分無料（要予約） 交JR勝沼ぶどう郷駅から勝沼町内循環バスで11分、祝8区西組下車すぐ Pあり

約130樽が眠る樽醸成セラー

不耕起草生栽培と減農薬による自社農園の収穫ブドウを使用したレゾン甲州（左）。レゾンルージュ（右）

地下水脈の影響から冷涼さと湿度が保たれる地下ワインセラー

ワインのセレクトショップへ

山梨のテロワールを感じる
こだわりのワインを選ぶならここ

勝沼ワイナリーマーケット

かつぬまワイナリーマーケット

MAP 付録P.19 E-3

店内には県内90社をはじめ、国内30社のこだわりワイン約500種が並ぶ。店主の新田正明さんが、自ら農園や醸造家を訪ね歩いて、作り手の思いを聞いて集めたものばかりなので、一本一本の背景とともにワイン選びができる。

☎0553-44-0464 所山梨県甲州市勝沼町休息1560 営9:00～17:00 休水曜 交JR勝沼ぶどう郷駅から勝沼町内循環バスで20分、子安橋北下車すぐ Pあり

キザンワイン白オープン価格は甲州種の辛口（機山洋酒工業）

ますかっとベーリーAオープン価格は華やかな赤（ダイヤモンド酒造）

土蔵を改装した広い店内。温・湿度管理もしっかりなされている

創業は昭和14年（1939）。看板にも老舗の風格が漂う

日本を代表する名産地でたわわに実る果実

果樹園のこと

ブドウやワインの産地として知られる勝沼周辺には、恵まれた風土を生かして作る果樹園が点在。桃やサクランボなどさまざまなフルーツが味わえ、また観光園ではフルーツ狩りが楽しめる。

甲府盆地はフルーツを育てる抜群の環境が揃う

山梨の日照時間は日本一長く、盆地の水はけのよさ、昼夜の寒暖差など、果実がおいしくなる条件が揃うフルーツ王国。春から秋にかけてがフルーツ狩りのシーズンとなる。果実園のシステムは食べ放題と摘み取り（好みのブドウを選んで買い取り）の2種類あるので、好みの果樹園を探したい。

フルーツの旬カレンダー

おでかけ前に旬の果物をチェック。栽培品種により時季が異なることもある。

	1月	2月	3月	4月	5月	6月	7月	8月	9月	10月	11月	12月
イチゴ	●	●	●	●	●							●
リンゴ									●	●	●	●
梨・洋梨								●	●	●	●	
サクランボ						●	●					
スモモ						●	●	●	●			
桃						●	●	●				
ブドウ							●	●	●	●		
ブルーベリー						●	●	●				

おすすめのフルーツ狩り園

ハウス栽培の場所もあるが、天候によって対応が変わるので事前に予約を。

一久園 ブドウ

いっきゅうえん

勝沼 MAP 付録P.19 D-3

ブドウの品種が多彩で11月上旬まで楽しめる

国道を挟んで約3万3000㎡のブドウ畑を所有する老舗。もぎとり（量り売り）、食べ放題が楽しめる。溶岩焼きBBQも。

☎0553-44-0219 所山梨県甲州市勝沼町等々力957 営7月中旬～11月中旬8:00～日没 休期間中無休 料700～2000円（40分食べ放題）※時季や種類によって異なる 交勝沼ICから車で5分 Pあり

見晴し園 ブドウ 桃 リンゴ イチゴ

みはらしえん

笛吹 MAP 付録P.2 C-2

果物の種類が豊富で一年中果物狩りが可能

果物の種類が豊富なので、時季によってはブドウと桃のW狩りなるものもできる。3～4月は満開の桃の花が美しい。

☎0553-47-2111 所山梨県笛吹市一宮町土塚240 営8:00～17:00（入園は～16:00） 休無休 料ブドウ1100円～（40分食べ放題）、桃1600円（40分食べ放題）、イチゴ1300円（30分食べ放題）※時季によって異なる 交勝沼ICから車で5分 Pあり

久保田園 ブドウ

くぼたえん

勝沼 MAP 付録P.19 E-3

あなたの推しブドウが見つかる多品種栽培

オリジナル品種のシャインローズをはじめとして、シャインマスカットなどの人気品種を多数栽培している。

☎0553-44-2127 所山梨県甲州市勝沼町勝沼1611 営7月下旬～10月上旬8:30～17:00 休期間中無休 料ブドウ買い取り1100～2500円（1kg） 交勝沼ICから車で10分（勝沼ぶどう郷駅から送迎あり） Pあり

ほったらかし温泉

ほったらかしおんせん

山梨市 MAP 付録P.2 C-1

丘の上にある絶景展望温泉

宣伝やサービスには力を入れず、自由に楽しんでほしいというところから、名付けられたという。広々とした露天風呂からは、眼下に広がる甲府盆地や、富士山を望む絶景が楽しめるだけではなく、日の出や夜景も眺められる。

☎0553-23-1526
所山梨県山梨市矢坪1669-18　営日の出1時間前(1月は6:00頃)〜22:00(受付は〜21:30)　休無休　料900円　交勝沼ICから車で25分　Pあり

甲府市街の夜景を見下ろせる露天風呂の「あっちの湯」

ログハウスの休憩所のほか、食事処などもある※2024年2月現在、休憩所は不定期で開放

「あっちの湯」の日の出の雲海は幻想的で、その向こうに富士山を仰ぐ

雄大な大パノラマが眼前に広がる感動的な絶景風呂を満喫

勝沼周辺 天空の日帰り温泉へ

勝沼周辺には山の中腹に位置する温泉施設が建ち、絶景で有名な日帰り名温泉が点在している。視界が開けた景色を露天風呂から眺めながら、旅の疲れを癒やして帰りたい。

新日本三大夜景を眺めながらの入浴が楽しめる湯眩郷(女湯)

やまなしフルーツ温泉 ぷくぷく

やまなしフルーツおんせんぷくぷく

山梨市 MAP 付録P.2 C-1

夜景と宝石露天風呂が魅力

昼は甲府盆地、夜は新日本三大夜景が眺められる。男女とも内湯のほか、麦飯石風呂、つぼ湯など4つの露天風呂を備え、女湯はローズクォーツ、男湯はラピスラズリ・ソーダライトを使用した宝石露天風呂がある。

富士山も見えるウッドテラス

☎0553-23-6026　所山梨県山梨市大工2589-13　営11:00(土・日曜、祝日10:00)〜23:00(受付は〜22:30)、食事処10:00〜20:00(LO)　休不定休(メンテナンス休館有)　料930円、土・日曜、祝日1000円(〜1月31日)、土・日曜、祝日1100円(3月1日〜)　交勝沼ICから車で30分　Pあり

ぶどうの丘 天空の湯

ぶどうのおか てんくうのゆ

勝沼 MAP 付録P.19 F-3

パノラマ状に広がる眺望が自慢

周辺をブドウ畑で囲まれたぶどうの丘施設の南側の眺めの良い丘の上にあり、甲府盆地や南アルプスなど、まさに天空からの眺望が楽しめる。露天風呂のほか、軽食ラウンジなどを完備。

☎0553-44-2111　所山梨県甲州市勝沼町菱山5093　営8:00〜22:00(受付は〜21:00)　休無休(1月に施設点検による休館あり)　料760円　交JR勝沼ぶどう郷駅から勝沼町内循環バスで4分、ぶどうの丘下車、徒歩4分　Pあり

高台に建つ十二角形で2階建てのユニークな建物

コース料理が楽しめる展望ワインレストラン

甲府盆地や御坂山塊、南アルプスを一望し、夜景も見応えがある

TRANSPORTATION

交通

点在する観光エリアを上手にまわる

富士山麓周辺へのアクセス

首都圏からは鉄道や高速バスなどが頻繁に運行しており、移動には困らない。エリア間の移動はバスや車がメインとなるので、各エリアのお得なきっぷを活用して観光したい。

鉄道でのアクセス

エリアによって鉄道会社を使い分ける

都内から河口湖方面へは、JR中央本線を走る特急列車から大月駅で富士急行線に乗り継ぐルートが基本。1日3往復のJR特急「富士回遊」なら、新宿～河口湖を乗り換えなしで約2時間で結ぶ。山中湖へは富士急行線の河口湖駅の2つ手前の富士山駅で降り、バスに乗り継ぐ。御殿場へは小田急線の特急列車「ロマンスカー」が便利だ。東海・関西方面からは、新幹線で新富士駅や三島駅へ向かい、そこからバスや鉄道を乗り継ぐ。

関東方面から

- 新宿駅 → 特急「富士回遊」 → 河口湖駅　約2時間／4130円
- 新宿駅 → 特急「かいじ」 → 大月駅 → 富士山ビュー特急 → 河口湖駅　約2時間10分／4130円
- 東京駅 → 東海道新幹線「こだま」 → 新富士駅 → 富士急バス 富士市営バス → 富士駅 → 身延線普通 → 富士宮駅　約2時間10分／6130円
- 新宿駅 → 小田急ロマンスカー「ふじさん」 → 御殿場駅　約1時間40分／2920円

～富士登山電車で河口湖駅へ～

大月駅～河口湖駅を結ぶ観光列車。車窓から富士山が見られたり、景勝地を通る際は徐行運転したり、スイッチバックがあったりと、乗車中に楽しめる要素が満載。車内には展望チェアや富士見窓を配置し、車窓に広がる雄大な景色を心ゆくまで堪能できる。車両デザインは数々の観光列車を手がける水戸岡鋭治氏。ほかにもトーマスランド号やフジサン特急などの車両がある。

☎0555-22-7133(富士急行線富士山駅) 営平日1.5往復、土・日曜、祝日2往復 ※木曜は一般車両による快速列車として運行、2024年2月現在運休中 料200円(富士登山電車席券)＋所定運賃

●問い合わせ先

JR東日本お問い合わせセンター ☎050-2016-1600
富士急行線(富士山駅) ☎0555-22-7133
小田急お客さまセンター ☎044-299-8200

車でのアクセス

目的地によって高速道路を使い分ける

河口湖・山梨方面は中央自動車道を、御殿場・静岡方面へは東名高速道路を利用。山中湖へ向かう場合はどちらの高速を使っても大差はない。富士宮・朝霧方面へは、新東名高速の新富士ICが便利。関西方面なら小牧JCTで東名高速へ合流、北陸方面なら長野自動車道経由で岡谷JCTから中央自動車道に合流できる。

●マイカー規制

富士山の登山シーズンは富士山五合目までのドライブルートでマイカー規制が実施される。例年、富士宮口(富士山スカイライン)、須走口(ふじあざみライン)、吉田口(富士スバルライン)の3カ所で7月中旬～9月中旬頃。シーズン中は山麓の駐車場を利用し、シャトルバス(有料)かタクシーに乗り換えて五合目へ向かう。ないしは主要駅から五合目までを結ぶ路線バスが運行しているので利用したい。

関東方面から

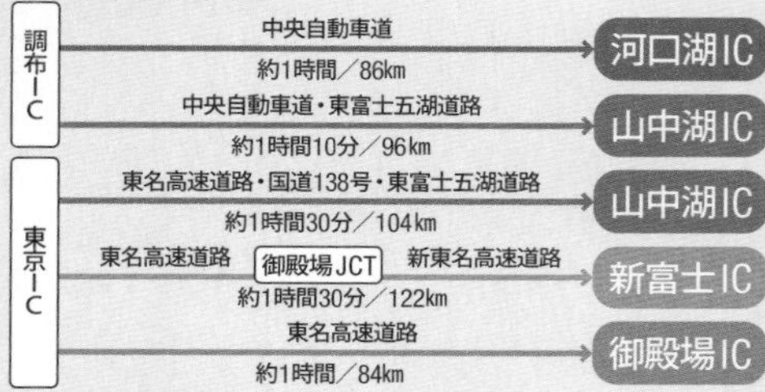

- 調布IC → 中央自動車道 → 河口湖IC　約1時間／86km
- 調布IC → 中央自動車道・東富士五湖道路 → 山中湖IC　約1時間10分／96km
- 東京IC → 東名高速道路・国道138号・東富士五湖道路 → 山中湖IC　約1時間30分／104km
- 東京IC → 東名高速道路 → 御殿場JCT → 新東名高速道路 → 新富士IC　約1時間30分／122km
- 東京IC → 東名高速道路 → 御殿場IC　約1時間／84km

中部方面から

- 名古屋IC → 東名・新東名高速道路 → 新御殿場JCT → 国道138号・東富士五湖道路 → 富士吉田IC　約3時間／258km
- 名古屋IC → 東名・新東名高速道路 → 新御殿場JCT → 国道138号・東富士五湖道路 → 山中湖IC　約2時間50分／249km
- 名古屋IC → 東名・新東名高速道路 → 新富士IC　約1時間50分／193km
- 名古屋IC → 東名・新東名高速道路 → 御殿場IC　約2時間20分／231km

●問い合わせ先

日本道路交通情報センター ☎050-3369-6666
NEXCO東日本 お客さまセンター ☎0570-024-024

バスでのアクセス

主要都市から複数の高速バスが運行

高速バスは乗り換えなしで河口湖や山中湖方面にアクセスでき、便数も多く便利。道路渋滞により到着時刻が読めない点はあるが、鉄道よりも早く着ける便もある。富士急ハイランドのフリーパスがセットになったお得なチケット「得Q PACK」（右記参照）も販売されている。名古屋や大阪からも直通バスが運行している。登山シーズンには新宿駅から富士山五合目（吉田登山口）行きの直通バスが運行している。新宿発の富士五湖方面行きは、富士芝桜まつりの時期や夏季は本栖湖や精進湖方面にも運行。

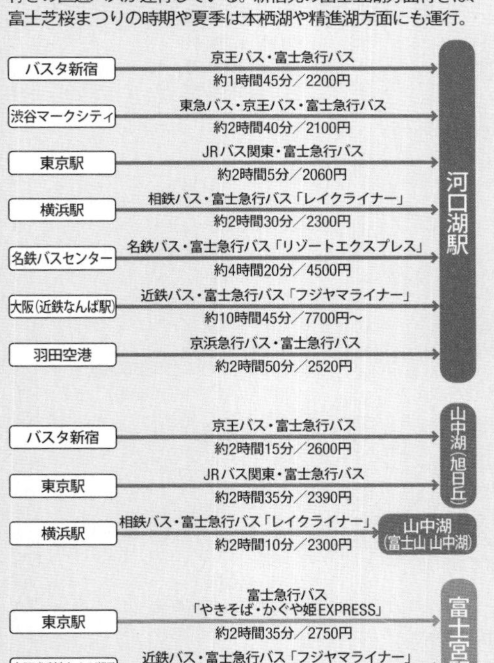

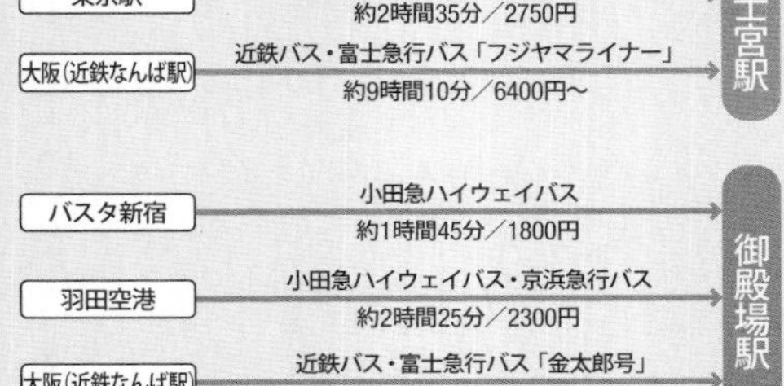

バスタ新宿
甲州ワインライナー（2024年1月現在、運休中）
約1時間50分／1800円

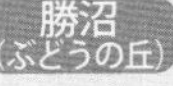

富士山麓へのアクセスにお得な切符

富士五湖エンジョイ！きっぷ
価格:5800円　有効期限:7日　発売場所:バスタ新宿
区間:富士五湖への高速バス往復乗車券、富士五湖エリアの周遊バスフリー乗車券（2日間分）、指定の観光施設が割引になる。

らく得富士山きっぷ
価格:4400円～　有効期限:空港リムジンバス往復乗車券は往路乗車日から10日間　発売場所:インターネットなど　区間:羽田空港・品川駅～河口湖駅・富士山駅間の空港リムジンバス乗車券と富士五湖エリアのバス路線フリーパス（2日間有効）がセット。
※2024年1月現在、発売中止

往復バス＆フリーパスセット「得Q PACK」
価格・有効期限:季節・発着地により異なる　発売場所:富士急行バスHPなど　区間:富士急ハイランドのフリーパス1日券と高速バスの往復乗車券がセットになる。

各エリアのお得な切符

河口湖・西湖・本栖湖周遊バス共通クーポン
価格:1700円　有効期限:2日　発売場所:河口湖駅バス窓口、周遊バス車内　区間:～河口湖～ 富士パノラマロープウェイや河口湖美術館、河口湖自然生活館などを巡る河口湖周遊バス、富岳風穴や西湖いやしの里根場などを巡る西湖周遊バス、鳴沢・精進湖・本栖湖を巡る周遊バスが乗り降り自由。

富士山・富士五湖パスポート（2日間）
価格:3300円　有効期限:2日　発売場所:富士山駅、河口湖駅、三島駅、富士宮駅、御殿場駅などの富士急バス窓口　区間:富士急行線・河口湖駅～下吉田駅間、富士五湖エリアの指定路線バス、各周遊バス、ふじっ湖号が乗り降り自由。

富士山西麓バス周遊きっぷ
価格:3000円　有効期限:2日　発売場所:新富士駅、富士宮駅、河口湖駅、富士山駅　区間:富士宮～河口湖間を運行する路線バス、各周遊バス、定期観光バス「強力くん」が乗り降り自由。

富士吉田・忍野・山中湖エリア共通フリークーポン
価格:1700円　有効期限:2日　発売場所:山中湖旭日丘バスターミナル、富士山駅、河口湖駅バスきっぷ売り場、バス車内　区間:富士吉田、忍野八海、山中湖のエリアを周遊する「ふじっ湖号」と同じ運行区間内の路線バスが乗り降り自由。

●問い合わせ先

富士急コールセンター	☎0555-73-8181
JRバス関東高速バス案内センター	☎0570-048905
小田急ハイウェイバス電話予約	☎03-3428-5331
京王高速バス予約センター	☎03-5376-2222
京浜急行バス高速バス予約センター	☎050-1807-1810
近鉄高速バス予約センター	☎0570-001631

※情報は2024年2月現在のものです。鉄道は、通常期に指定席を利用した場合の料金です。

INDEX

遊ぶ・歩く・観る

食べる

買う

泊まる

足をのばして 勝沼

STAFF

編集制作 Editors
(株)K&Bパブリッシャーズ

取材・執筆・撮影 Writers & Photographers
I&M(岩下宗利　高橋裕子　谷川真紀子　藤原恵理
松川絵里　室田美々　山崎則子)
成沢拓司　安田真樹

執筆協力 Writers
森合紀子　高橋靖乃　伊勢本ポストゆかり

編集協力 Editors
(株)ジェオ

本文・表紙デザイン Cover & Editorial Design
(株)K&Bパブリッシャーズ

表紙写真 Cover Photo
PIXTA

地図制作 Maps
トラベラ・ドットネット(株)
DIG.Factory
北海道地図(株)

写真協力 Photographs
河口湖オルゴールの森　河口湖美術館
河口湖ミューズ館—与 勇輝 館—
北口本宮冨士浅間神社　久保田一竹美術館
静岡県立美術館　富士山本宮浅間大社
ふじさんミュージアム　山梨県立博物館
山梨宝石博物館　横浜美術館
関係各市町村観光課・観光協会
関係諸施設
PIXTA

総合プロデューサー Total Producer
河村季里

TAC出版担当 Producer
君塚太

TAC出版海外版権担当 Copyright Export
野崎博和

エグゼクティヴ・プロデューサー
Executive Producer
猪野樹

おとな旅(たび) プレミアム
河口湖(かわぐちこ)・山中湖(やまなかこ) 富士山(ふじさん)　第4版

2024年 4月6日　初版　第1刷発行

著　　者　TAC出版編集部(しゅっぱんへんしゅうぶ)
発 行 者　多　田　敏　男
発 行 所　TAC株式会社　出版事業部
(TAC出版)
〒101-8383 東京都千代田区神田三崎町3-2-18
電話　03(5276)9492(営業)
FAX　03(5276)9674
https://shuppan.tac-school.co.jp

印　　刷　株式会社　光邦
製　　本　東京美術紙工協業組合

ISBN978-4-300-10973-1
N.D.C.291

本書に掲載した地図の作成に当たっては,国土地理院発行の数値地図(国土基本情報)電子国土基本図(地図情報),数値地図(国土基本情報)電子国土基本図(地名情報)及び数値地図(国土基本情報20万)を調整しました。